Handeln verantworten

Grundlagen - Kriterien - Kompetenzen

Theologische Module
herausgegeben von
Michael Böhnke und Thomas Söding

Band 11

Handeln verantworten

Heike Baranzke / Christof Breitsameter /
Ulrich Feeser-Lichterfeld / Martin Heyer /
Beate Kowalski

Handeln verantworten

Grundlagen – Kriterien – Kompetenzen

HERDER

FREIBURG · BASEL · WIEN

© Verlag Herder GmbH, Freiburg im Breisgau 2010
Alle Rechte vorbehalten
www.herder.de
Umschlagkonzeption und -gestaltung: Groothuis, Lohfert, Consorten | glcons.de
Satz: SatzWeise, Föhren
Herstellung: fgb · freiburger graphische betriebe
www.fgb.de
Gedruckt auf umweltfreundlichem, chlorfrei gebleichtem Papier
Printed in Germany
ISBN 978-3-451-30264-0

Inhalt

Handeln verantworten

Christof Breitsameter

Wer die Frage stellt, wie Handeln verantwortet werden kann und woran sich diese Verantwortung bemisst, benötigt zunächst einen Begriff davon, was als vernünftig gelten kann. Deshalb ist jede Ethik auf eine Theorie der Rationalität angewiesen. Wenn wir uns fragen, was wir tun sollen, halten wir Ausschau nach Handlungsempfehlungen, an denen wir uns orientieren können. Gewöhnlich sind wir aber nicht bereit, jede beliebige normative Auskunft zu akzeptieren. Stattdessen fragen wir: Warum sollen wir etwas tun? Das heißt, wir fordern Gründe, die uns annehmbar erscheinen. Wo indes Handlungsgründe ins Spiel kommen, haben wir den Boden der praktischen Vernunft schon betreten.

Überlegungen der praktischen Vernunft weisen, so unterschiedlich sie konkret auch ausfallen mögen, eine gemeinsame Struktur auf: Sie versuchen, die angemessenen Mittel für die Realisierung der Ziele, die wir setzen, zu bestimmen; sie leiten uns an, die richtigen Ziele zu wählen; und sie geben schließlich Auskunft darüber, welche Strategie wir verfolgen sollen, wenn es gilt, eigene Zwecksetzungen mit denen anderer Akteure zu koordinieren, also Zustimmung für unser Handeln zu erwirken.

Im ersten Fall sprechen wir von *instrumenteller,* im zweiten von *prudentieller* und im dritten von *werthaltiger* Rationalität.

Außerdem ist zu beachten, dass der Vernunftbegriff eine deskriptive und eine präskriptive Seite aufweist.

Deskriptiv, weil Standards dessen, was als vernünftig gelten soll, zuerst beschrieben werden müssen; *präskriptiv,* weil anhand dieser Standards eine Handlung beurteilt bzw. verurteilt werden kann.

Natürlich muss, wer von Vernunft spricht, auch ihre Reichweite, das heißt die Grenze zwischen Rationalität und Irrationalität, bestimmen. Dies soll in dieser Abhandlung am Beispiel des Verhältnisses von Glaube und Vernunft geschehen.

I.   Handeln erklären und rechtfertigen

1.   Wünsche und Motive

Beginnen wir unsere Überlegungen mit zwei Modellen, die in der Frage, wie eine Handlung als vernünftig ausgewiesen und daher verantwortet werden kann, einflussreich geworden sind, dem Internalismus und dem Externalismus. Bernard Williams hat die These geprägt, dass ethische Gründe nur für diejenigen Personen Gründe sind, bei denen sie als interne Gründe fungieren (Williams 1981: 101–113). *Intern* wird ein Grund dann genannt, wenn er sich auf ein Motiv bezieht, das durch ethische Erwägungen beeinflussbar ist. Diese Aussage ist erklärungsbedürftig. Vorausgesetzt wird dabei nämlich, dass wir in der Lage sind, eine Vielzahl von Wünschen, die danach drängen, realisiert zu werden, so zu ordnen, dass daraus ein Handlungsmotiv entsteht, und dass diese Ordnung jederzeit durch neue Überlegungen, also andere Gründe, verändert werden kann (Grice 1978: 169). Nehmen wir an, ich brauche Geld (ein Wunsch) und kann es mir von einem Bekannten leihen, indem ich verspreche, es zurückzuzahlen. Ich kann mir nun überlegen, diese Möglichkeit wahrzunehmen, entweder mit dem Vorsatz, den Betrag später nicht zurückzuerstatten und mein Wort zu brechen, oder mit dem Vorsatz, den Betrag zurückzuerstatten und mein Versprechen zu halten. Ich komme zu dem Schluss, dass es gute Gründe für die zweite Strategie gibt. Deutlich wird daran zunächst nur: Jeder Handlungsgrund muss so beschaffen sein, dass er erklären könnte, warum jemand in der – durch den Grund genannten Weise – handelt, eben weil er in der entsprechenden Weise motiviert ist, oder warum er auch anders handeln könnte, wenn sein augenblickliches Handlungsmotiv durch alternative Überlegungen beeinflusst werden würde. Wenn ein Grund tatsächlich eine Handlung erklärt, dann hat der Akteur also auch ein Motiv, in der betreffenden Weise zu handeln. Der Grund dafür, ein Versprechen nicht nur zu geben, sondern auch einzuhalten (die einzige Strategie, die auch ethisch gerechtfertigt erscheint), könnte sich auf die Überlegung stützen, von dem dadurch gewachsenen Vertrauen auch künftig zehren zu können. Das Motiv wird also in diesem Verständnis so eng an die Bedeutung ethischer Aussagen gebunden, dass immer dann, wenn jemand moralisch aufgefordert ist, etwas Bestimmtes zu tun, daraus folgt, dass er auch motiviert ist, es zu tun. *Extern* wäre hingegen ein Grund zu nennen, der eine Handlung rechtfertigt, ohne sich auf ein Motiv beziehen zu können. Das wäre dann der Fall, wenn ausgeführt werden könnte, warum es für eine Person förderlich wäre, wenn sie tun würde, wozu sie angeblich einen Grund hat, obwohl kein entsprechendes Motiv vorliegt. Ein gegebenes Versprechen gebietet eben von selbst seine Einhaltung. Welchen Sinn hätte es sonst? Ethische Einsichten liefern nach dieser Auffassung nicht schon selbst die erforderlichen Motive zum Handeln, vielmehr sind wir ohne eine zusätzliche innere oder äußere Sanktion nicht dazu zu bringen, auch die entsprechenden Taten folgen zu lassen. Williams behauptet nun, dass es außerhalb der Rationalität interner Gründe keine Rationalität des Handelns gebe. Denn es ist nicht ersichtlich, wie Gründe, die nicht in Motiven begründet sind, handlungswirksam werden könnten.

John McDowell wendet gegen diese These ein, dass sich ein Akteur seine Motivwelt ja irgendwann einmal angeeignet hat, beispielsweise durch Erziehung. Wie steht es aber, so fragt er, wenn jemand nicht richtig erzogen wurde, wenn wir es also mit jemandem zu tun haben, der durchs Netz der angemessenen Erziehung, oder, generell gesprochen, durch das Netz angemessener Gründe geschlüpft ist? Könnte man eine solche Person dann dazu bringen, die Dinge richtig zu sehen, indem man ihr ein Denkergebnis vorlegt und in diesem Sinn externe Gründe anführt? Wenn aber dieser Appell an die Einsicht eines Akteurs handlungswirksam werden und durch das Vorlegen eines solchen Ergebnisses ein neues Handlungsmotiv entstehen soll, stellt sich die Frage, woran man in der motivationalen Welt des Betreffenden appellieren könnte. Es müsse, so McDowell, eine Art Bekehrung stattfinden, eine Bekehrung, die durch Werte geleistet werden könne (McDowell 2002: 164). Die Möglichkeit, dass Werte, die von außen an einen Akteur herantreten, auch handlungswirksam werden, wäre freilich mit der von Williams vertretenen internalistischen Position nicht vereinbar.

Allerdings muss nun die Frage gestellt werden, wie es auf dem Hintergrund von Werterfahrungen gelingen könnte, Handlungsgründe zu liefern, die in der Lage sind, rationale Akteure zu motivieren, anders zu handeln, als es die aktuell gegebene Motivlage ihnen nahe legt. Dabei ist zunächst zu klären, welche theoretischen Voraussetzungen Handlungsgründe für diesen Fall mitbringen müssen. Die Antwort lautet: Gründe müssen einmal erklären, warum ein Akteur so gehandelt hat, wie er gehandelt hat; und sie müssen zudem rechtfertigen, dass es richtig war, so zu handeln.

Gründe haben also eine *positiv-erklärende* und eine *normativ-rechtfertigende* Funktion zu erfüllen.

Anders gesagt: Erklärung und Rechtfertigung, Motivation und Verpflichtung müssen Hand in Hand gehen. Unter diesen Bedingungen muss es so aussehen, als ob Williams Recht behielte. Wenn nämlich Motive erklären, warum ein Akteur so handelt, wie er handelt, dann erklären sie auch, warum er nicht anders handelt, als er handelt. Das Problem ist aber: Wenn ein Akteur vernünftigerweise nicht anders handeln kann, wie könnte er dann anders handeln sollen? Das heißt, wenn eine rationale Entscheidung eine Handlung begründet, dann kann unter gleich bleibenden Bedingungen durch extern an den Akteur herantretende Gründe keine neue Rationalität konstituiert werden. Wir setzen dabei, so muss hinzugefügt werden, voraus, dass dem Handelnden alle relevanten Informationen bezüglich seiner Situation zur Verfügung stehen. Damit soll ausgeschlossen werden, externe Gründe oder Werte einfach als Platzhalter unvollständiger Informationen zu behandeln.

Kommen wir zur Veranschaulichung noch einmal auf unser Beispiel zurück: Jemand ist in dem Sinne durch das Netz vernünftiger Gründe geschlüpft, dass ihm niemals der Wert eines Versprechens bewusst geworden ist. Nun mag man einwenden, es sei wirklichkeitsfremd anzunehmen, in einer Welt, in der es Gang und Gäbe ist, Versprechen zu geben und einzulösen, existiere eine Insel des einfachen Seins der Art, dass einem Akteur der Wert dieser Interaktionsform verborgen geblieben sei. Nehmen wir an, es verhalte sich aber genauso. Laut McDowell hätte dieser Akteur, würde man ihn darüber aufklären, einen Grund, sich bei entsprechender Gelegenheit dieser Kommunikationsform zu bedienen, weil er dadurch seinen Interaktionsspielraum erweitern könnte. Hätte er aber auch ein Motiv, so zu handeln? Der Betreffende könnte ja erkennen, dass es gut ist, durch Versprechen Handlungsanschlüsse herzustellen, die zuvor nicht möglich waren, noch besser freilich, ein Versprechen zu geben, es dann aber nicht einzulösen. Bei jedem Versprechen wäre es dann die individuell beste Lösung, es zwar zu geben, dann aber nicht einzulösen. Daher kann ein Akteur einen Grund haben, den Wert eines Versprechens anzuerkennen, ohne dass ihm eo ipso auch schon ein Motiv zur Verfügung stünde, dem in seinem Handeln zum Durchbruch zu verhelfen. Er verhält sich dann wie jener von David O. Brink zitierte Amoralist, der zwar der Aussage »Es ist gut, ein gegebenes Versprechen auch zu erfüllen« zustimmt, ohne aber eine entsprechende Motivation zu entwickeln (Brink 1989: 46). Klar ist freilich auch, dass der Akt des Versprechens gar nicht erst zustande kommt, wenn man damit rechnen muss, dass die Erwartung, der andere werde sein gegebenes Versprechen auch einlösen, enttäuscht werden wird. Nur wenn gewährleistet werden kann, dass sich, wer sich auf ein Versprechen einlässt, nicht enttäuscht werden wird, tritt zum Grund, ein Versprechen zu geben, auch ein Motiv: Es stellt die Akteure besser, weil es zusätzliche

Handlungsoptionen eröffnet. Nun könnte die Einhaltung eines gegebenen Versprechens durch eine Regel erreicht werden, die Sanktionsmöglichkeiten für den Fall, dass es gebrochen wird, bereithält, beispielsweise indem man das Halten eines Versprechens als eine Frage der Ehre oder als eine Frage des Rechts behandelt. Begäbe man sich für diesen Fall aber nicht wieder auf eine externalistische Position, der zufolge ethische Einsichten nicht schon selbst die erforderlichen Motive zum Handeln liefern, Akteure vielmehr ohne eine zusätzliche (innere oder äußere) Sanktion nicht dazu zu bringen seien, auch entsprechende Taten folgen zu lassen? Wir werden auf diesen Hinweis zurückkommen.

2. Werte und Regeln

Was ich zunächst zeigen will, ist Folgendes: Externe Gründe dieser Art können in das Gefüge der internen Rationalität nur eingreifen, wenn dafür auch die entsprechenden Handlungsbedingungen gegeben sind. Deshalb soll im nächsten Schritt versucht werden, eine Antwort auf die Frage, ob externe Gründe handlungswirksam werden können, mit Hilfe spieltheoretischer Modelle zu formulieren, die auf der gegenseitigen Annahme strategischer Rationalität aufbauen (Binmore/Osborne/Rubinstein 1992: 179–229). Wesentlich für die Spieltheorie sind Entscheidungssituationen, in denen das Resultat einer Interaktion von keinem Akteur allein kontrolliert werden kann. Alle Akteure sind, wenn sie kooperieren wollen, auf die Mitwirkung der übrigen Akteure angewiesen – wie im Beispiel des Versprechens. Als soziales Dilemma erscheint eine Interaktion immer dann, wenn die Verfolgung individueller Rationalkalküle zum Zustand kollektiver Selbstschädigung führt (wenn beide Parteien damit rechnen müssen, dass der Interaktionspartner sich an das Versprechen nicht halten wird, kommt erst gar kein Versprechen zustande). In Dilemmasituationen stellen sich interdependente Resultate ein, die keiner der Interaktionspartner will. Kooperationschancen werden nicht genutzt, weil für die Beteiligten ein Anreiz zur Defektion besteht. Die Realisierung des für alle Beteiligten besten Ergebnisses wird dadurch verhindert. Keiner der Akteure kann aus diesem Schema ausbrechen, solange er damit rechnen muss, dass die übrigen Spieler defektieren werden (Breitsameter 2009: 117–124).

Soziale Dilemmata können grundsätzlich nur überwunden werden, wenn die bestehende Unsicherheit darüber, wie sich die übrigen Akteure verhalten, aufgelöst wird. Möglich ist dies unter anderem durch sanktionsbewehrte Regeln, die eine Defektion verhindern. Wenn ein Motiv für eine Handlung gegeben ist, dann kann – wie Williams zuzugestehen ist – unter sonst gleich bleibenden Bedingungen durch extern an den Akteur herantretende Handlungsempfehlungen, etwa durch den bloßen Appell, sich auf Versprechen einzulassen, keine neue Rationalität konstituiert werden (vorausgesetzt wiederum, dass vollständige Informationen über die Spielbedingungen und in diesem Sinne korrekte Antizipation vorliegen). Externe Gründe können in das Gefüge der internen Rationalität nur eingreifen, wenn die Handlungssituation selbst so verändert wird, dass die dadurch eröffneten neuen Handlungsspielräume bzw. Interaktionsmöglichkeiten, die von den beteiligten Akteuren als Besserstellung angesehen werden, gegen Defektion geschützt werden. Erst wo die entsprechenden Handlungsbedingungen geschaffen werden, werden auch die Motive generiert, den zunächst von außen an den Akteur herantretenden Gründen zu folgen.

Werte können – darin ist McDowell Recht zu geben – auf nicht ausgeschöpfte Möglichkeiten zur Gestaltung von Interaktionen hinweisen, die zuvor nicht sichtbar waren, während Motive auf Probleme der Durchsetzung dieser Ideale hinweisen, so dass, was nun als Interaktionsideal sichtbar geworden ist, auch realisiert werden kann, und zwar nicht allein durch die immer schwach bleibende Stimme der Werte, sondern zudem durch die Kraft jener Gründe, die die Veränderung der Handlungsbedingungen empfehlen und erst dadurch neue Handlungsmotive schaffen. Die motivationale Verfassung eines Akteurs ist in dieser Hinsicht kontingent. Bestehende Motive und die ihnen zugrunde liegenden Wünsche liefern keine Letztbegründung des Handelns. Insofern stimme ich der Ansicht zu, dass Werte von Motiven und den dahinter stehenden Wünschen unabhängig sind. Nicht wollen wir etwas tun, weil wir es wünschen, vielmehr wünschen wir, etwas zu tun, weil wir es für wertvoll halten (Griffin 1986: 133 ff.). Entsprechend kann der Hinweis auf bislang nicht gekannte Werte neue Motive hervorbringen. Diesem Modell liegt zudem die Überzeugung zugrunde, dass, wer ein Handlungsziel hat, auch ein Motiv besitzt, so zu handeln. Dann bedeutet aber, bislang nicht erreichbare Ziele (beispielsweise durch ein Versprechen eine verlässliche Basis für langfristige Interaktionen) zu ermöglichen, auch, potentielle Motive zu generieren (Gosepath 1999: 19). Wirklich werden diese Motive aber erst durch die Bereitstellung der entsprechenden Handlungsbedingungen.

Handlungsempfehlungen, die von Werten ausgehen, werden immer dann wirksam, wenn sie zunächst Informationen darüber enthalten, dass der Möglichkeitsspielraum der Akteure noch nicht ausgeschöpft ist, und wenn sie Informationen darüber enthalten, wie sich die Akteure durch die Veränderung ihres Verhaltens besser stellen könnten. Handlungswirksam bedeutet freilich auch, dass sich das Verhalten der Akteure tatsächlich verändert. Informationen allein reichen dazu nicht aus. Sie führen nur dann zu einer zuverlässigen und dauerhaften Änderung des Verhaltens, wenn auch die notwendigen Handlungsrestriktionen geschaffen werden. Diese Handlungsbedingungen aber sind durch die Akteure selbst beeinflussbar. Erst wenn die Handlungsempfehlungen, die Informationen für eine mögliche Erweiterung des Handlungsspielraums der Akteure bereitstellen, in die Etablierung der Handlungsrestriktionen in Form von Regeln einfließen, entsteht die Motivation für ein zuverlässig und dauerhaft verändertes Verhalten. Werte treten dann nicht mehr nur von außen an die Betroffenen heran, sondern binden von innen. Damit wird noch einmal der Gedanke McDowells aufgegriffen, dass Werte von außen eingreifen und von innen greifen, denn die Rahmenbedingungen unseres Handelns sind in diesem Verständnis Produkte rationaler Überlegungen (Honneth/Seel 2002: 21). Nun kann auch der Hinweis, die Einführung von Regeln, deren Verpflichtungskraft auf Sanktionsmöglichkeiten nicht verzichten kann, führe wieder zu einer externalistischen Position zurück, erneut aufgenommen werden. Wenn die Regelsetzung von den Akteuren selbst als sinnvolle Selbstbeschränkung initiiert wird, haben sie auch ein Motiv, sich durch Sanktionsmöglichkeiten selbst daran zu binden.

Werte fungieren in diesem Modell als *Heuristik* der Besserstellung, die auf bisher nicht sichtbare Möglichkeiten des Handelns hinweist und daher der Überlegung der Akteure gegenüber extern ist, Regeln hingegen als *Restriktionen* auf dem Weg der Umsetzung, die, insofern sie von den Akteuren selbst legitimiert sind, intern wirksam werden können. Wertaussagen motivieren daher nicht zur Setzung von Handlungen, sondern zur Setzung von Handlungsregeln.

Erst auf dieser Basis sind Sollensaussagen möglich, die Gründe und Motive so aneinander binden, dass die Zustimmung zu einer Wertaussage auch die Bereitschaft, entsprechend zu handeln, impliziert. Die Richtigkeit des Handelns ist eine Sache der angemessenen Wahrnehmung von Situationen. Sie ist aber darüber hinaus eine Sache des Vertrauens in die Werte, zu denen die jeweilige Wahrnehmung Zugang gefunden hat. Entsprechend sind die Gründe, die sich im Prozess der ethischen Erfahrung bilden, wo immer sie wirksam sind, notwendigerweise interne Gründe. Dennoch sind es evaluative Annahmen, die den Bestand des bisherigen motivationalen Haushalts der Handelnden überschreiten und insofern einen externen Status haben können – und auch tatsächlich haben, dann nämlich, wenn sie einigen oder sogar allen Akteuren noch nicht zugänglich sind.

Der vorgestellten Argumentation liegt die Überlegung zugrunde, dass es der Ethik nicht darum geht, auf eine bestehende Motivationsstruktur zurückzugreifen und auf dieser Grundlage Forderungen zu erheben, also ethische Prinzipien aus Motiven abzuleiten. Vielmehr ist es die Ethik selbst, die eine spezifisch moralische Motivationsstruktur freilegt. Anders formuliert: Es gibt Gründe zu handeln, die spezifisch moralisch sind. Und weil diese Gründe moralische Forderungen, die auf Handlungsstrukturen verweisen, darstellen, vermögen sie auch zu motivieren, und nicht etwa umgekehrt. Ethische Prinzipien definieren Möglichkeiten menschlicher Motivation, statt diese vorauszusetzen. Insofern kann man der Auffassung McDowells zustimmen, dass Gründe entdeckt werden können, insofern sie nicht aus schon vorhandenen Motiven abgeleitet werden müssen, und dass neu entdeckte Gründe in den Überlegungen eines Akteurs Platz zu greifen und bereits bestehende Gründe zu übertrumpfen in der Lage sind. Allerdings muss diese Spielart eines moralischen Realismus nach meiner Überzeugung durch eine konstruktivistische Lesart ergänzt werden: Die Bedingungen dafür, dass sich externe Gründe im Haushalt eines rationalen Akteurs behaupten können, müssen von uns allererst geschaffen werden.

Nicht erst von diesen Überlegungen her ist unsere Gliederung in instrumentelle, prudentielle und werthaltige Rationalität nun rückwärts zu lesen: Werte schöpfen den Raum dessen, was als vernünftiges Handeln gelten kann, erst aus, indem sie auf bisher nicht erschlossene Interaktionsmöglichkeiten hinweisen und die Etablierung von Regeln zur Realisierung dieser Handlungsoptionen empfehlen. Innerhalb dieses Raums der Gründe können dann Überlegungen zur Wahl der richtigen Ziele Platz greifen. Und zuletzt kann es darum gehen, die geeigneten Mittel zur Realisierung der gewählten Ziele zu bestimmen.

Die Frage nach der Konstitution von Handlungsräumen zielt auf die *Schaffung von Regeln*, die Frage nach der Wahl von Zielen und Mitteln innerhalb gegebener Handlungsbeschränkungen auf die *Befolgung von Regeln*.

Was den zweiten Gesichtspunkt betrifft, muss geklärt werden, wie allgemeine, in Regeln gefasste Bestimmungen auf konkrete Handlungssituationen angewandt werden können. Dieses Problem der Anwendung ethischer Prinzipien wird traditionell im Begriff des Gewissens bearbeitet, durch den wir dann wieder zum ersten Gesichtspunkt, der Schaffung von Regeln, zurückgeführt werden.

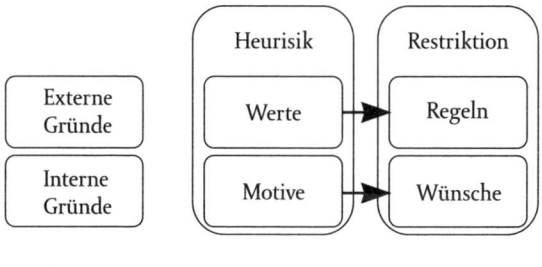

Abbildung 1

II. Gewissen und Gesetz

Die Frage der Anwendung allgemeiner Handlungsregeln auf konkrete Entscheidungssituationen steht vor folgendem Problem: Die Geltung von Regeln ist einerseits an das Einverständnis derjenigen Akteure gebunden, die ihnen unterworfen sind, sie transzendiert aber andererseits deren Zustimmung. Sind Regeln einmal in Kraft gesetzt, sind sie auch zu befolgen. Wir versuchten, dieser Doppelstruktur dadurch gerecht zu werden, dass wir die Schaffung und die Befolgung von Regeln voneinander unterschieden. Die Frage, ob und inwiefern nun eine bereits in Kraft gesetzte Regel die Entscheidung für oder gegen eine bestimmte Handlung (bzw. auch Unterlassung) berührt, kann daher nicht allein der subjektiven Überlegung des betreffenden Akteurs überlassen werden, sondern muss einen objektiven Anhalt finden. Im Folgenden soll die Frage, woran sich die Anwendung allgemeiner Regeln auf konkrete Situationen zu orientieren habe, anhand zweier klassischer Positionen geklärt werden.

1. Der Maßstab der Wahrheit und die plurale Gesellschaft

Die erste Position, der wir uns zuwenden, wurde von Thomas von Aquin ausgearbeitet. Er beantwortet die Frage, wie allgemeine Regeln der praktischen Vernunft ihre konkrete Anwendung finden, durch seine Ausführungen zum Gewissen. Für Thomas gibt es allgemeine, keineswegs aber inhaltsleere Prinzipien, die der Vernunft in der konkreten Bestimmung dessen, was zu tun und zu lassen ist, vorgegeben sind. Innerhalb dieser »Umrissstruktur« (Kluxen 1980: 237) bleibt der Vernunft ein Gestaltungsraum, der durch situationsspezifisches Handeln ausgefüllt wird.

Hier spielt der Begriff des Gewissens eine zentrale Rolle. Grundlegend für die thomanische Gewissenskonzeption ist die Unterscheidung von Habitus und Akt. Das Vermögen, überhaupt zwischen Gut und Schlecht zu unterscheiden, bezeichnet er als »syndéresis« und beschreibt es als »habitus naturalis primorum principiorum operabilium«, als natürliche sittliche Ausstattung des Menschen. Von diesem Vermögen hebt er sodann seine Ausübung, die »conscientia«, ab, die nun nicht als Habitus, sondern als Akt definiert ist, in dem durch einen Syllogismus der »ratio practica« konkret bestimmt wird, was es heißt, das Gute zu tun und das Schlechte zu meiden (Summa theologiae I, q. 79, a. 12 und 13). Der Akt der konkreten Urteilsfindung wird dadurch als diskursiver Prozess beschrieben, der freilich – anders als das habituelle Wissen um die Unterscheidung von gut und schlecht – der Möglichkeit des Irrtums unterliegt: Man kann subjektiv für richtig halten, was objektiv falsch ist und umgekehrt. Wer etwas tut, was er subjektiv für schlecht hält, obwohl es, objektiv gesehen, gut ist, handelt moralisch schlecht. Wer hingegen etwas tut, was er subjektiv für gut hält, obwohl es, objektiv gesehen, schlecht ist, handelt moralisch dann schlecht, wenn er aus selbst verschuldeter Unwissenheit heraus urteilt, indem er sich beispielsweise aus Nachlässigkeit nicht zureichend informiert, während derjenige, dessen Irrtum unfreiwillig und in diesem Sinn unvermeidbar ist, als entschuldigt gelten kann (Summa theologiae I–II, q. 19, a 5 und 6).

Das Gewissen wird bei Thomas insofern zur letzten subjektiv-sittlichen Instanz, als man niemals gegen sein Gewissen handeln darf, selbst wenn man sich damit – objektiv betrachtet – im (allerdings unüberwindlichen) Irrtum befindet (conscientia erronea invincibilis).

Auf diese Weise wird die Möglichkeit des Irrtums mit der Verbindlichkeit der Wahrheit in praktischen Fragen durch die Differenz von »syndéresis« und »conscientia«, von Gewissensanlage und Gewissensurteil, in Einklang gebracht. Insgesamt ist die Theorie des Gewissens bei Thomas von Aquin an eine naturrechtliche Konzeption gebunden. Da der Begriff der Natur teleologisch, das heißt auf Vollendung hin verstanden wird, ist auch der Begriff des Gewissens ein Perfektionsbegriff. Selbst wenn man weiß und zugesteht, dass sich Menschen, die von Regeln des Zusammenlebens abweichen, auf ihr Gewissen berufen können, gibt man die Fundierung des Gewissens in der Wahrheit nicht auf. So kann der unbedingte Anspruch des Gewissens selbst noch bei (allerdings unverschuldeten) Fehlurteilen aufrechterhalten und die naturhafte Ordnung mit kontingenten Gewissensurteilen, und das heißt auch mit gewissensbasierten Regelabweichungen belastet werden. In der Anwendung allgemeiner Regeln auf konkrete Situationen hat sich das Gewissen also an der Wahrheit zu orientieren.

In einem neuen Zusammenhang – und damit wenden wir uns einer
zweiten Position zu – stellt sich die Frage nach der Stellung des Gewissens in dem Moment, in dem der Wahrheitsanspruch sittlicher Urteile
bestritten wird. Besonders prägnant ist dies bei Thomas Hobbes formuliert, der den Gewissensbegriff grundlegend verändert. Es sei nämlich so
weit gekommen, dass die Menschen ihren Meinungen (opinions) den
ehrwürdigen Namen des Gewissens verliehen, ganz so, als ob es Unrecht
sei, von ihnen abzuweichen. Sie geben vor, die Wahrheit zu besitzen, wo
sie doch wissen, dass es sich nur um ihre Meinung handelt. Hobbes
argumentiert folgendermaßen: Die Menschen berufen sich auf ihr Gewissen und betrachten jede Handlung gegen das Gewissen als Sünde,
denn genau so haben sie es von den Theologen gelernt. Wenn die Menschen glauben, nicht gegen ihr Gewissen handeln zu dürfen, verhalten
sie sich so, als ob es eine allgemeingültige Wahrheit noch gebe. Wenn
das Gewissen aber keine *Wahrheit*, sondern nur noch eine *Meinung* darstellt und Meinungen im Namen des Gewissens mit dem Anspruch der
Wahrheit auftreten, ist die soziale Ordnung bedroht (Leviathan, II, 29).
Wenn Hobbes vom Gewissen spricht, hat er nicht die sittliche Identität
des Menschen vor Augen, sondern die Möglichkeit einer Schwächung
oder gar Zerstörung des Staates. Der Begriff des Gewissens wird bei
ihm deshalb nicht länger als Perfektionsbegriff verwendet, sondern als
Defektionsbegriff einem Generalverdacht unterworfen.

**An die Stelle des sich an der Wahrheit orientierenden Gewissens tritt für
Hobbes das Verfahren der Etablierung von Regeln. Daher bildet in seinen
Augen das Gesetz das öffentliche Gewissen.**

Wo aber ein öffentliches von einem privaten Gewissen unterschieden
wird, ist zu fragen, welcher Wert dem Gewissen des Einzelnen gegenüber dem Gesetz dann überhaupt noch zukommt.

2. Der kategorische Imperativ

Präzisieren wir, bevor wir auf diese Frage zurückkommen, zunächst die
für eine weltanschaulich plurale Gesellschaft sinnvoll erscheinende Zuordnung von Gesetz und Gewissen durch Kants kritische Ethik. Kant
formuliert in seiner »Grundlegung zur Metaphysik der Sitten« die Bedingung dafür, dass moralische Urteile einer vernünftigen Rechtfertigung
fähig sind. Er wählt für dieses Vorhaben ein zweistufiges Verfahren:

(1) Der erste Schritt besteht in einer rein gedanklichen Analyse. Sie nimmt ihren Ausgang von der Fiktion eines reinen Willens als der Fähigkeit zur Selbstbestimmung. (2) In einem zweiten Schritt bezieht er die Fiktion des reinen Willens auf den endlichen, empirisch bedingten Willen, der nicht rein vernünftig ist, sondern nach Wünschen oder Neigungen handelt, mithin dazu tendiert, von der allgemeinen Struktur, dem Gesetz eines uneingeschränkt guten Willens, und also von der Fähigkeit zur Selbstbestimmung, abzuweichen und auf diese Weise mit sich selbst in Widerspruch zu geraten (Kant, MS: 222). Die Struktur des reinen Willens stellt für den endlichen Willen daher die oberste einschränkende Bedingung dar, die zur Beurteilung möglicher materialer Gehalte seiner Selbstbestimmung dienen kann. Kant entwickelt somit aus der Fiktion des reinen Willens ein Beurteilungsverfahren, durch das wir sicherstellen können, dass wir unser Wollen und seine Wirkungen nach eigenen, nicht nach fremden Maßstäben kontrollieren, ohne dabei den Anspruch, moralisch zu handeln, aufzugeben.

Kant geht vom Begehrungsvermögen aus, das der praktischen Vernunft zugeordnet wird, so wie das Erkenntnisvermögen der theoretischen Vernunft zugehört. Das Begehrungsvermögen ist die Fähigkeit des Menschen, durch seine Vorstellung Ursache der Wirklichkeit des Gegenstandes dieser Vorstellung zu sein. Das Begehrungsvermögen ist also bestrebt, durch Handlungen Wirkungen hervorzubringen, es will eine andere Zukunft, als sie sich aus der Vergangenheit ergibt (Kant, MS: 211). Dabei verfolgt das *untere Begehrungsvermögen*, wie Kant die sinnlich affizierte praktische Vernunft nennt, in jeder Handlung einen Vorteil, der körperlicher oder geistiger Art, sich selbst oder anderen zugedacht sein kann. In jedem Fall wird das Begehrungsvermögen deswegen sinnlich genannt, weil es durch die Vorstellung von Empfindungen affiziert wird. Die Wünsche, die den Gegenstand des unteren Begehrungsvermögens bilden, stehen freilich durchaus materialen praktischen Regeln offen. Diese materialen praktischen Regeln nennt Kant auch *Maximen*.

Mit Maximen sind also nicht einzelne Handlungen oder Handlungsabsichten, sondern nach vernünftigen Gesichtspunkten gewählte Restriktionen unserer Handlungen oder Handlungsabsichten, also subjektive praktische Grundsätze, gemeint, gleich ob sie nun im Handeln bewusst oder unbewusst verfolgt werden.

Man könnte sie auch als »selbstadressierte Regeln« (Leist 2000: 253) bezeichnen. In unseren Handlungen schaffen wir damit eine Struktur subjektiver Freiheit, durch die wir in der Lage sind, übergeordnete und weiterreichende Ziele zu verfolgen. Die Maximen funktionieren in diesem Verständnis als Kritiker unserer Wünsche, sind darin aber nur für den Willen je eines Subjekts, nicht für jedes vernünftige Wesen gültig. Vernünftig handeln bedeutet also, wie wir bereits sahen, dass man sich nicht einfach von spontanen Wünschen leiten lässt, sondern einen Grund für sein Handeln hat.

Wenn man nun von der Materie dieser praktischen Grundsätze abstrahiert, bleibt nur noch die Form der Maximen übrig. Wo der Wille durch die bloße Form praktischer Grundsätze bestimmt wird, spricht Kant von einem *oberen Begehrungsvermögen*. Das obere Begehrungsvermögen stellt jene Bestrebungen im handelnden Subjekt dar, die durch ein formales Gesetz bestimmt werden.

Dieses praktische Gesetz oder Sittengesetz nimmt für endliche Wesen die Gestalt des *kategorischen Imperativs* an, der von uns verlangt, dass wir nur nach Maximen handeln sollen, von denen wir wollen können, dass sie ein allgemeines Gesetz werden. (Kant, GMS: 421).

Kommen wir auf das eingangs erwähnte Beispiel zurück: Wenn eine Person daran denkt, sich der Einlösung eines unangenehmen Versprechens durch eine Lüge, etwa durch den Hinweis, krank gewesen zu sein, zu entziehen, kann dieser Plan dem Prüfinstrument des kategorischen Imperativs unterzogen werden. Klar ist, dass dieses Vorhaben nicht als allgemeine Struktur gewollt werden kann, weil dies einerseits einen Selbstwiderspruch bedeutete und das Halten eines Versprechens andererseits der Willkür des Betreffenden unterläge. Damit wäre die Erwägung des persönlichen Vorteils, sich die Unannehmlichkeit zu ersparen, offen zu bekennen, ein Versprechen nicht einlösen zu können, über die Struktur gestellt, die eine Verbindlichkeit von der Form eines Versprechens überhaupt ermöglicht. Der kategorische Imperativ fordert also, Maximen aufzugeben, die ihm widersprechen, er fordert allerdings nicht, wir sollten Handlungen, die seiner Maßgabe gemäß moralneutralen Maximen folgen, wie etwa derjenigen, sein linkes Schuhband zuerst zuzubinden (Frankena 1975: 52), unterlassen. Prinzipiell kann aber jede Handlung der ethischen (oder dann auch rechtlichen) Beurteilung unterworfen werden. Denn es geht im Begriff der Sittlichkeit nicht um moralische Inhalte, sondern um die *formalen Strukturen* oder Rahmenbedingungen, unter denen wir uns als moralisch Handelnde verstehen und gegenseitig achten. Die *materiale Auslegung* der in den Grundlegungsschriften erhobenen ethischen Struktur moralischen Handelns nimmt Kant in der Tugendlehre der »Metaphysik der Sitten« vor. Hier wird deutlich, dass es der kantischen Ethik nicht nur darum geht, ein negatives formales Kriterium für die Zurückweisung nicht verallgemeinerbarer Maximen bereitzustellen, sondern auch dazu anzuleiten, Maximen zu produzieren, die sich zu einer möglichen Gesetzgebung eignen.

Für das Verständnis der Ethik Kants ist es wichtig, dass nicht die Materie der Maximen, sondern nur ihre Form verallgemeinerbar ist. Denn ein und derselbe Gegenstand ruft bei verschiedenen Menschen in der Regel unterschiedliche Gefühle hervor: bei manchen Lust, bei manchen Unlust. Das Gefühl der Lust oder Unlust ist, auf ein und denselben Gegenstand bezogen, niemals allgemein. Und selbst wenn durch ein und denselben Gegenstand bei verschiedenen Personen dasselbe Gefühl ausgelöst werden sollte, wäre diese Übereinstimmung doch nur kontingent, nicht notwendig. Das praktische Gesetz als rein formaler, von aller Materie gereinigter Bestimmungsgrund des Willens ist hingegen notwendig und allgemein, das heißt in allen Fällen und für den Willen eines jeden vernünftigen Wesens gültig. Denn die praktische Vernunft fordert das handelnde Subjekt auf, seine Maximen am moralischen Gesetz zu messen. Sie werden durch das Sittengesetz moralisch qualifiziert. Der Wille stellt in dieser Hinsicht die Fähigkeit zur rationalen, nicht sinnlich bestimmten Entscheidung in Bezug auf die Struktur der persönlichen Freiheit dar. Moralische Gesetze gelten daher insofern *notwendig*, als sie uns unabhängig von unseren Wünschen gebieten, bestimmte Handlungen auszuführen oder zu unterlassen. Kant spricht von einer unbedingten Selbstverpflichtung, die für alle relevanten Situationen und gegenüber allen möglichen vernünftigen Akteuren bindend ist. Auch unsere Neigungen gebieten oder verbieten uns, bestimmte Handlungen zu tun. Moralische Gesetze können aber Handlungen, die uns von unseren Neigungen her geboten werden, verbieten, oder Handlungen, die auszuführen unsere Neigungen verbieten, gerade gebieten. Sinn der kritischen Ethik ist es damit, unsere Antriebe zu prüfen und der Kritik zu unterziehen. Dazu gehört, dass moralische Gesetze ohne Ausnahme, das heißt *allgemein* gelten müssen. Denn eine Ausnahme resultiert ja gerade daraus, dass wir uns zum Vorteil unserer Neigungen der kategorischen Geltung des moralisch Gebotenen entziehen wollen. Wo die Notwendigkeit moralischer Gesetze feststeht, steht auch ihre Allgemeinheit fest: Sie gelten für alle vernünftigen Wesen. Mit anderen Worten: Durch den kategorischen Imperativ wird die formale Voraussetzung dafür, dass Handeln moralisch genannt werden kann, gesichert. Die reine praktische Vernunft ist in dieser Hinsicht indifferent gegenüber materialen Zwecksetzungen, sie kalkuliert nicht mit Ziel-, sondern mit Regelvorstellungen.

Kritiker der kantischen Ethik verweisen häufig auf die in der Schrift »Über ein vermeintes Recht aus Menschenliebe zu lügen« erörterte Frage hin, ob wir einem Mörder, der uns nach einem Freund fragt, den wir in unserem Haus versteckt halten, die Wahrheit sagen müssen. Offenbar liegt hier die Kollision zweier Verpflichtungen vor, einmal dem Freund zu helfen und dann die Wahrheit zu sagen. Der Hinweis Kants, wir müssten die Wahrheit sagen, weil es das moralische Gesetz fordere, und zwar unabhängig von den Folgen, die daraus entstehen, wird dann als Beweis für die Weltfremdheit bzw. den Rigorismus einer reinen Pflichtenethik genommen. In Wirklichkeit liegt hier aber gar kein moralischer Konflikt, sondern ein *juridisches* Problem vor, nämlich die Frage, ob es einen Rechtsanspruch auf Lüge gebe. Kant macht lediglich deutlich, dass sich ein solcher Anspruch nicht konsistent begründen lässt, weshalb die Missachtung des Gebots, die Wahrheit zu sagen, zwar als Notrecht etabliert werden kann, womit eine Handlung, die dem Gebot der Wahrhaftigkeit widerspricht, aber lediglich straffrei gestellt wird. Auch auf der *moralischen* Ebene lässt sich argumentieren, dass eine Erlaubnis zur Lüge nicht widerspruchsfrei gedacht werden kann. Ebensowenig kann es eine allgemeine Ausnahmeregelung von der Pflicht zur Wahrhaftigkeit geben. Allerdings geht es hier allein darum, das Verbot zu lügen zu begründen. Fragen der Umsetzung des ethisch Begründbaren müssen auf der Ebene des Rechts diskutiert werden. Auf der Ebene des moralischen Gesetzes kann nur darauf verwiesen werden, dass auch hier Freiräume beispielsweise dafür bestehen bleiben, eine Frage als unangebracht zurückzuweisen. Der Eindruck von Weltfremdheit und Rigorismus entsteht nur dann, wenn Begründungs- und Umsetzungsebene verwechselt oder die Forderungen des kategorischen Imperativs auf Handlungen, nicht, wie Kant sagt, auf Maximen von Handlungen bezogen werden (Esser 2004: 258–264).

Klar ist von daher, dass wir ethisch begründbare Handlungsregeln in der Gesellschaft auch sichtbar etablieren müssen. Wir setzen dazu Rechtsnormen in Kraft, die nicht von innen, sondern von außen binden und dadurch die eingangs beschriebenen Defektionsstrategien zu verhindern in der Lage sind. Die Etablierung von Rechtsnormen ist allerdings mit Problemen behaftet. Denn auch wenn sich die Akteure in ihrem Handeln von diesen Normen leiten lassen, bedeutet dies nicht, dass sie sich ihre Zwecke, man könnte auch sagen: ihren sozialen Sinn zu eigen gemacht haben. Rechtsnormen bilden einen Rahmen, der aber ethischen Ansprüchen gemäß ausgestaltet werden muss. Insofern wird zwar auch und gerade eine kritische Ethik auf die Umsetzung des moralisch Gebotenen im öffentlichen Raum achten und insofern einen prinzipiell unabschließbaren Diskurs im Ringen um Setzung und Reform von Rechtsnormen anregen. Sie wird aber die sinnvolle Ausgestaltung einer solchen Rahmenordnung immer als ihre genuine Aufgabe begreifen. Hier hat eine Ethik der Tugend ihren systematischen Ort. Damit ist der Begriff des Gewissens aber auch für die kantische Ethik nicht erledigt. Weil der Mensch unausweichlich Gesetzen unterworfen ist, wird jeder unter den Gesetzen, die er sich selbst gibt, sein eigener Richter. Kant nennt deshalb das Gewissen »die sich selbst richtende moralische Urtheilskraft« (Kant, Religion: 186).

Das Gewissen erscheint damit nicht mehr, wie wir bei Thomas von Aquin sahen, als urteilende Instanz darüber, ob eine Handlung gut genannt werden kann oder nicht, sondern als reflexive Bestimmung des Handelnden selbst und damit als Urteil darüber, ob dieser sich von Vernunftgründen hat leiten lassen und daher aus Pflicht handelt (*Moralität*), oder ob er sich von Neigungen hat bestimmen lassen und nur pflichtgemäß (*Legalität*), beispielsweise aus Angst vor Strafe oder auch aus dem Impuls zu helfen heraus, handelt. Insofern aber mit dem Gewissen das Urteil der praktischen Vernunft über sich selbst gemeint ist, kann es ein irrendes Gewissen nicht geben.

Versuchen wir abschließend, unsere Überlegungen zum Verhältnis von Gesetz und Gewissen in zwei Thesen gerecht zu werden:
(1) *Das Gewissen ersetzt nicht die Schaffung von Regeln.*
Es sähe sich dann prinzipiell vor das Problem der Defektion durch die übrigen Interaktionspartner gestellt. Das Gewissen des Einzelnen kann deshalb das Versagen von Regeln nicht kompensieren (Krings 1991: 230). Diese Regeln zu begründen ist Aufgabe der Ethik, sie durchzusetzen, Aufgabe des Rechts. Wo sich das Gewissen des Einzelnen zur Befolgung gesetzter Regeln nicht entschließen kann, kann es für ihre Reform stimmen. Solange Regeln aber in Kraft sind, müssen sie auch befolgt werden. Ein kontrollierter Regelbruch, der über Regelsetzungsverfahren zur Verbesserung etablierter Regeln führt, ist deswegen institutionell zu ermöglichen. Das Gewissen erhält dadurch einen Stellenwert produktiver Differenz: Es bildet die Quelle für neue und bessere Regeln. Insofern gilt umgekehrt:
(2) *Die Regeln des Zusammenlebens können das Gewissen des Einzelnen nicht ersetzen.*
Abweichungen von Regeln münden über demokratische Regelsetzungsprozesse idealerweise in der Reform von Regeln, sie werden also erst durch reformierte Regeln legitimiert. Man könnte daher sagen: Auf der Ebene der Regelbefolgung kann das Gewissen des Einzelnen nicht gegen kollektiv vereinbarte Gesetze in Anschlag gebracht werden. Das führte, wie Thomas Hobbes richtig sieht, ins Chaos. Es hat seine Funktion aber in der sinngemäßen Füllung etab-

lierter Regeln. Auf der Ebene der Regelschaffung hingegen hat das Gewissen eine wertschöpfende Funktion, nämlich dann, wenn es eine geltende Regel für verbesserungswürdig hält und im Rahmen demokratischer Normsetzungsverfahren für die Etablierung bzw. Reform einer Regel votiert. Deshalb ist das Gewissen als Ressource der Schaffung von Regeln zu schützen. Auf diese Weise wird auch in demokratisch legitimierten Regelsetzungsverfahren der Frage nach der Wahrheit wenigstens in einer schwachen, nämlich prozeduralen Lesart Raum gegeben. Nicht erledigt kann allerdings aus Sicht der theologischen Ethik die Frage sein, was es bedeutet, auf einen starken Wahrheitsbegriff zu verzichten. Wir werden darauf zurückkommen.

III. Egoismus – Altruismus

Eine Ethik, die nicht nur Begründungs-, sondern auch Umsetzungsfragen im Auge behält, muss der Tatsache Rechnung tragen, dass Akteure sich nicht allein nach rational formulierbaren Prinzipien richten, sondern auch auf ihre Neigungen und die daraus hervorgehenden Wünsche Rücksicht nehmen. Versuchen wir, das Programm einer wirklichkeitsnahen Ethik an zwei Grundantrieben des Menschen zu überprüfen, nämlich an Egoismus und Altruismus. Wenden wir uns dabei zunächst der Frage zu, ob Menschen überhaupt zu altruistischem Handeln fähig oder Handlungen zum Wohle anderer nur Ausformungen eines klug kalkulierenden und weit in die Zukunft zielenden Egoismus sind. Die zweite Annahme, nennen wir sie im Folgenden die *Egoismusthese*, kann sich auf die Beobachtung stützen, dass Individuen, und zwar Tiere wie Menschen (Buss 2004: 188–219), die das Wohlergehen anderer auf eigene Kosten fördern, mit den Nutznießern zumeist eng verwandt sind, weshalb sich diese Strategie, die man auch als *nepotischen Altruismus* (Hamilton 1964) bezeichnet, evolutiv durchsetzen konnte. Wer nämlich genetisch dazu disponiert ist, das Überleben der eigenen Nachkommen zu fördern, dessen Gene werden dann mit größerer Wahrscheinlichkeit reproduziert, wenn sich diese Nachkommen dadurch erfolgreicher fortpflanzen, als man selbst es könnte, wenn man sich egoistisch verhielte. Nun kann man freilich viele Beispiele dafür anführen, dass Individuen nicht nur nahen Verwandten helfen. Daher wird beim Versuch, altruistisches Handeln aus egoistischen Motiven abzuleiten, ein Argumentationsweg beschritten, der als *reziproker Altruismus* bezeichnet wird (Trivers 1971). Diese Form des Altruismus besagt, dass Individuen al-

truistisch handeln, wenn es wahrscheinlich ist, dass sie wiederholt auf-
einander treffen. Denn in solchen Fällen können sie davon ausgehen,
dass ihre Großherzigkeit bei nächster Gelegenheit belohnt wird: Die
scheinbar selbstlose Hilfe wird sich langfristig bezahlt machen, weil ein
Individuum damit rechnen kann, von genau dem Individuum, dem es
zuvor geholfen hat, Hilfe zu empfangen, wenn es selbst in Not gerät. Von
diesen Beobachtungen her ist der Aussage von Edward O. Wilson, wir
Menschen handeln am langen Zügel der Gene, zunächst durchaus zuzustimmen (Wilson 1980: 159).

1.   Die Ebene der Erklärung: Altruistische Motive

Allerdings gibt es zahllose Beispiele dafür, dass Menschen füreinander
einstehen und dabei persönliche Nachteile in Kauf nehmen, ohne je
einen Vorteil davon erwarten zu können. Diesem Einwand, der einer
noch näher zu bestimmenden Altruismus-These zugeschrieben werden
kann, wird häufig mit dem Hinweis begegnet, bei diesen Formen altruistischen Verhaltens handle es sich um einen Egoismus, der auf verdeckten
Wegen wirke. Um Altruismus gegenüber Unbekannten erklären zu können, wird nämlich das Konzept einer *indirekten Reziprozität* vorgeschlagen (Alexander 1987: 93). Die Erwiderung der Hilfe wird hier nicht vom
Empfänger direkt, sondern von einem anderen Individuum geleistet
(dem wiederum der Empfänger zuvor geholfen hat). Gegen diese Erklärung des Altruismus wurde eingewendet, sie sei für große Gruppen un-
plausibel. Hier müsse sich evolutiv ein egoistisches Verhalten durchsetzen, weil jede altruistische Vorleistung ausbeutbar sei. Weil wir aber in
unserer Welt altruistisches Verhalten auch in großräumigen Kontexten,
also über Verwandtschafts- und Bekanntschaftssysteme hinaus, beob-
achten können, wird zur Erklärung das Modell einer Gen-Kultur-Koevo-
lution vorgeschlagen: Die Evolution der genetischen Anlagen sei beim
Menschen mit der kulturellen Evolution verschränkt (Gintis/Bowles/
Boyd/Fehr 2005: 29–31.). In der kulturellen Evolution setzten sich nämlich jene Gruppen durch, deren Mitglieder zu einem selbstlosen und für
die gesamte Gruppe vorteilhaften Verhalten fähig waren. Der echte Altruismus war demnach anfangs nicht genetisch fixiert, sondern beruhte
nur auf kultureller Weitergabe. Erst im Laufe der Zeit dockte die genetische Evolution an die kulturelle an, oder anders gesagt: der kulturell
etablierte Altruismus erhielt eine genetische Basis (Lumsden/Wilson
1981; Durham 1991; Feldman/Zhivotovsky 1992). Die Unterscheidung
von genetischer und kultureller Evolution weist uns nun allerdings, ent-

scheidend wichtig für die ethische Theoriebildung, auf die Möglichkeit eines Kategorienfehlers hin: Wir können nicht von egoistischen oder altruistischen *Genen* (Dawkins ²1989) sprechen, sondern nur von egoistischen oder altruistischen *Motiven*. Gene sind keine Motive. Von Motiven können wir nur auf der Ebene der Kultur sprechen. Allerdings ist es durchaus sinnvoll, genetische Dispositionen für egoistische bzw. altruistische Motive anzunehmen.

Diese Differenz bietet die Gelegenheit, die Ausgangsfrage zu präzisieren: Welche Motive haben Menschen, die in unseren Augen altruistisch handeln? Wenn wir – wie dargelegt – davon ausgehen können, dass sich altruistische Handlungen bevorzugt auf Verwandte oder Bekannte beziehen, ergibt sich die Frage: Kann es sich um echten Altruismus handeln, wenn der Kreis der Adressaten eingeschränkt ist? Zunächst gibt es keinen Grund, die Reinheit eines Motivs nur deswegen zu bezweifeln, dass es sich nicht unterschiedslos auf alle Menschen bezieht. Auch die Liebe nur zu einem einzigen Menschen kann echte Liebe sein. Anders gesagt: Gefühle der Zuneigung oder des Wohlwollens sind nicht schon deswegen egoistisch, weil wir nicht jeden Menschen mit unserem Wohlwollen bedenken. Aus einer ethischen Perspektive könnte man allerdings einwenden, es handle sich nur dann um einen echten Altruismus, wenn sich unser Wohlwollen wenigstens prinzipiell auf alle Menschen richte. Es ist demnach von ethischer Relevanz, dass wir Kriterien benennen und begründen können, nach denen wir einige Menschen als Empfänger unserer Wohltaten auswählen, während wir andere davon ausschließen. Würden wir die Adressaten unserer altruistischen Tat danach auswählen, dass uns unsere Großzügigkeit kurz- oder langfristig wieder zugute kommt, dann wäre dies jedenfalls kein ethisch rechtfertigbares Kriterium. Man kann also durchaus zugestehen, dass die Adressaten unseres Wohlwollens begrenzt sind, weil jeder Mensch nur endliche Kräfte aufbringen kann. Die entscheidende Frage ist aber, ob wir unser Wohlwollen auf jene Menschen beschränken, von denen wir im Gegenzug Wohlwollen erhoffen können.

Von daher kann man an die Vertreter der Egoismusthese die Frage richten, ob sie zeigen können, dass wir die Adressaten unserer altruistischen Handlungen immer so auswählen, dass sie letztlich nur unserem eigenen Vorteil dienen. Dagegen könnte man wiederum einwenden, die Menschen verschleierten auch vor sich selbst ihre wirklichen Motive, hinter jeder altruistischen Tat verstecke sich ein unbewusster Egoismus. Der Einwand, eine unbewusste egoistische Einstellung stehe immer hinter Motiven, die vordergründig selbstlos zu sein scheinen, steht allerdings vor dem erkenntnistheoretischen Problem, dass er nicht deutlich machen kann, was als Widerlegung dieser Annahme zählt (Illies 2006: 194). Was wäre denn ein Nachweis dafür, dass jemand *nicht* unbewusst seinen Vorteil verfolgt? Wenn aber kein empirischer Beweis akzeptiert wird, ist die These einer unbewussten egoistischen Grundeinstellung nicht falsifizierbar und damit wertlos.

Wir können also erstens festhalten, dass Altruismus kein übernatürliches Phänomen, sondern biologisch möglich ist, und dass es, zweitens, keinen Grund gibt, altruistischem Handeln generell egoistische Motive zu unterstellen. Wenn altruistisches Handeln aber eine genetische Basis hat, auf der sich entsprechende Motive entfalten können, führt das zu der Einsicht, dass ethische Forderungen nicht einfach gegen unsere Natur erhoben und durchgesetzt werden müssen (Vollmer 1993: 125). In der Frage, ob der Mensch ausschließlich über Gene verfügt, die ihn zu einem egoistischen Verhalten anleiten, die aber hin zu einem altruistischen Verhalten kultivierbar sind, oder ob ihm nicht insofern eine Sonderstellung zukommt, als er genetische Anlagen besitzt, die echtes altruistisches Verhalten fördern, tendieren Ergebnisse neuerer Forschung jedenfalls zur zweiten Lösung. Das hätte die ethisch bedeutsame Konsequenz, dass Regeln des Zusammenlebens nicht »contra« sondern »secundum naturam« etabliert werden könnten. Anders formuliert: Soziale Regeln, die unser Zusammenleben auch in großen sozialen Zusammenhängen und über weite Zeitstrecken hinweg sichern sollen, hätten dann nicht die Funktion, einen genetisch induzierten Egoismus zu zügeln, sie können sich stattdessen auf genuin altruistische Anlagen stützen.

Interessant für die ethische Theoriebildung ist freilich folgende Beobachtung: Sobald man sich auf dem Boden einer Motivationstheorie bewegt, erhält altruistisches Handeln eine selbstbezogene Beimischung, was Anlass dafür gibt, seine Reinheit zu leugnen (Batson 2002: 91). Und selbst wenn sich der Verdacht, hinter jeder guten Tat stecke ein gutes Gefühl, auch die altruistische Tat sei immer egoistisch motiviert, nicht als wissenschaftliche These formulieren lässt, könnte nun – mit Blick nicht auf die Motive, sondern auf die Folgen einer altruistisch motivierten Handlung – ein weiterer Einwand formuliert werden, der uns jedenfalls davon abhält, der Egoismusthese eine allzu schlichte *Altruismusthese* des Sinnes, Handeln zugunsten anderer sei möglich, entgegenzusetzen: Wie sollten wir sicher sein, für andere Menschen Gutes wollen zu können, wenn wir unseren Handlungen stets nur unsere eigene Bewertung zugrunde legen? Was berechtigt uns also über einen bloß »intendierten Altruismus« (Siep 1993: 298) hinaus zu der Feststellung, wir wüssten, was anderen gut tut? Diese Frage legt es nahe, über die Ebene der Motivation hinaus zu gehen und die Bedingungen der Möglichkeit altruistischen Handelns in einem begründungstheoretischen Rahmen zu entfalten, auch wenn es vielleicht nicht unserer Intuition entspricht, altruistische Akteure müssten sich gegenüber ihren Empfängern rechtfertigen und um Verständnis für ihre guten Taten werben.

2. Die Ebene der Rechtfertigung: Gründe für altruistisches Handeln

Die bisherigen Ausführungen zur Motivation altruistischen Handelns gründen in der Überzeugung, dass die Frage der Rechtfertigung auf Annahmen darüber gestützt sein muss, wovon sich Menschen – in unserem Fall Akteure, die in irgendeiner Form für andere da sind, also in ihrem Handeln nicht von eigenen, sondern von fremden Wünschen bestimmt werden – beeinflussen lassen. Eine ethische Forderung, die sich nicht auf entsprechende Motive berufen kann, könnte keine Überzeugungskraft entfalten. Umgekehrt wird aber vorausgesetzt, dass Wünsche, die zu Triebfedern unseres Handelns werden, grundsätzlich einer rationalen Kritik zugänglich sind. Als Motiv soll deshalb – wie bereits am Beginn dieser Abhandlung erläutert – ein der Rechtfertigung zugänglicher Wunsch bezeichnet werden. Ein Motiv gilt grundsätzlich dann als gerechtfertigt, wenn ein auch für andere Akteure einsichtiger Grund, eine entsprechende Handlung auszulösen, benannt werden kann. Für Thomas Nagel bedeutet dies, die *Möglichkeit* des Altruismus zu untersuchen und damit auf ein *formales Merkmal* der praktischen Vernunft abzuheben. Aber auch wenn man den Schauplatz der Entscheidung, ob Altruismus möglich sei, auf die Ebene der Rechtfertigung verlagert, stellt sich das folgende grundsätzliche Problem: Warum sollte ich mir die Gründe einer anderen Person, in einer bestimmten Weise zu handeln, in unserem Fall also: ihr in irgendeiner Form zu Hilfe zu kommen, zu eigen machen?

Die damit eröffnete Schwierigkeit bearbeitet Nagel durch die Differenz von subjektiven und objektiven Gründen (Nagel 1970: 83 f.). Wenn jemand, so die Pointe der Nagelschen Argumentation, überhaupt aus einem Grund handelt, dann muss es möglich sein, dass dieser Akteur sich als jemanden versteht, der aus einem objektiven Grund heraus handelt. Anders formuliert: Alle Gründe müssen aus objektiven Prinzipien hergeleitet werden können. Eine altruistische Handlung ist demnach von Gründen geleitet, die sich weder ausschließlich als »meine« noch als »seine« oder »ihre« identifizieren lassen. Das setzt voraus, dass man sich einen neutralen Standpunkt zu eigen macht. Diesem neutralen Standpunkt entsprechen objektive Gründe, Gründe eben, die nicht für diese oder jene Person, sondern für *jede Person* gültig sind (Nagel 1970: 90–97). Objektive Gründe legen einen allgemeinen wünschenswerten Zustand dar – ohne Rücksicht auf die Wünsche besonderer Personen. Sobald also eine Person erkannt hat, dass es einen Grund für ein neutral beschriebenes Handlungsziel gibt, sind es ausschließlich objektive Prinzipien, die die entsprechende Motivation, dieses Ziel auch zu verwirklichen, rechtfertigen. Normative Prinzipien von der Art objektiver Gründe benennen gleichzeitig wesentliche und unbeliebige Züge der Motivationsstruktur eines Akteurs. Wir haben in diesem Sinne einen unmittelbaren Grund, uns um das Wohl anderer zu kümmern, das heißt, wir haben einen Grund, der nicht von vermittelnden Instanzen wie einem egoistischen, aber auch nicht von einem altruistischen Motiv, das sich in einem Gefühl des Wohlwollens äußert, abhängt (Nagel 1970: 126–137).

Wenn man diesem Hinweis zur Möglichkeit des Altruismus folgt und die Frage ausklammert, wie er zu verwirklichen sei, kann man nun nach dem Abweis der anfangs diskutierten These vom nicht-intendierten Egoismus, der allen altruistischen Handlungen insgeheim zugrunde liege, auch dem Vorwurf eines intendierten Altruismus, der für seinen Adressaten zwar das Beste wolle, für ihn tatsächlich aber unliebsame Konsequenzen mit sich bringe, begegnen. »Altruistisch« ist eine Handlung nur dann, wenn sie durch Gründe gerechtfertigt wird, die eine subjektive Motivation gleich welcher Art zu übertrumpfen in der Lage sind. Auch von dieser Seite sehen wir uns veranlasst, im ethischen Diskurs über die Ebene der Motivation hinauszugehen, um die Frage, was uns denn berechtige, die Adressaten unseres Wohlwollens auszuwählen und nach welchen ethisch akzeptablen Kriterien dies geschehen könne, mit dem Hinweis auf die Suche nach objektiven Gründen zu beantworten. Welche Schlussfolgerungen lassen sich daraus für die theologische Ethik gewinnen?

3.   Kritische Hermeneutik

Wenn man von der Annahme ausgeht, der Mensch besitze genuin altruistische Anlagen, so dass er im Kern nicht »bestia humana«, sondern »animal sociale« ist, und zwar mit all den inneren Wahrnehmungsmechanismen und Verhaltenstendenzen, die dazu gehören, dann wirft dies ein neues Licht auf das Zusammenspiel der evolvierten Fähigkeit zu altruistischem Verhalten und den kulturell etablierten Regeln menschlichen Zusammenlebens. Rechnet man also beim Menschen mit der Fähigkeit zu echt altruistischem Verhalten, wofür es viele Hinweise gibt, dann wäre Moral kein sekundäres Oberflächenphänomen, das unsere wahre Natur zu bemänteln und vielleicht sogar zu bezähmen in der Lage ist, sie wäre vielmehr in unserer Natur angelegt. Die Einsicht in die evolutionäre Faktizität des Moralischen wird immerhin zur Garantin dafür, dass Moralität sich verwirklichen lässt, weil sie nicht einer widerspenstigen Natur aufoktroyiert werden muss, sondern evolutionär in dieser angelegt ist. Fügt man aus Sicht der theologischen Ethik hinzu, dass die Natur des Menschen geschaffene Natur ist, so ist dem Menschen die Befähigung zur Nächstenliebe grundsätzlich gegeben. Der Mensch ist nicht ein kulturell gezähmtes Tier, er besitzt vielmehr die genuine Anlage zu altruistischem Handeln.

Auf der Basis einer natürlichen Befähigung zu altruistischem Handeln können sich entsprechende Motive entfalten. Damit wird nicht geleugnet, dass dem Menschen nicht auch egoistische Motive zur Verfügung stünden. Wenn wir die Ebene der Motive von der Ebene der genetischen Ausstattung des Menschen unterscheiden, dann ist auf der Grundlage der Gene keine Erklärung, sondern nur eine *Beschreibung* menschlichen Handelns möglich. Erst wo Motive ins Spiel kommen, beanspruchen wir, eine Handlung zu erklären. Zur normativen Ebene gehört freilich auch die Frage der Gründe, die für egoistisches wie für altruistisches Handeln zur Verfügung gestellt werden können. Wer von Gründen spricht, rechtfertigt sein Handeln. Es mag nun den Anschein haben, als würden mit dieser Begrifflichkeit explanatorische und legitimatorische Anliegen auf illegitime Art und Weise miteinander vermengt. Doch ist bereits mit dem Begriff des Grundes eine enge Verbindung zwischen beiden gegeben, denn Gründe können wir ebenso gut zur *Erklärung* wie zur *Rechtfertigung* einer Handlung anführen (Smith 1994: 94 ff.). Bisweilen erklären wir, was eine Person getan hat, indem wir uns auf ihre Gründe beziehen. Andererseits behaupten wir, dass die Umstände jemandem einen Grund geben, in einer bestimmten Weise zu handeln, ohne damit schon zu sagen, dass er entsprechend motiviert sein werde (weil er beispielsweise die betreffenden Umstände nicht unbedingt zu kennen braucht). Was mich motiviert, kann nicht einfach nur das Wissen sein, dass eine von mir ausgeführte Handlung bestimmte Folgen für das Wohl anderer hätte, sondern mir muss an dem, was ihnen widerfährt, zunächst einmal überhaupt liegen, damit dieses Wissen wirksam werden kann. Für ein System normativer Gründe ergibt sich aus diesen Überlegungen, dass die Interessen anderer oder das künftige Eigeninteresse einer Person dieser für sich genommen keine Gründe zu handeln liefern, wenn man nicht gleichzeitig zugesteht, dass uns Gründe

für sich genommen nicht mit der erforderlichen Motivation für irgend-
ein Handeln ausstatten können. Für die Ethik kann allerdings gefolgert
werden, dass sie den Begründungsdiskurs von der Frage der Motivation
nicht abkoppeln darf. Eine realistische Ethik, die mit der Möglichkeit
egoistischer Motive rechnet, wird ihr Augenmerk auf jene Faktoren oder
Bedingungen richten müssen, die die ebenfalls stets gegenwärtigen altruistischen Motive stärkt. Sie hat – mit anderen Worten – Gründe zu
benennen, warum eine Person ihr Eigeninteresse zurückstellen und dem
Motiv, zum Wohl anderer zu handeln, zum Durchbruch verhelfen sollte.

Für den ethischen Diskurs sind Gründe ausschlaggebend, die nicht
für eine bestimmte Person gelten, sondern einen Wert an sich repräsentieren. Moralische Imperative finden ihren Grund in einer Metaphysik
der Handlung und damit letztlich in einer Metaphysik der Person. Die
hier dargelegte Auffassung, der Mensch sei ein genuin altruistisches
Wesen, wendet sich damit von der Ebene der Gründe her nicht nur
gegen einen ethischen Relativismus, sondern auch gegen jegliches An-
sinnen, ethische Ansprüche als einen Appell an unsere Interessen zu
verstehen: Sei es an unser Eigeninteresse, sei es an das Interesse, das wir
an anderen Dingen oder Personen jeweils haben mögen. Ethische Ansprüche wenden sich vielmehr an elementare Züge unseres Selbstverständnisses als Wesen, die für Gründe empfänglich sind und damit an
elementare Züge unserer eigenen Natur. In diesem Sinne hat gerade die
theologische Ethik vor einem Reduktionismus zu warnen: Die Unterstel-
lung, der Mensch handle stets aus egoistischen Antrieben heraus, geht
von einem verkürzten Menschenbild aus. Vielmehr ist der Mensch für
Gründe empfänglich, die nicht nur für ihn, sondern für jeden gelten
(Browning 2002: 344).

Durch den Dialog der theologischen Ethik mit jenen Disziplinen,
die sich aus verschiedenen Blickwinkeln mit dem Phänomen Altruismus
befassen, entsteht eine kritische Hermeneutik (Ricoeur 1981: 59), die
vor voreiligen Schlüssen bewahrt.

**Der Mensch darf ebenso wenig auf egoistische Antriebe reduziert werden
wie altruistische Motive für sich schon objektive Handlungsgründe liefern.
Vielmehr sind im Diskurs über die Frage, warum Menschen altruistisch handeln, die Ebenen der Beschreibung, der Erklärung und der Begründung klar
zu trennen.**

Dies ermöglicht ein klareres Bild vom Ideal des Altruismus und ein kri-
tischeres Verständnis der Bedingungen, sich diesem Ideal anzunähern.
Am Ende zeigt sich allerdings auch, dass eine zentrale Intuition der theologischen Ethik der säkularen Kritik standhalten kann: Im oben geschil-

derten Sinn einer rein formalen Rechtfertigungsperspektive ist nicht egoistisches, sondern allein altruistisches Handeln auch vernunftgemäßes Handeln.

IV. Glaube und Vernunft

Wir sind im Verlauf unserer Überlegungen immer wieder auf die Frage nach den Grenzen der Vernunft gestoßen. Was bedeutet es, irrational zu handeln? Man könnte antworten, irrational handle derjenige, der nicht auf die Stimme der Vernunft, sondern auf die Stimme seiner Wünsche und Neigungen hört. Aufgrund der Schwierigkeiten, die entstehen, wenn man zu erklären versucht, warum jemand gegen besseres Wissen handelt (Davidson 1999: 209–231), soll dieses Phänomen nicht unter den Titel des unzureichenden Gebrauchs der Vernunft, sondern unter den Titel des eingeschränkten Vermögens der Freiheit gestellt werden, wie ich mit dem Begriff der Willensschwäche unten noch andeuten werde. Interessanter für das Programm einer theologischen Ethik scheint mir aber die Frage nach der Reichweite bzw. Grenze der Vernunft im Verhältnis zum Glauben zu sein.

1. Säkulare und religiöse Vernunft

Ich konzentriere mich in der Frage nach der Bestimmung des Verhältnisses von Glaube und Vernunft zunächst auf den Beitrag von Jürgen Habermas, dessen Einlassungen zu diesem Thema durch den Befund einer fast weltweit zu beobachtenden Revitalisierung religiöser Überzeugungen ausgelöst wurden. Religion ist für Habermas ein zweideutiges Phänomen. Einerseits könne sie zur Segmentierung einer Gesellschaft in unversöhnliche Glaubens- und Weltanschauungsgemeinschaften führen. Andererseits vermöge sie das Solidaritätsbewusstsein der Bürger zu stärken und mit ihren sinnstiftenden Ressourcen der reinen praktischen Vernunft zur Seite zu springen, die sich nicht mehr so sicher sein kann, allein mit Einsichten einer Theorie der Gerechtigkeit einer entgleisenden Moderne entgegenwirken zu können. Die Gefahr einer Abkapselung religiöser Identitäten lässt sich nach Habermas nur innerhalb einer politischen Kultur bannen, in der die Staatsbürger akzeptieren, dass sie sich gegenseitig Gründe für ihre politischen Stellungnahmen schulden, und in der die staatlichen Institutionen ihre Entscheidungen nur auf säkulare, auch dem nichtreligiösen Bürger zugängliche Gründe stützen dürfen.

Vorausgesetzt wird in dieser Konzeption, dass politische Herrschaft in kognitiver Hinsicht einer säkularen Begründung fähig ist. Sie ist in der Lage, sich aus geistigen Beständen zu reproduzieren, die unabhängig sind von religiösen Traditionen. In politischen Fragen müssen religiöse Bürger daher ihre Vorstellungen vom Guten einer säkularen Konzeption des Richtigen unterordnen. Man könnte auch sagen: Die Kehrseite der Religionsfreiheit ist eine Pazifizierung des weltanschaulichen Pluralismus, der ungleiche Folgelasten mit sich bringt. Der liberale Staat mutet nur den Gläubigen unter seinen Bürgern zu, ihre Identität gleichsam in öffentliche und private Anteile aufzuspalten. Sie sind es, die ihre religiösen Überzeugungen in eine säkulare Sprache übersetzen müssen, bevor ihre Argumente Aussicht haben, die Zustimmung von Mehrheiten zu finden und in kollektiv bindende Entscheidungen einzufließen. Die Suche nach Gründen, die auf allgemeine Akzeptabilität abzielen, würde aber nur dann nicht zu einem Ausschluss der Religion aus der Öffentlichkeit führen und die säkulare Gesellschaft nur dann nicht von wichtigen Ressourcen der Sinnstiftung abschneiden, wenn sich auch die säkulare Seite ein Gefühl für die Artikulationskraft religiöser Sprachen bewahrte (Habermas 2005: 191 ff.). Die Grenze zwischen säkularen und religiösen Gründen ist, so Habermas, ohnehin fließend. Deshalb sollte die Festlegung dieser umstrittenen Grenze als eine kooperative Aufgabe verstanden werden, die von beiden Seiten fordert, auch die Perspektive der jeweils Anderen einzunehmen. Von daher muss auch säkularen Bürgern daran gelegen sein, religiöse Bürger dazu zu ermutigen, sich im öffentlichen Diskurs in der Sprache ihres Glaubens zu artikulieren. Würden in diesem Diskurs Beiträge, die noch nicht in eine allen Bürgern zugängliche Sprache übersetzt sind, von vorneherein als irrational behandelt werden, brächte sich die Gesellschaft unter Umständen um die sinnstiftende Kraft religiöser Überzeugungen. Klar bleiben muss aber weiterhin, dass auch dann, wenn der weltanschaulich neutrale Staat Aktions- und Artikulationsräume für Glaubensgemeinschaften eröffnet, religiös verstandene in säkular vernehmbare Gründe genau in dem Moment übersetzt werden müssen, wenn es gilt, kollektiv bindende Entscheidungen zu fällen (Forst 1994: 199–209).

Was vom Verhältnis zwischen gläubigen und nichtgläubigen Bürgern gilt, muss auch vom Verhältnis zwischen gläubigen und andersgläubigen Bürgern gelten. Über die Abgrenzungen zwischen dem positiven Recht auf Religionsausübung und der negativen Freiheit, von der Religionspraxis der Anderen verschont zu bleiben, müssen sich die jeweiligen Religionsparteien selbst einigen. Hier kann laut Habermas als vernünftig nur das Prinzip der Reziprozität gelten: Was eine Glaubensgemeinschaft innerhalb der Grenzen, die der säkulare Staat setzt, selbst in Anspruch nimmt, etwa die Verwendung religiöser Symbole oder die Verbreitung religiöser Inhalte in der Öffentlichkeit, muss sie auch allen übrigen Religionsparteien zugestehen. Denn die weltanschauliche Neutralität des Staates verlangt, dass alle Religionsgemeinschaften in ihrem Wunsch, im öffentlichen Diskurs präsent zu sein, gleich behandelt werden, solange sie – und das ist unabdingbare Voraussetzung – als vernünftig einzustufen sind, und das heißt, solange sie gewaltfrei agieren. Insofern hat die Logik des liberalen Staates symmetrische Anerkennungsverhältnisse und komplementäre Lernprozesse nicht nur im Verhältnis von gläubigen und ungläubigen, sondern auch zwischen gläubigen und andersgläubigen Bürgern einzufordern.

Der öffentliche Charakter der Vernunft, so kann man bilanzieren, soll sich aus dem reziproken Austausch von Gründen ergeben. Aus guten Gründen zu handeln bedeutet nach dieser Auffassung, aus Gründen zu handeln, deren normative Rechtfertigung von allen anderen Betroffenen geteilt werden (können). Gute Gründe sind demnach öffentliche und geteilte Gründe. In *kognitiver* Hinsicht sorgt der liberale Verfassungsstaat also für sich selbst. Eine wichtige Rolle wird der Religion allerdings in *motivationaler* Hinsicht zugestanden. Dies gilt für die Bürger nicht nur, insofern sie sich als Adressaten des Rechts verstehen, das heißt für die Akzeptanz der Restriktionen individueller Handlungsfreiheiten. Es gilt auch und sogar in erster Linie für den Fall, dass sie sich als Autoren dieses Rechts reflektieren, mithin für die Erzeugung von geeigneten Regeln des Zusammenlebens. Mit anderen Worten: Nicht nur die Regelbefolgung, sondern zuvor schon die Regeletablierung muss motiviert werden. Daraus kann freilich nicht gefolgert werden, dass der säkularisierte Verfassungsstaat hinsichtlich der *internen Logik* der Herstellung von Normen ein Defizit ausweist. Er motiviert die Bürger zum Streit um die richtigen Kollektivitäten. Trotzdem sollte der Staat nicht unempfindlich gegenüber *externen Gründen* sein, die, in säkular vernehmbare Argumente übersetzt (Forst 2003: 636), zu einer Verbesserung bereits bestehender Regeln führen und in dieser Hinsicht auf allgemeine Akzeptanz stoßen können. Die Einsicht, dass Religionsgemeinschaften im Rahmen etablierter Verfassungsstaaten Funktionen erfüllen, die nicht unwichtig sind für die Stabilisierung und Entfaltung einer liberalen politischen Kultur, kleidet Habermas daher in die Fragen: Tun säkulare Bürger gut daran, die Religionen als Relikte aus archaischer Zeit abzutun und auf ihr Absterben zu warten? Oder bringen die Religionen einen philosophisch unabgegoltenen Eigensinn zum Ausdruck, den auch der Nichtgläubige nicht ignorieren darf?

Religiösen Überzeugungen müsse, so Habermas, auch aus der Sicht des säkularen Wissens ein Status zugestanden werden, der »nicht schlechthin irrational« (Habermas/Ratzinger 2005: 35) ist. Die Religion fordere deshalb zur selbstreflexiven Überwindung eines säkularistisch imprägnierten und gegenüber metaphysischen Gehalten immunisierten Selbstverständnisses der Moderne heraus. Hier enden freilich auch die Zugeständnisse, die Habermas der Religion gegenüber zu machen bereit ist. Denn die Maßstäbe, anhand derer ein säkularer Bürger die Rationalität fremder Positionen beurteilt, sind naturgemäß dieselben, auf deren Grundlage er das Gebäude seiner Überzeugungen errichtet hat. Es sind säkulare Maßstäbe. Die Glaubenswahrheiten einer Offenbarungsreligion können aber nie rational in diesem zureichenden Sinne sein, denn sie berufen sich in letzter Instanz nicht auf die Einhaltung bestimmter Verfahren, sondern auf Autorität. Habermas betont die Inkompatibilität des säkularen Denkens mit dem religiösen Denken. Wie aber soll es dann der säkularen Vernunft gelingen können, in der Religion anerkennenswerte Rationalitätsmomente ausfindig zu machen? Habermas versucht es mit einer entwicklungsgeschichtlichen Antwort. Das nachmetaphysische Denken kann sich nur dann selbst verstehen, wenn es die religiösen Traditionen in die eigene Genealogie einbezieht. Die großen Religionen gehören in dieser Hinsicht zur Geschichte der Vernunft. Allerdings lassen sich daraus keine gegenwärtigen Ansprüche herleiten. Deshalb sind religiöse Überlieferungen für die praktische Vernunft nur insoweit interessant, wie es gelingt, das historisch Vorgefundene in Vernunftgründe zu übersetzen.

2. Die Autorität der Wahrheit

Genau hier setzen die Überlegungen ein, die vom damaligen Kardinal Joseph Ratzinger ausgeführt wurden. Dass auch ein wie immer dem Staat vorgeschaltetes Sittliches nicht unabhängig von den gesellschaftlichen Kräfteverhältnissen definiert werden kann, gesteht auch er zu. Ratzinger verweist aber auch darauf, dass schon die Kirchenväter von der Notwendigkeit der permanenten Reinigung und Vertiefung der Vernunft sprachen. Damit kommt er der von Habermas formulierten Theorie des kommunikativen Handelns weit entgegen, im Logos der Sprache verkörpere sich eine Macht, die sich subjektiver Willkür entziehe und all jene Ansprüche, die Menschen aneinander, oft aber auch gegeneinander richten, als begründungsbedürftig ausweise. Weil Prozesse der Verständigung aber immer irrtumsanfällig bleiben, gesteht Habermas nur eine schwache Lesart dessen zu, was wir als Wahrheit bezeichnen können. Deshalb legt er dringlich nahe, der interkulturelle Diskurs dürfe nicht hegemonial geführt werden und müsse sich des Urteils über die Wahrheit enthalten. Ratzinger behandelt von daher zunächst den Einwand, dass der Glaube nicht von der moralischen Vernunft her spreche und seine Urteile daher keine Gültigkeit für diejenigen beanspruchen können, die diesen Glauben nicht teilen. Daraus ergibt sich für ihn die grundsätzliche Frage: Was ist Vernunft? Wie weist sich eine Aussage – für uns: eine moralische Norm – als »vernünftig« aus? Zunächst erscheint es Ratzinger ebenfalls als wichtig, dass die Erfahrung und Bewährung über Generationen hin – der historische Fundus menschlicher Weisheit – auch ein Zeichen ihrer Vernünftigkeit ist. Aber Wahrheit meint mehr: Sie zielt auf die Erkenntnis des Guten, das nicht verhandelbar ist. Die Theologie muss daher dabei bleiben, dass sie aus einer Erkenntnis schöpft, die sie nicht selbst erfunden hat und die ihr vorausbleibt, nie ganz von ihrer Reflexion eingeholt wird und gerade so das Denken immer neu antreibt.

Regeln des Zusammenlebens gründen in Mehrheitsentscheidungen, so gesteht auch Ratzinger zu. Andererseits gilt: Nicht die Mehrheit entscheidet, was gut ist, das Gute geht dem, was durch Mehrheitsbeschluss umgesetzt wird, voraus, so dass der Zweifel daran, ob die Mehrheit das Gute beschließt, aufrecht erhalten werden muss. Normen des Zusammenlebens werden auf diese Weise offen gehalten für den Maßstab des Guten. Werte legitimieren einerseits die Regeln, die wir uns in der Gesellschaft geben. Sie können dies aber nur, wenn sie andererseits sagen, dass das Gute nicht in Mehrheitsentscheidungen aufgeht. Werte verweisen auf die Irrtumsfähigkeit der Mehrheit, sie sagen, dass es in der relativistisch funktionierenden Demokratie einen nicht-relativistischen Kern geben muss, der der Mehrheitsentscheidung entzogen ist (Ratzinger 1993: 77 ff.). Im nicht-relativierbaren Kern der Regeln, die wir uns geben und die durch Werte legitimiert werden, erweist sich geradezu der Wert der Werte (Breitsameter 2009: 245).

Gegenüber einem rein funktionalen Verständnis der Gesellschaft zeigt die Rede von Werten ein Grundvertrauen in die Vernunft, die sich auf die Wahrheit, nun in einem starken, weil nicht aushandelbaren Sinn verstanden, beziehen kann. Werte weisen auf die Irrtumsfähigkeit und Unvollkommenheit gesellschaftlicher Regeln hin. Das Gute bleibt ein durch Regeln nicht ausschöpfbarer Mehrwert.

Klar bleibt also weiterhin, dass es Regeln geben muss, auf die wir uns einigen. Absolut sind aber nicht die Regeln, sondern die Werte, die sie legitimieren. Der Wert der Werte besteht in der Aussage, dass nicht die Praxis die Wahrheit schafft, sondern dass die Wahrheit rechte Praxis ermöglicht. Hier kommt dem Gewissen, das sich mit Mehrheitsbeschlüssen nicht zufrieden geben will, eine wichtige Funktion zu. Denn etwas ist nicht gut, weil wir es wählen, sondern wir wählen es, weil es gut ist. Anders gesagt: Gut ist, was gewählt zu werden verdient (Krämer 1995: 122).

Im Letzten stellt sich auf dem Hintergrund der Diskussion zwischen Habermas und Ratzinger die Frage nach dem Stellenwert der Religion innerhalb von formalisierten Normsetzungsprozessen. Es entsteht der Eindruck, dass der säkulare Staat die Richtigkeit von Regeln allein an den Bedingungen ihrer Entstehung misst und sich dabei auf einen schwachen, weil prozeduralistischen Wahrheitsbegriff beschränkt. Dieser Vorgang schließt eine produktive Partnerschaft zwischen religiöser und säkularer Vernunft nicht aus. In Religionsgemeinschaften kann ein humanes Potenzial lebendig bleiben, von dem die säkulare Rationalität zehren kann. Deshalb liegt es im Interesse der Gesellschaft, mit den Ressourcen der Religion schonend umzugehen und in dieser Hinsicht den Glauben der Vernunft an das Gute, das menschlicher Setzung voraus liegt, zu bewahren. Denn nicht alles, was als Recht angesehen und gesetzt ist, ist auch gut. Warum sollte es der theologischen Ethik nicht erlaubt sein, sich etwa in der Frage des Schutzes menschlichen Lebens in allen seinen Phasen auf die Autorität einer unbedingt verpflichtenden Vernunft zu berufen? Die theologische Ethik kommt von daher nicht umhin, in der Bestimmung des Guten einen starken Begriff von Wahrheit vorauszusetzen.

V. Handlungsräume: Grenzen und Abweichungen

In der Frage, wie Handeln in einer sich plural verstehenden Gesellschaft zu begründen und in diesem Sinne zu verantworten ist, darf ein Einwand nicht fehlen. Nehmen wir an, wir seien rationale Wesen des Sinnes, dass wir uns auf Regeln des Zusammenlebens einigen, denen alle zustimmen können (eine Form des Konsenses, die wir in der Realität so kaum erreichen, meist nur unterstellen können), bliebe doch folgende grundlegende Frage bestehen: Ist, was wir da tun, Ausdruck unserer Freiheit, oder geben wir uns nur der Illusion hin, Autoren unserer Handlungen bzw. Handlungsregeln zu sein? Unterscheiden wir im Folgenden Handlungs- und Willensfreiheit.

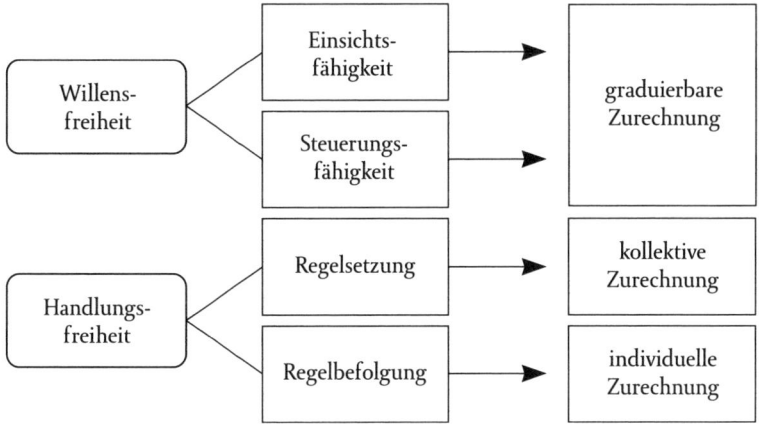

Abbildung 2

Handlungsfreiheit bedeutet, tun oder lassen zu können, was man will, das heißt, nicht durch äußere Faktoren daran gehindert zu sein, eine Absicht auch in die Tat umzusetzen.
Willensfreiheit hingegen könnte in einem ersten Zugang definiert werden als Fähigkeit, seinen Willen zu bilden, also von innen zu formen, eine Wortwahl, die nicht nur spontane Willensäußerungen, sondern auch (und vielleicht sogar primär) Momente der Überlegung und Prozesse der Willensbildung mit einbezieht, in denen entschieden wird, was mit spontanen Regungen geschehen soll.

Willensfreiheit kann auch dort vorliegen, wo äußere Zwänge herrschen. Das bedeutet freilich nicht, dass die Fähigkeit, seinen Willen zu bestimmen, unabhängig ist von beschränkenden Bedingungen. Man kann sich in einer bestimmten Situation zu etwas entschließen, was man unter anderen Bedingungen nicht tun würde, weil es im einen Fall vernünftig, im anderen aber unvernünftig erschiene (etwa einem Bankräuber das Geld auszuhändigen), ohne dass damit schon die Freiheit, seinen Willen zu bestimmen, in Frage gestellt wäre. Faktoren allerdings, die es einem Akteur unmöglich machen, seinen Willen zu bilden, berühren die Frage nach der Willensfreiheit. Aus ethischer Sicht relevant sind dabei jene Faktoren, die die Willensfreiheit prinzipiell in Frage stellen, während Faktoren der Minderung der Fähigkeit, seinen Willen zu bestimmen, für die rechtliche Perspektive zu beachten sind und im Folgenden unter dem Aspekt der Schuldfähigkeit wenigstens gestreift werden sollen. Insgesamt wird man eine Person für eine Handlung nur dann zur Verantwortung ziehen, wenn man bei ihr nicht nur Handlungsfreiheit, sondern auch Willensfreiheit annehmen kann. Ihr wollen wir uns zuerst zuwenden.

1. Willensfreiheit

Die Diskussion um die Willensfreiheit ist in zwei Lager gespalten, in das Lager der *Kompatibilisten* (Bieri 2001: 287 f.), die Freiheit und Determinismus für vereinbar, und in das Lager der *Inkompatibilisten* (Singer 2004: 239), die Freiheit und Determinismus für unvereinbar halten. Unübersichtlich wird die Lage allerdings einerseits dadurch, dass es verschiedene Schattierungen beider Grundpositionen gibt, und andererseits dadurch, dass in den verschiedenen Lagern jeweils Unterschiedliches mit den Begriffen »Freiheit« und »Determinismus« gemeint ist, was hier nicht näher dargestellt werden kann. Erwähnt sei nur, dass der Inkompatibilismus in zwei Spielarten auftritt, von denen die eine den Determinismus für wahr hält und die Freiheit leugnet, während die andere umgekehrt behauptet, der Wille sei frei, der Determinismus aber falsch. Nun stützen sich die Deterministen in der Regel auf eine bestimmte Sicht von *Kausalität* und *Naturgesetzlichkeit*. Deshalb sei zunächst darauf hingewiesen, dass Kausalität auch in einem nichtdeterministischen Sinn verstanden werden kann, der vorsieht, dass Ereignisse andere Ereignisse verursachen, ohne dass dieser Zusammenhang (naturgesetzlich) notwendig ist – es kann ja etwas dazwischen kommen, was aber nicht ausschließt zu sagen, dass, wenn eben nichts dazwischen gekommen ist, A von B verursacht wurde. Demnach ist die Vorstellung, dass unsere Handlungen durch mentale und daraus folgende körperliche Ereignisse, etwa das Heben der Hand, verursacht werden, mit der Annahme eines freien, von Gründen bewegten Willens prinzipiell vereinbar. Außerdem ist zu fragen, ob die Naturgesetze, die angeblich den Weltlauf festlegen, wirklich zukünftige Ereignisse fixieren, oder ob, was in den Naturgesetzen ausgesagt wird, nicht vielmehr nachträglich beschrieben und in einen systematischen Zusammenhang gebracht wird. Wenn es aber wahr ist, dass tatsächliche Ereignisse festlegen, was Naturgesetze sind, dann bedeutet, Naturgesetze zu formulieren, nicht auch schon, zeigen zu können, dass es keine alternativen Möglichkeiten gibt – womit der Grund für die Möglichkeit der philosophischen Rede von der Willensfreiheit gelegt wäre. Wenn man stattdessen sagt, dass Naturgesetze den Raum dessen, was geschehen kann, einschränken (wir können uns nicht schneller bewegen als das Licht), können diese Restriktionen als Spielraum für die Freiheit des Willens oder, anders gesagt, für die Möglichkeit, so, aber auch anders zu handeln (also uns hier- oder dorthin zu bewegen), verstanden werden (Keil 2007: 118–125). Innerhalb dieses Spielraums aber ist Selbstbestimmung, das heißt die »freie Einschränkung« auf eine Handlungsoption denkbar. Der Kompatibilismus steht vor der Schwierigkeit, die Rede von »personaler Freiheit« (Pauen 2008: 59–65) mit der Annahme eines Determinismus, der die Möglichkeit, auch anders handeln zu können, ausschließt, zu vereinbaren. Die Lösung, mit einem abgeschwächten Begriff von Freiheit zu arbeiten, unterschätzt allerdings in meinen Augen die Konsequenzen des Determinismus, weshalb ich mich der nichtdeterministischen Variante des Inkompatibilismus anschließe.

Neben der prinzipiellen Frage, ob der Wille frei sei, spielt in der Diskussion, inwieweit wir Verantwortung für unsere Handlungen übernehmen können, das schon angedeutete Problem der Graduierung der Freiheit eine Rolle (Roth 2009: 200–204). Wenn es Faktoren gibt, die die Freiheit des Willens einschränken, hat das Auswirkungen auf die Schuldfähigkeit eines Akteurs. Wählen wir folgendes Beispiel: Dem Entschluss, einem Menschen, der in Not ist, zu helfen, könnte sich die spontane Regung, sich nicht in Unannehmlichkeiten verstricken zu lassen, in den Weg stellen. Die entscheidende Frage ist dann, ob die betreffende Person dieses Hindernis (1) nicht überwinden *kann* oder (2) nicht überwinden *will* (eine Abgrenzung, die sinnvoll ist, auch wenn sie mit einer Unschärfe in der Bestimmung dessen, was eine Person – man müsste hinzufügen: normalerweise – leisten kann und was nicht, leben muss). Nur im ersten Fall würden wir von einer mehr oder weniger starken Einschränkung des Vermögens, seinen Willen zu formen, sprechen (etwa bei pathologischen Fällen) und nur im zweiten Fall unterstellen, dass es sich um ein zurechenbares Unterlassen, eine spontane Regung zu unterdrücken, handelt. Wo eine Zurechnung nicht sinnvoll ist, spricht man von *mangelnder Steuerungsfähigkeit* (oder Willensschwäche). Außerdem müssen wir berücksichtigen, ob dem betreffenden Akteur die zum Ausführen einer bestimmten Handlung notwendigen Informationen zur Verfügung stehen. Auch hier können wir unterscheiden, ob eine Person sich dieses Wissen (1) nicht aneignen will oder (2) nicht aneignen kann. Und wiederum würden wir nur für den zweiten Fall eine geminderte Schuldfähigkeit akzeptieren und dann von *mangelnder Einsichtsfähigkeit* sprechen. Auch hier melden sich Schwierigkeiten der Grenzziehung an, etwa die Frage, welchen Umfang an Überlegung dem Einzelnen zugemutet werden kann, ohne dass dadurch aber der Sinn der Rede von der Einsichtsfähigkeit prinzipiell aufgehoben wäre. Es bietet sich an, von gesellschaftlicher Seite her dem Einzelnen in verantwortungsvollen Situationen oder Positionen ein höheres Maß an Überlegung zuzumuten (und auch zuzugestehen) als in weniger verantwortungsvollen Entscheidungslagen.

Jedenfalls ist es unumgänglich, die Bedingungen zu klären, unter denen von Schuld gesprochen werden kann und damit die Frage aufzuwerfen, ob unter Umständen Schuld gemindert ist oder ausgeschlossen werden muss.

2. Handlungsfreiheit

Selbst wenn gezeigt werden kann, dass die Rede von der Willensfreiheit angesichts naturwissenschaftlicher Aussagen weiterhin als sinnvoll dargelegt werden kann, ist doch zu fragen, wie sie sich realisiert. Von der Willensfreiheit ist daher die Handlungsfreiheit zu unterscheiden. Sie hat mit der Frage zu tun, ob und inwiefern Akteure in der Lage sind, ihre Willensbestimmung auch in die Tat umzusetzen. Wie steht es aber um die Fähigkeit eines Menschen, frei zu handeln? Auch hier müssen wenige Andeutungen genügen. Von der *inneren Handlungsfreiheit*, der Frage also, ob der Einzelne nun nicht von seiner psychischen, sondern von seiner physischen Ausstattung her in der Lage ist, das, was er will, auch zu tun, ist die *äußere Handlungsfreiheit* zu unterscheiden (parallel dazu könnte man auch für die Willensfreiheit einen äußeren und einen inneren Aspekt unterscheiden, nämlich einmal den psychischen Vorgang und dann die physischen Minimalbedingungen dafür, seinen Willen zu betätigen – eben hier berühren sich Willens- und Handlungsfreiheit). Diese wird beschrieben in Handlungsrestriktionen, von denen für die ethische Theorie nicht die unbeeinflussbaren (Naturgesetze), sondern die beeinflussbaren (Handlungsregeln) von Belang sind. Dabei gilt auch hier, was zuvor schon bei der Diskussion der Willensfreiheit gesagt wurde, dass diese Art von Einschränkungen der Handlungsfreiheit nicht entgegenstehen. Vielmehr eröffnen implizit oder explizit geltende Regeln erst die Spielräume, innerhalb derer sich Handlungen dann entfalten können. Die Freiheit, zu tun, was man will, kommt erst durch sozial konzedierte Räume zustande. Freiheit – als äußere Handlungsfreiheit verstanden – ist in diesem Sinne ein postkonstitutionelles Phänomen. Weil Handlungsräume aber kollektiv konstituiert werden, ist die Gestalt dieser Räume unmittelbar nur der Gesellschaft und erst mittelbar dem Individuum, insofern es Subjekt der Gesellschaft und Autor der in ihr geltenden Regeln ist, zuzurechnen. Stellen wir uns das Beispiel eines

Feuerwehrmannes vor, der von zwei in einem brennenden Haus befindlichen Menschen nur einen retten kann. In dieser Situation kann es kein Ergebnis geben, das uns in moralischer Hinsicht befriedigend erscheint. Deshalb ist das Ergebnis nicht dem in Frage stehenden Akteur zuzurechnen. Eine ethisch gehaltvolle Diskussion kann sich nur auf die Bedingungen richten, die zu der geschilderten Situation führten, etwa fehlende oder nicht beachtete Brandschutzbestimmungen.

Entsprechend ist auch die Frage der Schuld erst auf die Handlungsbedingungen, dann auf die Handlung selbst zu beziehen.

Wo geeignete Regeln nicht etabliert wurden, ist kollektiv zuzurechnen, nur wenn bestehende Regeln von einer Person missachtet wurden, individuell. Wo diese Rahmenbedingungen sich unserem Einfluss komplett entziehen, sollte man nicht von *Dilemma* –, sondern von *tragischen* Situationen sprechen. Aufgabe der Ethik ist es, darüber zu reflektieren, in welcher Situation und auf wen sinnvoller Weise moralisch zugerechnet werden kann. Dilemmasituationen, die grundsätzlich nicht beeinflussbar, in diesem Sinne also tragisch sind, eignen sich nicht für die ethische Diskussion.

Nun spricht die theologische Ethik aber nicht nur von Schuld, sondern auch von *Sünde*. Worin ist der Unterschied zu sehen? In den meisten Fällen kann ein und derselbe Tatbestand, den wir als Schuld bezeichnen, auch als Sünde benannt werden, wenn damit nämlich zum Ausdruck kommen soll, dass immer dort, wo ein Mensch einem anderen Menschen oder sich selbst gegenüber schuldig wird, gleichzeitig der Wille Gottes verletzt wird. Interessant wäre es, der Frage nachzugehen, ob wir uns Handlungen denken können, für die wir den Begriff der Schuld, nicht aber den der Sünde verwenden. Fruchtbarer dürfte aber die umgekehrte Fragestellung sein: Gibt es Tatbestände, die wir als Sünde in einem religiösen Sinn bezeichnen, ohne dass gleichzeitig von Schuld in einem säkularen Sinn gesprochen werden kann? Genau damit nehmen wir noch einmal den Hinweis auf, dass die Vernunft der Vertiefung und Reinigung durch den Glauben bedarf. Theologisch gesehen ist Sünde darum ein Zustand, der sich nicht in dem erschöpft, was der säkulare Staat gegenüber dem, was er als Recht gesetzt hat, als Schuld ausweisen kann. Denn schon das Nachdenken darüber, was als moralisch gut angesehen werden kann, kann von dem, was als Recht bezeichnet wird, abweichen. In diesem Fall handelt derjenige, der das Recht befolgt, moralisch schlecht. Unter diesen Legitimationsvorbehalt wird auch der Begriff der Schuld gestellt.

Der Mehrwert einer theologischen Rede von Sünde könnte dann in folgendem Gedanken bestehen: Ungerechte Verhältnisse können zur Normalität gerinnen, so dass ihr defizitärer Charakter nicht nur in kognitiver, sondern auch in motivationaler Hinsicht nicht mehr wahrgenommen wird. Wo aber nicht nur die Einsicht in das Bessere, sondern sogar der Wille dazu fehlt, hält die Religion möglicherweise Ressourcen der Humanität bereit, die überall sonst in der Gesellschaft verschüttet sind. Der Sinn des Sündenbegriffs entfaltet sich zudem im Gedanken der Wiedergutmachung, dem Wunsch mithin, anderen Menschen zugefügtes Leid ungeschehen zu machen. Es ist die Hoffnung auf eine Verzeihung, die von anderswoher kommt als die nur von Menschen erwirkte Vergebung.

Wo wir von Sünde sprechen, wissen wir, dass wir auf Vergebung angewiesen sind und unsere Hoffnung auf eine transzendente Macht setzen müssen, welche die durch menschliche Schuld verletzte Ordnung wiederherstellen kann (Habermas 2005: 115).

Literatur

Alexander, Richard D., The Biology of Moral Systems, New York, 1987.

Batson, C. Daniel, Adressing the Altruism Question Experimentally, in: Post, Stephen G. u. a. (Hrsg.): Altruism and Altruistic Love. Science, Philosophy and Religion in Dialogue, Oxford, 2002, 89–105.

Bieri, Peter, Das Handwerk der Freiheit, München 2001.

Binmore, Ken / Osborne, Martin J. / Rubinstein, Ariel, Noncooperative Models of Bargaining, in: Auman, Robert J. / Hart, Sergiv (Hrsg.): Handbook of Game Theory, Vol. I, Amsterdam u. a. 1992, 179–229.

Breitsameter, Christof, Individualisierte Perfektion. Vom Wert der Werte, Paderborn u. a., 2009.

Brink, David O., Moral Realism and the Foundation of Ethics, Cambridge, 1989.

Browning, Don S., Science and Religion on the Natur of Love, in: Post, Stephen G. u. a. (Hrsg.), Altruism and Altruistic Love. Science, Philosophy and Religion in Dialogue, Oxford, 2002, 335–345.

Buss, David M., Evolutionäre Psychologie, München, 2004.

Davidson, Donald, Essays on Actions and Events, Oxford, 1980.

Davidson, Donald, Paradoxien der Irrationalität, in: Gosepath, Stefan (Hrsg.), Motive, Gründe, Zwecke. Theorien praktischer Rationalität, Frankfurt am Main 1999, 209–231.

Dawkins, Richard, The Selfish Gene, Oxford, 2. Auflage, 1989.

Durham, William H., Coevolution: Genes, Culture, and Human Diversity, Stanford, 1991.

Esser, Andrea Marlen, Eine Ethik für Endliche. Kants Tugendlehre in der Gegenwart, Stuttgart 2004.

Feldman, Marcus W. / Zhivotovsky, Lev A., Gene-Culture Coevolution: Toward a General Theory of Vertical Transmission, in: Proceedings of the National Academy of Sciences 89 (1992), 11935–11938.

Forst, Rainer, Kontexte der Gerechtigkeit, Frankfurt am Main 1994.

Forst, Rainer, Toleranz im Konflikt. Geschichte, Gehalt und Gegenwart eines umstrittenen Begriffs, Frankfurt am Main, 2003.

Frankena, William K., Analytische Ethik. Eine Einführung, München, 2. Auflage, 1975.

Gintis, H. / Bowles, S. / Boyd, R. / Fehr, E. (Hrsg.), Moral Sentiments and Material Interests. The Foundations of Cooperation in Economic Life, Cambridge, 2005.

Gosepath, Stefan (Hrsg.), Motive, Gründe, Zwecke. Theorien praktischer Rationalität, Frankfurt am Main, 1999.

Grice, H. Paul, Further notes on logic and conversation, in: Cole, P. (Hrsg.), Syntax and Semantics, New York, 1978, 113–127.

Griffin, James, Well-Being. Its Meaning, Measurement, and Moral Importance, Oxford 1986.

Habermas, Jürgen, Zwischen Naturalismus und Religion. Philosophische Aufsätze, Frankfurt am Main 2005.

Habermas, Jürgen / Ratzinger, Joseph, Dialektik der Säkularisierung. Über Vernunft und Religion, Freiburg/Basel/Wien, 2005.

Habermas, Jürgen, Zwischen Naturalismus und Religion. Philosophische Aufsätze, Frankfurt am Main, 2005.

Hamilton, William D., The genetical evolution of social behaviour I and II, in: Journal of Theoretical Biology 7 (1964), 1–16 und 17–52.

Honneth, Axel /Seel, Martin (Hrsg.), Wert und Wirklichkeit, Aufsätze zur Moralphilosophie, Frankfurt am Main, 2002.

Illies, Christian, Philosophische Anthropologie im biologischen Zeitalter. Zur Konvergenz von Moral und Natur, Frankfurt am Main, 2006.

Keil, Geert, Willensfreiheit, Berlin/New York, 2007.

Kluxen, Wolfgang, Philosophische Ethik bei Thomas von Aquin, Hamburg, 2. Auflage, 1980.

Krämer, Hans, Integrative Ethik, Frankfurt am Main, 6. Auflage, 1995.

Krings, Hermann, Norm und Praxis. Zum Problem der Vermittlung moralischer Gebote, in: Herder-Korrespondenz, Bd. 45 (1991), 228–233.

Leist, Anton, Die gute Handlung. Eine Einführung in die Ethik, Berlin, 2000.

Luhmann, Niklas, Zweckbegriff und Systemrationalität, Frankfurt am Main, 6. Auflage, 1998.

Lumsden, C. J. / Wilson, E. O., Genes, mind, and culture, Cambridge, 1981.

McDowell, John, Wert und Wirklichkeit, Aufsätze zur Moralphilosophie, Frankfurt am Main, 2002.

Nagel, Thomas, The possibility of altruism, Princeton, 1970.

Pauen, Michael, Illusion Freiheit? Mögliche und unmögliche Konsequenzen der Hirnforschung, Frankfurt am Main 2004.

Ratzinger, Joseph, Wahrheit, Werte, Macht. Prüfsteine der pluralistischen Gesellschaft, Freiburg/Basel/Wien 1993.

Ricoeur, Paul, Hermeneutics and the human sciences. Essays on language, action and interpretation, Cambridge, 1981.

Roth, Gerhard, Aus Sicht des Gehirns. Vollständig überarbeitete Neuauflage, Frankfurt am Main 2009.

Siep, Ludwig, Rechtsnorm und Rechtswirklichkeit, Berlin, 1993.

Singer, Wolf, Selbsterfahrung und neurobiologische Fremdbeschreibung, in: Deutsche Zeitschrift für Philosophie 52 (2004), 235–256.

Smith, Michael, The Moral Problem, Oxford 1994.

Trivers, Robert L., The evolution of reciprocal altruism. Quarterly Review of Biology 46 (1971), 35–57.

Vollmer, Gerhard, Möglichkeiten und Grenzen einer evolutionären Ethik. In: Bayertz, Kurt (Hrsg.): Evolution und Ethik, Stuttgart, 1993, 103–132.

Williams, Bernard, Internal and External Reasons, in: ders., Moral Luck, Cambridge 1981, 101–113.

Wilson, Edward O., Biologie als Schicksal. Die soziobiologischen Grundlagen menschlichen Verhaltens, Frankfurt am Main, 1980.

Glossar:

Defektion	= Abweichung von Regeln des Zusammenlebens
Dilemma	= Situation mit zwei Wahlmöglichkeiten, die beide un- erwünscht sind
Explanatorisch	= erklärend, auf Ursachen verweisend
Formal	= Regeln betreffend
Heuristik	= Suchanleitung
Inkompatibel	= unvereinbar
Instrumentell	= Wahl eines Mittels zur Verwirklichung eines Ziels
Kompatibel	= vereinbar
Legitimatorisch	= rechtfertigend, auf Gründe verweisend
Nepotisch	= auf Verwandte bezogen
Prudentiell	= Wahl eines Handlungsziels nach Gesichtspunkten der Klugheit
Restriktion	= Einschränkung
Reziprok	= gegenseitig
Material	= Inhalte betreffend
Tragisch	= ausweglos

Menschenwürde und Menschenrechte
Vom Anspruch der Freiheit in Recht, Ethik und Theologie

Heike Baranzke

Die Forderung nach Achtung und Schutz von Menschenwürde und Menschenrechten ist allgegenwärtig. Viele berufen sich auf sie, sei es im Streit um die Legitimität der Todesstrafe, der so genannten »Rettungsfolter«, der aktiven Sterbehilfe, der Gendiagnostik, der Klonierung von Menschen und in vielen weiteren Bereichen. Es scheint, als seien die Begriffe für alles und jedes zuständig in Politik und Recht, weshalb nicht wenige Skeptiker ihre Leistungsfähigkeit und ihre Bedeutungsschärfe bezweifeln. Immerhin eröffnet das Begriffspaar das Grundgesetz der Bundesrepublik Deutschland und die Würde des Menschen gilt als oberster Wert und Konstitutionsprinzip unserer Verfassung. Daher ist es schon aus Gründen der politischen Bildung unumgänglich, die Begriffe Menschenwürde und Menschenrechte genauer zu betrachten. Haben die Begriffe aber auch theologische Relevanz? Was haben Bibel und Christentum mit Menschenwürde und Menschenrechten zu tun? Tatsächlich war die Antwort auf diese Fragen in der Kirche bis zum Zweiten Vatikanischen Konzil nicht unumstritten. Hermann Schalück OFM, der Präsident des internationalen katholischen Missionswerk »missio« Aachen, spricht von einer »schwierigen Lerngeschichte« in Bezug auf die kirchliche »Anerkennung der Menschenrechtsarbeit als unverzichtbaren Bestandteil der Mission der Kirche«, »die bis heute nicht abgeschlossen ist« (Schalück 2005: 65):

 »Über lange Zeit hat sich die katholische Kirche schwer getan mit der Anerkennung der modernen Menschenrechte, auch wenn sich, … in der Missionsgeschichte zahlreiche Anknüpfungspunkte für eine aktive Verteidigung von Menschenwürde und Menschenrecht finden. Zwar wurde von Beginn an die in Gotteskindschaft und Gottebenbildlichkeit gründende unantastbare Würde des Menschen hervorgehoben, diese Würde jedoch nicht mit der Forderung nach politisch-rechtlicher Gleichheit und einklagbaren Rechten verbunden. Entsprechend wurde das neuzeitliche Bestreben um Anerkennung der Menschenrechte lange Zeit mit Misstrauen verfolgt.
Bis Anfang des 20. Jahrhunderts wurde die Formulierung menschenrechtlicher Ansprüche im Sinne von Freiheitsrechten des Einzelnen als Selbstermächtigung des Menschen, Aufstand des Menschen gegen Gott und gefährliche Erfindung eines kirchenfeindlichen Liberalismus zurückgewiesen. Seitdem hat die Menschenrechtsdebatte in der katholischen Kirche

einen weiten Weg genommen: Von der Bewertung der modernen Menschenrechte als Angriff auf die Kirche und die göttliche Ordnung über
eine vorsichtige Öffnung im Zusammenhang der sozialen Frage bis hin
zur uneingeschränkten Identifizierung mit dem menschenrechtlichen Anliegen als Konkretisierung der Botschaft Jesu und Teil ihres Auftrags in der
Welt.«   (Schalück 2005: 65 f.)

Aus Schalücks Beschreibung geht hervor, dass die Schwierigkeiten der
Kirche sich vor allem auf die Anerkennung der Menschenrechte als
individueller Freiheits- und Gleichheitsrechte bezogen, während in
dem Begriff der Menschenwürde schon früh die biblische Gottesen-
bildlichkeit des Menschen erkannt wurde, die aber diesbezüglich lange
folgenlos geblieben ist. Allerdings ist auch außerhalb der Kirche der
Begriff der Menschenwürde erst sehr spät mit der Vorstellung grundlegender, einem jeden Menschen als Menschen zukommender Rechte
(engl. *rights*) verbunden worden. Ferner wurde Menschenwürde erst
im 20. Jahrhundert selbst zu einem Begriff im Recht (engl. *law*). Daher
sollen im Folgenden zuerst einige wichtige Stationen aus der philosophischen und Rechtsgeschichte der beiden Ideen dargestellt werden,
bevor biblische, theologische und kirchliche Anknüpfungspunkte auf-
gesucht werden.

Im Vordergrund der nachfolgenden Darstellung steht die Frage nach
dem Verhältnis zwischen Menschenwürde und Menschenrechten. Damit
rückt die Bedeutung dieser Begriffe für die anwendungsbezogenen und
sozialethischen Problemfelder in den Hintergrund. Einzelne Menschenrechte wie das Recht auf Freiheit von Versklavung oder das Recht auf
Religionsfreiheit stehen im Dienst der Ausleuchtung des vieldimensio-
nalen Freiheitsbegriffs als eines Grundbegriffs neuzeitlicher Ethik sowie
in seiner besonderen Bedeutung für das kirchliche und theologisch-ethi-
sche Selbstverständnis. Zugleich bietet die Beschäftigung mit Menschenwürde und Menschenrechten die Gelegenheit, politisches und recht-
liches Grundwissen sowie Einsichten in die Geschichte und Systematik
der philosophischen Ethik als Wissenschaft zu vermitteln, die ebenfalls
für eine theologische Ethik unabdingbar sind.

I. Bills of Rights: Menschenrechte und Menschenwürde als politisch-philosophische und rechtswissenschaftliche Ideen

1. Die Menschenrechte – historisch-politischer Ursprung und rechtliche Grundbegriffe

Die Idee der Menschenrechte entwickelte sich im absolutistischen Zeitalter als Konzept von Abwehrrechten des Individuums gegen willkürliche Übergriffe des Staates. Im 17. Jahrhundert standen zunächst die Rechte der Staatsbürger gegen willkürliche Verhaftungen und Steuererhebungen im Zentrum des Interesses. In England führte der Machtkampf zwischen Parlament und König zu drei wichtigen gesetzlichen Meilensteinen, die diese Rechte der englischen Untertanen sicherten, nämlich 1628 die »Petition of Rights«, 1679 die »Habeas-Corpus-Akte« und 1689 die »Bill of Rights«. Allerdings blieben diese vom Parlament gegen die Monarchie erstrittenen Rechte auf englische Bürger, zunächst sogar auf den Adel beschränkt. Erst die nach Nordamerika ausgewanderten englischen Kolonisten entwickelten den politischen Gedanken der Bürgerrechte zu demjenigen der Menschenrechte weiter.

Als sich die amerikanischen Siedler im 18. Jahrhundert von der englischen Krone lossagten, bedurfte es einer Begründung der beanspruchten Rechte, die nicht auf englische Standesrechte rekurrierte. Dazu griffen sie auf europäische philosophische Theorien zurück, die allen Menschen eignende Rechte entweder in der Naturordnung bzw. in der Natur des Menschen (Naturrecht) oder aber schöpfungstheologisch in allen Menschen von Gott verliehenen Rechten begründet sahen. Entsprechend heißt es in der ersten amerikanischen Menschenrechtserklärung, der einflussreichen »Virginia Bill of Rights«, die ein Bestandteil der am 12. Juni 1776 proklamierten Verfassung des Staates Virginia ist:

 »Alle Menschen sind von Natur aus gleichermaßen frei und unabhängig und besitzen gewisse angeborene Rechte, deren sie ihre Nachkommenschaft bei der Begründung einer politischen Gemeinschaft durch keinerlei Abmachungen berauben oder zwingen lassen können, sich ihrer zu begeben; nämlich das Recht auf Leben und Freiheit und dazu die Möglichkeit, Eigenbesitz zu erwerben und zu behalten und Glück und Sicherheit zu erstreben und zu erlangen.«   (zit. n. Massing/Breit 2003: 306)

Die Virginia Bill of Rights, in der erstmals ein Menschenrechtskatalog Teil eines Verfassungstextes geworden war, hat alle späteren demokratischen Verfassungen und Menschenrechtserklärungen beeinflusst.

Drei Wochen später rekurriert die Unabhängigkeitserklärung der

Vereinigten Staaten von Amerika vom 4. Juli 1776 auf eine schöpfungs-
theologische Begründung der Menschenrechte:

»Folgende Wahrheiten erachten wir als selbstverständlich: dass alle Menschen gleich geschaffen sind; dass sie von ihrem Schöpfer mit gewissen
unveräußerlichen Rechten ausgestattet sind; dass dazu Leben, Freiheit
und das Streben nach Glück gehören; dass zur Sicherung dieser Rechte
Regierungen unter den Menschen eingesetzt werden, die ihre rechtmäßige Macht aus der Zustimmung der Regierten herleiten; ...
(zit. n. Massing/Breit 2003: 309)«

Die beiden Texte treffen sich darin, dass sie die jedem menschlichen
Individuum zukommenden Rechte als nicht von einem Staat verliehene
Rechte qualifizieren, weshalb sie auch *vor- oder überstaatliche Rechte*
genannt werden. Vielmehr wird ein von den Menschen selbst konstitu-
ierter Staat erst dadurch legitimiert, dass er diese Rechte respektiert
und schützt. Weil sie *nicht durch einen förmlichen Rechtsakt vom Staat
gesetzt* (lat. *positum* von *ponere* = setzen) werden, werden sie *vorpositive*
Rechte genannt. Auch von *natürlichen* oder *angeborenen* Rechten ist aus
dem gleichen Grund die Rede. Alle diese Bezeichnungen geben nicht
etwa Zeitordnungen eines Vorher/Nachher an, sondern schließen den
Staat oder Gesetzgeber als Ursprung der Menschenrechte aus. Da die
Menschenrechte sich weder dem Staat, ja nicht einmal einer dem
menschlichen Individuum verfügbaren Quelle verdanken, können sie
auch weder vom Staat oder Parlament aberkannt noch vom Träger
der Menschenrechte selbst veräußert werden: insofern sind sie *unverlierbar* bzw. *unveräußerlich*. Die von der Natur oder dem Schöpfer mit
Menschenrechten ausgestatteten Menschen dürfen stattdessen von
ihrem Staat oder Gesetzgeber erwarten, dass er die ihm vorgegebenen
Menschenrechte anerkennt und als *Grundrechte* in seiner jeweiligen
Rechtsordnung *positiviert*, d.h. als ihm vorgegebene und nicht erst
von ihm zu erzeugende Rechtssätze in das geltende staatliche Recht
integriert.

Es ist die von der »Virginia Bill of Rights« angestoßene vorpositive«
staatsrechtliche Begründungsfigur, nach der sich Staaten bzw. Regierungen durch die Anerkennung und Sicherung der Menschenrechte überhaupt erst als legitim erweisen müssen. Zwar wurde die Sklaverei erst
nach dem amerikanischen Sezessionskrieg im Jahre 1865 in den gesamten Vereinigten Staaten von Amerika abgeschafft, aber die ideelle Notwendigkeit zu diesem späten Schritt hatten die Sklaven haltenden Verfassungsväter 1776 mit der Begründung universaler Menschenrechte
schon selbst formuliert. Denn als Kriterium für die Identifizierung der
Träger dieser Rechte dient allein das Menschsein, unabhängig von Rasse,

Religion oder Geschlecht. In Europa verlieh die 1789 proklamierte »Erklärung der Rechte des Menschen und Bürgers« der Französischen Revolution mit ihrer Parole »Freiheit, Gleichheit, Brüderlichkeit« dem Menschenrechtsdenken politischen Schwung. Die französische Menschenrechtserklärung wurde vor ihrer Veröffentlichung von Thomas Jefferson, dem Verfasser der amerikanischen Unabhängigkeitserklärung und schließlich amerikanischen Gesandten in Paris, zusammen mit Marquis de Lafayette redigiert. Aber auch die französischen Revolutionäre waren für die universale Geltung der Menschenrechte nicht von Anbeginn an aufgeschlossen, worauf die »Brüderlichkeit« im französischen Dreiklang einen Hinweis gibt. Die Rechtsphilosophin und Schriftstellerin Olympe de Gouges (1748–1793), die in ihrer »Erklärung der Rechte der Frau und Bürgerin« (1791) die Rechtsgleichheit inklusive des politischen Wahlrechts auch für Frauen im Geiste der Französischen Revolution forderte, wurde dafür vom Revolutionstribunal zum Tode verurteilt und am 3. November 1793 in Paris hingerichtet (Schröder 1997). Doch trotz mancher Rückschläge und Verzögerungen treibt die Einsicht in den allen Menschen gleichermaßen eignenden Anspruch auf Respektierung und Sicherung ihrer Menschenrechte (Universalität) seither den politischen Kampf für die Anerkennung traditionell ausgegrenzter Menschengruppen weiter voran.

Wegen des großen politischen Einflusses der Französischen Revolution auf die europäischen Nationen betrachteten die Franzosen sich als die Urheber der Menschenrechtsidee. Doch in seiner klassischen Untersuchung über »Die Erklärung der Menschen- und Bürgerrechte« (1895) hat der österreichische Staatsrechtler Georg Jellinek (1851–1911) den Vorbildcharakter der nordamerikanischen »bills of rights« für die französische Menschenrechtsdeklaration nachgewiesen. Die weitere Forschung über die Geschichte der Menschenrechte hat aber auch gezeigt, dass die so genannte zweite *Jellinek-These*, nach der das Streben nach Religionsfreiheit den historischen Ursprung der Menschenrechtsidee darstellt, nicht zutrifft.

Menschenrechte sind jene grundlegenden Rechte, die jedem Menschen (universal) allein aufgrund seines Menschseins (unverlierbar) zukommen. Menschenrechte werden nicht vom Staat verliehen und werden daher auch vorstaatliche, vorpositive, natürliche oder angeborene Rechte genannt. Positivierte Menschenrechte, die in geschriebener Form in der Verfassung stehen und einen von allen Menschen einklagbaren, d. h. *subjektivrechtlichen* Anspruch gegen den Staat begründen, heißen Jedermann-Grundrechte. *Objektivrechtliche* Selbstverpflichtungen des Staates (sog. Staatszielbestimmungen), z. B. für den Schutz der Umwelt zu sorgen, begründen hingegen kein individuell einklagbares Grundrecht.

Bürgerrechte werden solche Grundrechte genannt, die ein Staat nicht allen Menschen, die sich in seinem Hoheitsgebiet aufhalten, gewährt, sondern nur deutschen Staatsbürgern. Beispiele dazu finden sich in jenen Artikeln des GG der Bundesrepublik Deutschland, die statt mit »Alle Menschen« oder »Jeder« mit »Alle Deutschen« beginnen.

2. Dimensionen der Menschenrechte

Wozu brauchen wir Menschenrechte? Was regeln sie bzw. was fordern diese natürlichen Rechte eines jeden Menschen ein? Die klassischen Menschenrechte buchstabieren die verschiedenen Hinsichten aus, in denen das menschliche Individuum zum Staat steht und formulieren konkrete Maßstäbe für ein gerechtes Zusammenleben. Die *liberalen Freiheits- bzw. Abwehrrechte* zielen auf den Schutz von Leben, Eigentum, Bewegungs-, Religions- und Meinungsfreiheit etc. vor staatlichen Übergriffen. Die *politischen Teilnahmerechte* fordern die Beteiligung an Meinungs-, Willensbildungs- und Entscheidungsprozessen im Staat ein. Die seit dem 19. Jahrhundert im Gefolge der industriellen Revolution entstandenen *sozialen, wirtschaftlichen und kulturellen Teilhaberechte* »gelten der Sorge um die Sicherung der Rahmenbedingungen, die die Verwirklichung der Freiheits- und der politischen Rechte überhaupt erst ermöglichen bzw. gravierende Benachteiligungen aufgrund gefährlicher Arbeitsbedingungen, totaler Erschöpfung, fehlender Bildungschancen« (Hilpert/Luf 2000: 674) etc. ausgleichen sollen. Sie werden auch als Menschenrechte der »zweiten Generation« bezeichnet.

Die seit den 1960er Jahren von den Entwicklungsländern geforderten Menschenrechte der »dritten Generation« beinhalten »Rechte auf Entwicklung, Teilhabe am gemeinsamen Erbe der Menschheit, Frieden, kulturelle Eigenständigkeit und intakte Umwelt« (ebd.). Die Perspektive der inter- statt intrastaatlichen Gerechtigkeit rückt Völker statt Individuen als Träger von Menschenrechten in den Blick.

Die verbreitete Rede von »Generationen« der Menschenrechte sollte besser durch »Dimensionen« ersetzt werden, weil sonst der falsche Eindruck entsteht, die historisch nacheinander entwickelten Dimensionen würden einander ablösen bzw. die späteren die früheren ersetzen. Vielmehr ist der Menschenrechtskatalog eine offene Liste, der aufgrund neuer gravierender Unrechts- und Ungerechtigkeitserfahrungen weitere Menschenrechte zuwachsen können. So zeichnet sich gegenwärtig ab, dass die neuartigen Gefährdungen des Menschen, die von den neueren biotechnologischen und medizinisch-technischen Entwicklungen ausgehen, zu einer vierten Dimension von Menschenrechten führen, wie z. B. das vom Europarat 1996 beschlossene »Übereinkommen zum Schutz der Menschenrechte und der Menschenwürde im Hinblick auf die Anwendung von Biologie und Medizin: Menschenrechtsübereinkommen zur Biomedizin« anzeigt (vgl. Hilpert/Luf 2000: 677–681).

3. Menschenwürde – auf dem Weg zum Grund der Menschenrechte

Es fällt auf, dass die Menschenrechtserklärungen des ausgehenden 18. Jahrhunderts keinen Bezug auf die viel ältere Idee der Menschenwürde nehmen, obgleich berühmte Naturrechtsphilosophen wie Hermann Samuel Pufendorf (1632–1694) und Christian Wolff (1679–1754) der *dignitas hominis* eine wichtige Rolle in der naturrechtlichen Argumentation beimessen. Für Pufendorf, dessen Schriften auch den führenden amerikanischen Kolonialisten in Massachusetts bekannt waren, ist Menschenwürde ein zentraler Begriff, denn die Würde aller Menschen wurzelt in der sittlichen Freiheit zu gutem und bösem Handeln. Dieses die Menschen als Vernunftwesen auszeichnende sittliche Vermögen zum Guten begründet ihre naturrechtliche Gleichheit und den daraus resultierenden Anspruch auf Schutz der naturrechtlichen Freiheit. Sklaverei ist somit der sittlichen Natur des Menschen entgegen und nicht zu rechtfertigen. Zugleich nimmt die Menschenwürde aber den individuellen Menschen in die Pflicht, sich selbst als sittliches Freiheitswesen Respekt entgegen zu bringen, weil mit der Selbstschätzung *(aestimatio sui)* auch die Achtung aller Menschen verbunden ist. »Wer also sich selbst als Menschen achtet, der muß allen Mitmenschen gegenüber seine Achtung bezeugen, da alle als freie und gleiche Wesen in die Welt kommen, also das Menschsein allen gemeinsam ist.« (Pöschl/Kondylis 1992: 664). Dem hier aufgewiesenen Zusammenhang zwischen Schätzung der eigenen und Respektierung der fremden Menschenwürde wird der Aufklärungsphilosoph Immanuel Kant sich später ausdrücklich anschließen (ebd. 669). Doch war es vermutlich Pufendorfs Betonung des Pflichtcharakters der Menschenwürde, die die amerikanischen Verfassungsväter von einer Bezugnahme auf die Idee der Menschenwürde abhielt. Stattdessen hinterließ John Lockes (1632–1704) »Zweite Abhandlung über die Regierung« (1689) insbesondere mit der Dreiheit der Rechte auf Leben, Freiheit und Eigentum unübersehbare Spuren in den amerikanischen Menschenrechtstexten (vgl. Massing/Breit 2003: 99–105).

In Frankreich nahm man aus anderen Gründen Abstand vom Würdebegriff. *Dignitas* bezeichnete im Laufe seiner Begriffsgeschichte nämlich nicht nur moralphilosophisch-anthropologisch die Würde des Menschen, sondern auch sozialpolitisch die Würde eines sozialen Standes oder eines feudalen Amtes. Bis heute hat sich der Ausdruck, »in Amt und Würden« sein, erhalten. Da sich die französischen Revolutionäre nun gerade gegen die feudalen Standesrechte von Adel und Klerus im absolutistischen Staat wandten, vermieden sie jede Bezugnahme auf den Wortstamm *dignitas*, um »das Ende der ständischen Gesellschaft« (Pöschl/Kondylis 1992: 657) anzuzeigen. Die Bezugnahme auf den Wortstamm *dignitas* war in den Menschenrechtsdeklarationen des ausgehenden 18. Jahrhunderts somit aus unterschiedlichen Gründen, die bis heute nachwirken (Baumbach: 2010), unattraktiv.

Erst die Vereinten Nationen (UN) haben vor dem Hintergrund der Barbarei totalitärer Regime im Zweiten Weltkrieg die Idee der Menschenwürde in der Allgemeinen Erklärung der Menschenrechte (AEMR) 1948 zum Grund der Menschenrechte gemacht. Zuvor war auf die Menschenwürde vereinzelt in einigen wenigen westeuropäischen Verfassungen (Weimarer Reichsverfassung 1919, Portugal 1933, Irland 1937) Bezug genommen worden, um die objektivrechtliche staatliche Verpflichtung zur Herstellung menschenwürdiger Verhältnisse auszudrücken. Die AEMR inspirierte zunächst die Bundesrepublik Deutschland zur Formulierung von Art. 1 GG, indem die Menschenwürde erstmals zu einem grundlegenden Prinzip der gesamten Verfassung gemacht wurde. Seither wird der Begriff der Menschenwürde in immer mehr nationalen Verfassungen wie auch in internationalen Erklärungen und Abkommen als konstitutives Rechtsprinzip implementiert. Nicht selten dient dabei Artikel 1 des Grundgesetzes der Bundesrepublik Deutschland als Vorbild. In der Funktion der Begründung der Menschenrechte ist Menschenwürde nach dem Zweiten Weltkrieg selbst zu einem zentralen Rechtsbegriff geworden (vgl. Tiedemann 2006; Müller 2008).

In vieldeutiger Weise ist von der Menschenwürde im Recht die Rede:
1.) Menschenwürde ist durch die Aufnahme in unterschiedlichen Rechtstexten ein *allgemeiner Rechtsbegriff* geworden.
2.) Insofern Menschenwürde in Verfassungstexten als oberste, die ganze Verfassung begründende Norm fungiert, ist sie ein ganze Rechtsordnungen (engl. *law*) *legitimierendes* und *konstituierendes Verfassungsprinzip.*
3.) Insofern Regierungen bzw. Gesetzgeber darauf verpflichtet sind, keine der Menschenwürde widersprechenden Gesetze zu erlassen und auch

nicht anderweitig gegen das Menschenwürdeprinzip zu verstoßen, ist sie ein *objektivrechtliches Prinzip*.

4.) Insofern Menschenwürde ein Menschen- bzw. Grundrechte generierendes Prinzip ist, wird sie »*Grund*«, »*Quelle*« oder »*Inbegriff*« subjektiver Grundrechte von Individuen bzw. *ein subjektivrechtliches* oder *ein individuelle Rechte* (engl. »*rights*«) *begründendes Prinzip* genannt.

5.) Insofern Menschenwürde selbst als ein Grundrecht einer individuellen Person auf Achtung ihrer Würde betrachtet wird, ist sie ein *subjektives Recht* (engl. *right*).

Vergleicht man die Rolle der Menschenwürde für die Menschenrechte im 18. Jahrhundert mit derjenigen des 20. Jahrhunderts, dann zeigt sich ein bemerkenswerter Unterschied. Wurde im 18. Jahrhundert von den amerikanischen und französischen Verfassern der Menschenrechtsdeklarationen eine Bezugnahme auf den Würdebegriff aus den oben erläuterten Gründen vermieden, so wurde »human dignity« im 20. Jahrhundert nach den Erfahrungen schwerster Menschenrechtsverletzungen von den in den Vereinten Nationen versammelten Völkern als gemeinsamer Ausdruck für den höchsten unantastbaren Wert der Menschheit betrachtet. Die AEMR, die sich als »International Bill of Rights« in die Tradition der »Virginia Bill of Rights« stellt, beginnt wie folgt:

»Präambel

Da die Anerkennung der angeborenen Würde und der gleichen und unveräußerlichen Rechte aller Mitglieder der Gemeinschaft der Menschen die Grundlage von Freiheit, Gerechtigkeit und Frieden in der Welt bildet, da die Nichtanerkennung und Verachtung der Menschenrechte zu Akten der Barbarei geführt haben, die das Gewissen der Menschheit mit Empörung erfüllen, ...

da die Völker der Vereinten Nationen in der Charta ihren Glauben an die grundlegenden Menschenrechte, an die Würde und den Wert der menschlichen Person und an die Gleichberechtigung von Mann und Frau erneut bekräftigt und beschlossen haben, den sozialen Fortschritt und bessere Lebensbedingungen in größerer Freiheit zu fördern, ...

verkündet die Generalversammlung diese Allgemeine Erklärung der Menschenrechte als das von allen Völkern und Nationen zu erreichende gemeinsame Ideal, damit jeder einzelne und alle Organe der Gesellschaft sich diese Erklärung stets gegenwärtig halten und sich bemühen, ... die Achtung vor diesen Rechten und Freiheiten zu fördern und ... zu gewährleisten.

Artikel 1: Alle Menschen sind frei und gleich an Würde und Rechten geboren. Sie sind mit Vernunft und Gewissen begabt und sollen einander im Geiste der Brüderlichkeit begegnen. ...

Artikel 3: Jeder hat das Recht auf Leben, Freiheit und Sicherheit der Person.
Artikel 4: Niemand darf in Sklaverei oder Leibeigenschaft gehalten werden; Sklaverei und Sklavenhandel in allen ihren Formen sind verboten.«

Das Zitat spiegelt sowohl die fundamentalen Verletzungserfahrungen aus dem Zweiten Weltkrieg als auch das ausdrückliche Bemühen, die blinden Flecken der Verfasser der amerikanischen und französischen Menschenrechtserklärungen weltweit zu überwinden. Die AEMR ist somit ein beredter Ausdruck für das Bemühen, aus der Geschichte des Versagens der Menschen zu lernen und einen Neubeginn zu setzen.

Deutlicher noch als in den vorherigen Dokumenten stellt die UNO in den beiden Präambeln der »Internationale[n] Pakt[e] über wirtschaftliche, soziale und kulturelle Rechte« (ICESCR) und »über bürgerliche und politische Rechte« (ICCPR) im Dezember des Jahres 1966 das Begründungsverhältnis zwischen Menschenwürde und Menschenrechten heraus. Dort heißt es in identischem Wortlaut:

 »In der Erwägung, dass … die Anerkennung der allen Mitgliedern der menschlichen Gesellschaft innewohnenden Würde und der Gleichheit und Unveräußerlichkeit ihrer Rechte die Grundlage von Freiheit, Gerechtigkeit und Frieden in der Welt bildet, in der Erkenntnis, dass sich diese Rechte aus der dem Menschen innewohnenden Würde herleiten, … vereinbaren wir folgende Artikel: …«

4.   … und was ist der Grund der Menschenwürde?

Die UNO-Texte zeigen immer deutlicher, dass die universale, jedem Menschen innewohnende Menschenwürde der Grund und mithin die Begründung dafür ist, dass alle Menschen unverlierbare Menschenrechte besitzen, die jeder Staat seinen Einwohnern in Form von Grundrechten zu gewährleisten verpflichtet ist. Woher aber die Menschenwürde selbst kommt oder durch welche philosophischen oder theologischen Theorien sie begründet wird, das lassen sowohl die UNO-Texte als auch das Grundgesetz der Bundesrepublik Deutschland absichtlich offen. Zwar ist jedes menschliche Individuum und jeder Staat wie auch jede sonstige menschliche Institution verpflichtet, die Würde des Menschen durch die Gewährung der Menschen- und Grundrechte anzuerkennen. Die Begründung der Menschenwürde, ob sie z. B. als naturgegeben oder von Gott geschenkt zu betrachten ist, darf aber rechtlich nicht vorgeschrieben werden, weil dies zur innersten Gewissens- und weltanschaulichen Überzeugung eines jeden Menschen gehört. Der Staat ist diesbezüglich

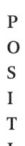

V
O
R
P
O
S
I
T
I
V

Art. 1,1 Die **Würde des Menschen** ist unantastbar.
Sie zu achten und zu schützen
ist Verpflichtung aller staatlichen Gewalt.

Art. 1,2 Das Deutsche Volk bekennt sich **darum** zu unverletz-
lichen und unveräußerlichen **Menschenrechten** als Grundlage
jeder menschlichen Gemeinschaft, des Friedens und der
Gerechtigkeit in der Welt.

P
O
S
I
T
I
V

Art. 1,3 Die nachfolgenden *Grundrechte* binden Gesetzgebung,
vollziehende Gewalt und Rechtsprechung als unmittelbar
geltendes Recht.

Abb. 1 Begründungsarchitektur von Artikel 1 des Grundgesetzes der Bundesrepublik Deutschland (vgl. Gröschner 2005)

zur weltanschaulichen Neutralität verpflichtet, d. h. er darf keiner weltanschaulichen Begründung der Menschenwürde als oberstem Wert der
Rechtsordnung den Vorzug geben, um niemanden von der Zustimmung
zur Verfassung auszuschließen. Der Anlass für diese »respektvolle Nicht-
Identifikation« (Bielefeldt 2003: 15) des Staates mit einer partikularen
weltanschaulichen Begründung der Menschenwürde ist die Tatsache des
weltanschaulichen Pluralismus der Gesellschaft, angesichts der trotzdem
jeder Einwohner verpflichtet ist, der Verfassungsordnung zuzustimmen.
Deshalb nannte Theodor Heuss, der erste Bundespräsident der Bundesrepublik Deutschland, die Menschenwürde in Art. 1 GG »eine nicht in-
terpretierte These …, die der Eine theologisch, der Andere philosophisch, der Dritte ethisch auffassen kann.« (Jahrbuch des öffentlichen
Rechts der Gegenwart, Bd. 1, 1950/51: 49).

Somit ist festzuhalten, dass die Pflicht des Staates zur Weltanschau-
ungsneutralität keineswegs eine Wertneutralität der Rechtsordnung bedeutet, denn Rechtsordnungen sind immer auch Wertordnungen. Ferner
darf der aus der Pflicht des Staates zur weltanschaulichen Neutralität
folgende Verzicht auf eine rechtlich verankerte Begründung des höchs-

ten Rechtswertes der Menschenwürde nicht geschlossen werden, diese sei unbegründbar. Denn Begründungsoffenheit ist nicht mit Unbegründbarkeit zu verwechseln.

Zusammenfassend zeigt sich, dass die Idee der Menschenwürde nach dem Zweiten Weltkrieg zwar im Völker- und Verfassungsrecht zu dem Begriff wird, der die Menschen- und Grundrechte begründet, dass aber die Begründung der Menschenwürde selbst im Recht offen bleiben muss, weil sich viele kulturell verschiedene weltanschauliche und philosophische Begründungen der Menschenwürde denken lassen, aus deren Reihe der weltanschaulich neutrale säkulare Staat keine bevorzugen darf (vgl. auch Breitsameter, in diesem Band).

5. Katholische Kirche und Menschenrechte – eine »Lerngeschichte«

a) »Pacem in terris« – die katholische »bill of rights«

In der Friedensenzyklika »Pacem in terris« (PT, 1963) würdigt Papst Johannes XXIII. die Gründung der UNO sowie die AEMR nach 15 Jahren als »Zeichen der Zeit«.

 »Ein Akt von höchster Bedeutung ist die ›Allgemeine Erklärung der Menschenrechte‹, die am 10. Dezember 1948 von der Vollversammlung der Vereinten Nationen angenommen wurde. … Wir verkennen nicht, dass gegenüber einigen Kapiteln dieser Erklärung mit Recht von manchen Einwände geäußert worden sind. Nichtsdestoweniger ist diese Erklärung gleichsam als Stufe und als Zugang zu der zu schaffenden rechtlichen und politischen Ordnung aller Völker auf der Welt zu betrachten. Denn durch sie wird die Würde der Person für alle Menschen feierlich anerkannt, und es werden jedem Menschen die Rechte zugesprochen, die Wahrheit frei zu suchen, den Normen der Sittlichkeit zu folgen, die Pflichten der Gerechtigkeit auszuüben, ein menschenwürdiges Dasein zu führen. Darüber hinaus werden noch andere Rechte ausgesprochen … die deswegen allgemein, unverletzlich und unveränderlich sind, weil sie unmittelbar aus der Würde der menschlichen Person entspringen. Und das um so mehr, weil die Menschen … sich immer mehr bewusst sind, dass sie als lebendige Glieder zur allgemeinen Menschheitsfamilie gehören.«
(Pacem in terris, 1963: Nr. 143–145)

Die Enzyklika beginnt ihren ersten Teil über »Die Ordnung unter den Menschen« mit ausdrücklichem Bezug auf die »Menschenrechte, die Wir ins Auge fassen wollen, …« mit einem Rechtekatalog (PT, Nr. 11–27), womit sie sich in die Tradition der »Bills of Rights« stellt. Allerdings stellt sie diesem einen Pflichtenkatalog (PT, Nr. 28–38) zur Seite und bringt damit die Pflichtdimension der Menschenwürde zum Ausdruck. Wer Freiheit beansprucht, steht auch seinerseits unter dem Anspruch, mit dieser Freiheit angemessen umzugehen. Ferner verweist die Wendung »Würde der Person« darauf, dass Person in der Sprache der theologischen und kirchlichen Tradition oft an die Stelle des Begriffs der Menschenwürde tritt. Zwar kann hier nicht die lange, vieldeutige und wechselhafte Geschichte des Personbegriffs in Philosophie, Theologie und Recht dargelegt werden, aber es sei darauf hingewiesen, dass in der Theologie Personsein die wesentliche Grundbestimmung des Menschen ist. Person ist der Mensch nach theologischer Lehre, weil Gott Person ist und den Menschen zu einem verantwortlichen Dasein berufen hat (vgl. Dirscherl 2008). Mit dem Personsein des Menschen wird seine Würde rückgebunden an seine ihn tragende Beziehung zu Gott, durch die er einem grenzenlosen Verfügungsanspruch durch Mächte dieser Welt entzogen ist. Das macht verständlich, warum in der Enzyklika der erste Teil nicht nur mit den säkular-ethischen, sondern dann auch mit den offenbarungstheologischen Grundvoraussetzungen eröffnet wird. Denn auch wenn der Mensch mit seinen sittlichen Kräften zu einer verantwortlichen Lebensgestaltung berufen ist, kann er als endliches und fehlbares Geschöpf die vollendete Freiheit nur aus der Hand Gottes empfangen. Die Abschnitte (PT, Nr. 9–10) lauten:

 »9. Jedem menschlichen Zusammenleben, das gut geordnet und fruchtbar sein soll, muß das Prinzip zugrunde liegen, dass jeder Mensch seinem Wesen nach Person ist. Er hat eine Natur, die mit Vernunft und Willensfreiheit ausgestattet ist; er hat daher aus sich Rechte und Pflichten, die unmittelbar und gleichzeitig aus seiner Natur hervorgehen. Wie sie allgemein gültig und unverletzlich sind, können sie auch in keiner Weise veräußert werden. …
10. Wenn wir die Würde der menschlichen Person nach den Offenbarungswahrheiten betrachten, müssen wir sie noch viel höher einschätzen. Denn die Menschen sind ja durch das Blut Jesu Christi erlöst, durch die himmlische Gnade Kinder und Freunde Gottes geworden und zu Erben der ewigen Herrlichkeit eingesetzt.«
(Pacem in terris, 1963: Nr. 9–10)

Diese Eröffnung wie auch der sich anschließende Rechtekatalog weisen deutliche Anklänge an die AEMR auf, setzen zugleich aber mit dem Pflichtenkatalog und der offenbarungstheologischen Fundierung ebenso deutlich eigene Akzente (vgl. Heimbach-Steins 2001: 16–23). Die Enzyklika lässt keinen Zweifel daran, dass der »Friede auf Erden«, zu dessen Sicherung die UNO sich 1945 gegründet hat und den sie mit

Hilfe der 1948 proklamierten AEMR zu erhalten strebt, »nur dann begründet und gesichert werden« könne, »wenn die von Gott gesetzte Ordnung gewissenhaft beobachtet wird« (PT, Nr. 1). Aber auch, wenn in diesem Licht die Bemühungen der UNO nur eine »Stufe«, eine vorletzte Wegweisung darstellen, zeigen sie nach Auffassung der Enzyklika wie auch des Zweiten Vatikanischen Konzils in die richtige Richtung. So heißt es in der zwei Jahre später erschienenen Pastoralkonstitution »Gaudium et Spes« (GS), in der die Enzyklika deutliche Spuren hinterlassen hat:

 »Kraft des ihr anvertrauten Evangeliums verkündet also die Kirche die Rechte des Menschen, und sie anerkennt und schätzt die Dynamik der Gegenwart, die diese Rechte überall fördert. Freilich muss diese Bewegung vom Geist des Evangeliums erfüllt und gegen jede Art falscher Autonomie geschützt werden.«   (GS, Nr. 41)

Die relativ späte Anerkennung der AEMR in einem offiziellen Dokument des höchsten Kirchenamtes ist ein Indiz für die schwierige Rezeption der neuzeitlichen Idee der Menschenrechte. Das ist auf den ersten Blick erstaunlich: Galt die Botschaft der israelitischen Propheten als auch von Jesus Christus nicht schon immer dem Recht der Entrechteten und Unterdrückten, den Witwen, Waisen und Armen im Geiste? Diese Spannung macht deutlich, dass es um subtilere Problemstellungen geht, auf die GS durch die Warnung vor »falscher Autonomie« das Stichwort gibt. Diesen Problemen mit dem Autonomiebegriff werden wir uns im philosophischen (II) und theologischen Teil (III) noch ausgiebig widmen.

Äußerlich betrachtet gaben der polemische Antiklerikalismus und Atheismus der französischen Revolutionäre sowie die darauf folgende Säkularisation im 19. Jahrhundert, die zu weit reichenden Beschneidungen kirchlicher Privilegien führte, Anlass genug, die Kirche in einen »Belagerungszustand« zu treiben. Bei genauerem Hinsehen zeigt sich aber, dass es um tiefer liegende geistesgeschichtliche Veränderungen in Bezug auf die Begründung von Rechten und Würde des Menschen geht (vgl. Hilpert 1991: 148–156). Dies soll zunächst am Beispiel der Religionsfreiheit aufgezeigt werden.

b) Religionsfreiheit als Prüfstein für das kirchliche und religiöse Menschenrechtsdenken

Zwar ist Jellineks These vom *historischen* Ursprung der Menschenrechtsidee aus dem Kampf um die Religionsfreiheit nicht haltbar, in *systematischer* Hinsicht erweist sich aber das Menschenrecht auf Religionsfreiheit als zentral. Insofern nach Art. 2 AEMR niemand seiner Religion oder sonstigen Anschauungen wegen verfolgt oder diskriminiert werden darf, gründet die Pflicht des Staates auf religiöse und weltanschauliche Neutralität gegenüber den Belangen seiner weltanschaulich unterschiedlich gebundenen Einwohnern (s. o. 4; vgl. auch Breitsameter, in diesem Band) letztlich in der Religionsfreiheit als Menschenrecht, das in Art. 18 AEMR entfaltet wird:

 »Jeder hat das Recht auf Gedanken-, Gewissens- und Religionsfreiheit; dieses Recht schließt die Freiheit ein, seine Religion oder seine Weltanschauung zu wechseln, sowie die Freiheit, seine Religion oder seine Weltanschauung allein oder in Gemeinschaft mit anderen, öffentlich oder privat durch Lehre, Ausübung, Gottesdienst und Kulthandlungen zu bekennen.«

Das Menschenrecht auf Religionsfreiheit umfasst folgende Aspekte, die sowohl Individuen als auch Religionsgemeinschaften in den Schranken des Rechts zu gewähren sind:

1.) *Freiheit des Glaubens* als Freiheit der inneren Überzeugung, eine frei gewählte Religion haben zu dürfen (positive Glaubensfreiheit), keine Religion haben zu müssen (negative Glaubensfreiheit) sowie die Religion wechseln zu dürfen;
2.) *Bekenntnisfreiheit* als Befugnis, religiöse sowie religiös motivierte Überzeugungen in der Öffentlichkeit *(forum externum)* zu vertreten;
3.) *Freiheit des Gewissens (forum internum)* eines jeden Menschen, sein Denken und Handeln vermittels der Wertmaßstäbe »gut« und »böse« jeweils selbst zu entwerfen und vor sich zu verantworten;
4.) *Kultusfreiheit* als Gewährleistung ungestörter Religionsausübung;
5.) *Religiöse Vereinigungsfreiheit* als Befugnis, Religionsgemeinschaften und religiöse Vereine zu gründen. (vgl. Jeand'Heur/Korioth 2000: 70–75)

Insofern insbesondere theistische Religionen die Rückbindung des Menschen an Gott als entscheidend für das Heil des individuellen und sozialen Lebens betrachten, stellt die umfassende Religionsfreiheit den ins Mark des religiösen Selbstverständnisses treffenden »Ernstfall der Menschenrechtsrezeption« (Heimbach-Steins 2001: 26) in den religiösen Institutionen dar. Deutlich wird das an Hand der Tatsache, dass in vielen muslimischen Staaten das Verlassen der islamischen zugunsten einer anderen Religion oder atheistischen Weltanschauung (Apostasie = Abfall vom Glauben) mit der Todesstrafe bedroht ist. Negative Glaubensfreiheit und das Recht auf Religionswechsel fehlen in den verschiedenen islamischen Versionen der Menschenrechtserklärungen (Menschenrechte,

4. erw. Aufl. 2004: 39; Bielefeldt 1998: 132). Die Herausforderung für religiöse Institutionen besteht darin, die Gottesbeziehung eines jeden Menschen als seinen innersten, unvertretbaren Person- und Freiheitskern anzuerkennen. Zu diesem Schritt haben sich die christlichen Kirchen erst durchringen müssen. Die Römisch-Katholische Kirche hat erst während des Zweiten Vatikanischen Konzils in der Erklärung über die Religionsfreiheit »Dignitatis Humanae« (DH) 1965 das Menschenrecht auf Religionsfreiheit in allen seinen Dimensionen und Konsequenzen akzeptiert, wie die folgenden Passagen dokumentieren.

 »1. Die Würde der menschlichen Person kommt den Menschen unserer Zeit immer mehr zum Bewusstsein, und es wächst die Zahl derer, die den Anspruch erheben, dass die Menschen bei ihrem Tun ihr eigenes Urteil und eine verantwortliche Freiheit besitzen und davon Gebrauch machen sollen, nicht unter Zwang, sondern vom Bewusstsein der Pflicht geleitet. … Diese Forderung nach Freiheit in der menschlichen Gesellschaft bezieht sich besonders auf die geistigen Werte des Menschen und am meisten auf das, was zur freien Übung der Religion in der Gesellschaft gehört. …
2. … Weil die Menschen Personen sind, d.h. mit Vernunft und freiem Willen begabt und damit auch zu persönlicher Verantwortung erhoben, werden alle – ihrer Würde gemäß – von ihrem eigenen Wesen gedrängt und zugleich durch eine moralische Pflicht gehalten, die Wahrheit zu suchen, vor allem jene Wahrheit, welche die Religion betrifft. … Demnach ist das Recht auf religiöse Freiheit nicht in einer subjektiven Verfassung der Person, sondern in ihrem Wesen selbst begründet. So bleibt das Recht auf religiöse Freiheit auch denjenigen erhalten, die ihrer Pflicht, die Wahrheit zu suchen und daran festzuhalten, nicht nachkommen, …
3. … Denn die Verwirklichung und Ausübung der Religion besteht ihrem Wesen nach vor allem in inneren, willentlichen und freien Akten, durch die sich der Mensch unmittelbar auf Gott hinordnet; Akte dieser Art können von einer rein menschlichen Gewalt weder befohlen noch verhindert werden. …
9. … das Recht des Menschen auf religiöse Freiheit … hat seine Grundlage in der Würde der Person, deren Forderungen die menschliche Vernunft durch die Erfahrung der Jahrhunderte vollständiger erkannt hat. Jedoch hat diese Lehre von der Freiheit ihre Wurzeln in der göttlichen Offenbarung, … obgleich die Offenbarung das Recht auf Freiheit vom äußeren Zwang in religiösen Dingen nicht ausdrücklich lehrt, …
12. … Gewiss ist bisweilen im Leben des Volkes Gottes auf seiner Pilgerfahrt … eine Weise des Handelns vorgekommen, die dem Geist des Evangeliums wenig entsprechend, ja sogar entgegengesetzt war; aber die Lehre der Kirche, dass niemand zum Glauben gezwungen werden darf, hat dennoch die Zeiten überdauert.«   (DH)

Schon der Titel der Erklärung über die Religionsfreiheit, »Dignitatis humanae«, macht deutlich, dass das Recht auf Religionsfreiheit in der Würde der menschlichen Personnatur wurzelt. Nicht die Erfüllung religiöser Pflichten begründet dieses Recht, sondern die letztlich durch die freilassende Liebe Gottes selbst verbürgte Würde der menschlichen Person. Es besteht darin, auf seine eigene unvertretbare Weise nach Wahrheit zu suchen, selbst wenn diese Suche von der Religion wegführt und in den Augen der Kirche Irrtum und Verfehlung darstellt. In »Dignitatis Humanae« hat die Katholische Kirche den Schritt zur *Anerkennung der negativen Glaubensfreiheit* als derjenigen Dimension des Menschenrechts auf Religionsfreiheit getan, der religiösen Gemeinschaften und Institutionen am meisten abverlangt: die Anerkennung eines unverfügbaren Willenskerns menschlicher Individuen. Der Mut zu dieser Selbstrelativierung des eigenen Machtanspruchs gründet in der Einsicht, dass Gott selbst die Freiheit des Menschen als freie Zuwendung zu seinem Heilsangebot will, die sogar die Möglichkeit der Abkehr von Gott – theologisch Sünde genannt – einschließt. So zeigt sich besonders am Menschenrecht der Religionsfreiheit die aus Würde der Person entspringende Freiheit des menschlichen Willens als Voraussetzung selbstverantwortlicher Lebensführung, die nun zunächst philosophisch-ethisch tiefer auszuleuchten ist.

II. *Philosophie:* **Menschenwürde und Menschenrechte als moralphilosophische Ideen**

1. Menschenwürde ohne Menschenrechte

a) Von der sozialen zur universalen *dignitas*

Es ist das lateinische Wort *dignitas*, das der Würde des Menschen in den beiden Sprachen der internationalen Diplomatie Ausdruck verleiht: *human dignity, dignité humaine*. In der Römischen Antike gab es ein starkes Bewusstsein für Würde – allerdings nicht für die unverlierbare Würde aller Menschen. Würde *(dignitas)* ist in Rom in erster Linie ein politischer Begriff, der den Anspruch auf den Respekt einer Person als Angehöriger des Adelsstandes, als Inhaber eines Amtes oder aufgrund seiner Verdienste um das Gemeinwesen begründet. Diese Form der Würde ist Ausdruck sozialer Ehre, die der persönlichen Leistung des Würdenträgers geschuldet ist. Der Würdenträger selbst war seiner *dignitas* gegenüber zu angemessener Lebensführung verpflichtet, die sich in gravitätischem Gang, gemäßigter Stimme und seriöser Rede in ästhetisch-expressiver

Hinsicht ebenso zu zeigen hatte wie in moralischer Hinsicht. Die *dignitas* sollte in vollkommenem Glanz und ganzer Größe erscheinen, denen Großzügigkeit und Großmütigkeit als moralische Tugenden einzig angemessen waren (Pöschl/Kondylis 1992).

Alle diese Aspekte der altrömischen politischen, sozialen und ästhetischen *dignitas* kennen wir auch heute noch, wenn wir von der Würde des Amtes, von würdevollem Auftreten oder von einer würdevollen Erscheinung sprechen. Aber Würden dieser Art sind ungleich verteilt, können erworben werden und wieder verloren werden. Man spricht von Formen kontingenter, zufälliger Würden im Plural. Die Würde des Menschen, *dignitas hominis*, gibt es jedoch nur im Singular. Sie gehört allen Menschen in gleicher Weise, wird weder erworben noch kann sie einem Menschen verloren gehen, allerdings kann sie verletzt werden. Im Gegensatz zur altrömischen *dignitas* wird die universale Würde aller Menschen auch inhärente oder intrinsische Würde genannt. Im lateinischen Schrifttum findet sie sich erstmals in der philosophischen Schrift »Vom pflichtgemäßen Handeln« (De officiis I 105 f.) des römischen Redners, Politikers und Schriftstellers Marcus Tullius Cicero (106–43 v. Chr.).

 »Aber es kommt bei der ganzen Untersuchung über die Pflicht (*officium*) darauf an, immer vor Augen zu haben, wie sehr die Natur des Menschen dem Vieh und den übrigen Tieren überlegen ist; jene empfinden nichts außer der Lust und stürzen mit aller Kraft auf sie los, der Geist des Menschen aber nährt sich durch Lernen und Denken, immer erforscht oder tut er etwas und lässt sich von der Freude am Sehen und Hören leiten. Ja, auch wenn sich jemand den Vergnügungen in stärkerem Maße hingibt, … verbirgt und verheimlicht er aus Scham seinen Hang zur Lust, wie sehr er auch von ihr ergriffen wird. Daraus ist ersichtlich, dass körperliche Lust der Vorrangstellung des Menschen nicht voll gerecht wird und dass sie verachtet und abgelehnt werden muss; … Und wenn wir uns vor Augen halten wollen, welche Überlegenheit und Würde (*dignitas*) in unserer Natur liegen, werden wir auch verstehen, wie schändlich (*turpe*) es ist, sich Ausschweifungen zu ergeben und üppig und verweichlicht zu leben, und wie moralisch (*honestum*) es ist, ein sparsames, enthaltsames, ernsthaftes und nüchternes Leben zu führen.«   (Cicero 2008: 57 f.)

Fast beiläufig überträgt Cicero die moralischen und ästhetisch-expressiven Elemente der altrömischen *dignitas* aus dem politischen und gesellschaftlichen Kontext in einen kosmologischen, in dem er von der Überlegenheit und Würde der menschlichen Natur im Gegensatz zur Natur der Tiere spricht. Angemessenen Ausdruck findet die allgemeinmenschliche Würde nach Cicero in den geistig-vernünftigen Tätigkeiten, während das Streben nach Lustgenuss dem Leben der Tiere gleichgesetzt wird. Cicero universalisiert die altrömische *dignitas*, indem er sie statt auf die zufällige Stellung einiger Menschen in der Gesellschaft auf die allen Menschen eignende besondere Stellung in der Welt bezieht. Die universale Würde des Menschen ist somit aus der Seinsordnung des Kosmos abzulesen. Cicero knüpft dabei an einen Topos der griechischen Philosophie an, nach der der Mensch eine besondere Stellung im Kosmos (griech. *kosmos* = Ordnung) innehat, weil er – wie die Götter – mit einer Vernunftseele ausgestattet ist, vermittels der er Einsicht in die vernünftige Ordnung des Kosmos hat und somit dieser Ordnung gemäß sein Leben gestalten kann. Ein vernünftiges Leben zu führen ist nach stoischer Lehre gleichbedeutend mit der Formel, ein naturgemäßes Leben zu führen. In hellenistischer Zeit haben insbesondere die Kyniker und die Stoiker den Gedanken von der besonderen Stellung des Menschen im Kosmos weitergebildet, indem sie den Gedanken der Gleichartigkeit und Verwandtschaft aller Menschen aufgrund ihrer Vernunftnatur hervorgehoben haben. Alle Menschen sind danach gleichartige Bürger im Kosmos, also Kosmopoliten (griech. *polites* = Bürger). Indem Cicero diese griechisch-hellenistischen Ideen mit der altrömischen *dignitas* vermittelt, wird aus der kontingenten politisch-sozialen *dignitas* einiger weniger Würdenträger die universale inhärente Würde des Menschen schlechthin, die *dignitas hominis*.

b)　Menschenwürde als tugendethischer Begriff innerer Freiheit

Welche Funktion erfüllt die Menschenwürde in der Argumentation Ciceros? Sie dient dazu, den Menschen auf eine seiner Weltstellung entsprechenden Lebensführung hin zu orientieren. Dem menschlichen Wesen gebührt es, ein vernunftgemäßes Leben zu führen und nicht, wie die Tiere, vom Luststreben beherrscht zu werden. Die *dignitas hominis* steht im Dienste der antiken Tugendethik, deren Leitfrage ist: Wie muss ich leben, damit mein Leben glückt? Ethische Tugenden sind als erwerbbare Handlungsdispositionen die Mittel zum Erreichen eines gelingenden Lebens. Ohne Tugenden kein Glück! Ob das eigene Leben glückt, liegt nach stoisch tugendethischer Auffassung ganz in der Verantwortung des individuellen Menschen für sein eigenes Leben und die Bildung seines Charakters.

Für einen stoischen Ethiker, denen sich auch Cicero zugehörig fühlt, wäre es wie auch für Sokrates, Platon oder Aristoteles undenkbar gewesen, ein der Lust und den Trieben verfallenes menschliches Leben glücklich zu nennen, weil Glück nach ihrer Vorstellung voraussetzt, dass Menschen in ihrem Leben ihre typisch menschlichen, d. h. ihre vernünftigen

Vermögen entfalten. Bei Cicero bringt die *dignitas hominis* nun den Anspruch, der aufgrund des Vernunftbesitzes hervorgehobenen Stellung des Menschen im Kosmos zu entsprechen, auf den Begriff. Menschenwürde verpflichtet den Menschen darauf, sein Leben gemäß seiner Spitzenstellung im Kosmos zu führen, indem er die Vernunft über die Affekte und Triebe herrschen lässt, so wie die Menschen als Vernunftwesen über die triebgesteuerten Tiere herrschen sollen.

So weit zur Geburtsstunde der abendländischen Idee universaler Menschenwürde. Doch aus heutiger Sicht fehlt in der Antike eine entscheidende Konsequenz: Die antike Idee der Menschenwürde und der natürlichen Gleichheit aller Menschen ist zwar eine Idee des Naturrechts (*ius naturale*), nicht aber des Rechts der Völker (*ius gentium*), das die Grundlage des römischen Rechts ist. Somit begründet die natürliche Gleichheit aller Menschen keine den Gesetzgeber verpflichtenden Menschenrechte und daher auch keine Gleichheit der Menschen vor dem Gesetz! (Flaig 2009: 76 f.) Mag die *dignitas hominis* dem auf sich selbst reflektierenden Menschen seine innere Freiheit zur Affektkontrolle als *Pflicht* zu Bewusstsein bringen, der Schluss auf ein daraus resultierendes *Recht* aller Menschen zur äußeren Handlungsfreiheit wird nicht gezogen. Damit die antike Idee universaler Menschenwürde die Aufgabe der Begründung universaler Menschenrechte übernehmen konnte, bedurfte es einer Reihe von Voraussetzungen, die erst in der Neuzeit entwickelt wurden, wie z. B. ein bestimmtes Staatsverständnis und die Vorstellung subjektiver, jedem menschlichen Individuum zukommender unaufgebbarer Rechte, die von keinem Staat oder Gesetzgeber angetastet werden dürfen (s. o. I.1).

Folglich vertrug sich die stoische Idee von der gleichen Würdestellung des Menschen im Kosmos grundsätzlich mit der gesellschaftlichen Institution der Sklaverei. Denn auch ein Sklave konnte, sofern er sich nicht von seinen Leidenschaften hinreißen ließ, innerlich gemäß der Naturordnung frei sein. Die äußere gesellschaftliche bzw. politische Position wurde dagegen als sekundär angesehen (Flaig 2009: 76 f.). So waren viele stoische Gelehrte selbst Sklavenhalter und fühlten sich nicht im Widerspruch zu ihrer Auffassung. Allerdings führte der Gedanke der natürlichen Vernunftverwandtschaft aller Menschen bei römischen Stoikern wie Seneca (4 v. Chr.–65 n. Chr.) in seinem berühmten 47. Brief an Lucilius über die »Schonende Behandlung der Sklaven« zu der Auffassung, dass ein Sklavenhalter auch im Sklaven den Menschen sehen und entsprechend behandeln sollte. Aber den Einwand, er wolle den Sklaven zur Freiheit verhelfen, weist er von sich. Die Abschaffung der Sklaverei als gesellschaftlicher Institution oder ein Menschenrecht auf Freiheit

wurden in der Antike nicht gefordert, nicht im Namen der Verwandtschaft des Menschengeschlechts und auch nicht im Namen einer *dignitas
hominis*.

2.   Menschenwürde: Von den Pflichten zu den Rechten

a)   Der ethische Paradigmenwechsel

Um mit der Menschenwürdeidee nicht nur für Menschenpflichten, sondern auch für Menschenrechte argumentieren zu können, bedurfte es
der neuartigen politischen Voraussetzungen in der frühen Neuzeit, die
auch die ethische Argumentation grundlegend verändert hat. In der Geschichte der abendländischen Ethik wird ein Paradigmenwechsel von
der in Antike und Mittelalter vorherrschenden Familie der *Strebensethiken* zur neuzeitlichen Familie der *Sollensethiken* diagnostiziert (Krämer
1995: 10 u. ö.). Die Leitfrage der antiken Strebensethiken war: Wie kann
mein Leben glücken? Zweck der Ethik ist somit, das Glück (griech.: *eu-
daimonia*) des Handelnden auf kluge Weise herzustellen, weshalb diese
Ethiken auch eudämonistisch und prudentiell (lat. *prudentia* = Klugheit)
heißen. Als kluge Mittel für die Herstellung des eigenen Lebensglücks
empfehlen die Ethiken die Ausbildung und Einübung von Charakter-
tugenden als fester Handlungsdispositionen, weshalb diese Ethiken auch
Tugendethiken genannt werden. Denn ohne den Erwerb von Tugenden
besteht nach Auffassung der Antike keine Aussicht auf ein gelingendes
Leben.

   Die neuzeitliche Sollensethik ist dagegen primär an der Frage inte-
ressiert: Was ist eine gute bzw. richtige Handlung, die jeder den Anderen
schuldet? Insofern wird antike Strebensethik als »akteurzentriert« und
die neuzeitliche Sollensethik als »handlungszentriert« charakterisiert
(Horn 1998: 192). In der neuzeitlichen Ethik stellt nämlich nicht der
Handelnde die ethische Grundfrage, sondern die Frage wird als Sollens-
forderung »Handle moralisch richtig!« von außen an den Akteur heran-
getragen, sei es von anderen Menschen oder – wie in der christlichen
Moral – von Gott. Ob mit dem moralisch richtigen Handeln gegenüber
anderen auch das Lebensglück des Handlungssubjekts gemehrt wird,
diese Frage steht nicht mehr im Fokus der neuzeitlichen Sollensethik –
zumindest nicht mehr in ihrer säkularisierten Ausprägung. Vielmehr
sind moralisch richtige Handlungen sogar dann gefordert, wenn sie sich
im diesseitigen Leben nicht zum Vorteil des Handelnden auswirken sollten. Der Glücksbegriff wird in der neuzeitlichen Ethik problematisch.

Strebensethik	Sollensethik
Wie kann mein Leben glücken?	Handle moralisch richtig!
akteurzentriert	handlungszentriert
Erwerb sittlicher Tugenden als kluger Weg zum Glück	von außen an den Akteur herangetragener Anspruch
gerechte Behandlung des Anderen ist Teil meines Glücks	moralisch richtiges / gerechtes Handeln ist unabhängig von meinem Glück geboten
moralisch gutes Handeln ist Mittel zu meinem Glück	moralisch richtiges / gerechtes Handeln ist gut an sich

Tabelle 1: Strebensethik vs. Sollensethik

Interessant ist, dass die Idee der Menschenwürde im Kontext der stoischen Ethik und somit einer antiken Ethik aus der Akteursperspektive erstmals formuliert wurde. Die neuzeitliche Idee der Menschenrechte fordert hingegen – wie aus der »Gottesperspektive« (Horn 1998: 192) – welche Handlungen Menschen einander schulden, um dem Streben nach dem *Glück der Anderen* (!) nicht im Wege zu stehen, wie es in den amerikanischen »bills of rights« im ausgehenden 18. Jahrhundert formuliert wurde. Nun wird zu Recht darauf hingewiesen, dass auch die antiken philosophischen Strebensethiken das moralisch richtige Handeln gegenüber Anderen in den Blick nehmen (Horn 1998; Höffe 2007). Aber die Anderen stehen in der philosophischen Antike doch erst an zweiter Stelle, insofern sie notwendig zum gelingenden Leben des Akteurs hinzugehören – denn der Mensch ist von Natur aus ein soziales Lebewesen, das für sich allein nicht glücklich leben kann. Insofern ist schon bei Aristoteles ein gerechter Mensch ein solcher, der seine für sein eigenes Lebensglück erworbenen sittlichen Einstellungen schließlich auch anderen Menschen zugute kommen lässt. Auch ist daran zu erinnern, dass die stoisch-ciceronische Idee der Menschenwürde in der Antike keine menschenrechtlichen Konsequenzen gezeitigt hat, und ferner, dass in der Neuzeit das Glücksstreben des Akteurs der Forderung nach der gerechten Handlung anderen gegenüber untergeordnet wird. So ist nicht zu übersehen, dass das Glücksstreben in der Neuzeit dem gerechten Handeln den Primat überlassen muss. Wie aber können auf diesem Hintergrund die antike tugendethische Idee der Menschenwürde und die neuzeitliche Idee der Menschenrechte in ein produktives begründungstheoretisches Verhältnis zueinander gebracht werden, das ihnen spätestens seit der UNO-Menschenrechtsdeklaration bescheinigt wird?

(Müller 2008: 118 f.) Die gedankliche Vorbereitung dafür, dass die cice-
ronische *dignitas hominis* zur Begründung der neuzeitlichen Menschenrechte werden konnte, hat der Aufklärungsphilosoph Immanuel Kant
(1724–1804) geleistet.

b) Immanuel Kants Menschenwürde als neuzeitliches Produkt von Tugend- und Sollensethik

Aus der Perspektive der beiden diagnostizierten Paradigmen der ak-
teurzentrierten und vermittels Tugenden glücksorientierten Strebensethik auf der einen Seite und der handlungszentrierten Sollensmoral
auf der anderen Seite stellt die Ethik Kants einen »Mischtypus« (Krämer 1995: 12) dar. Aus den antiken Tugendethiken übernimmt Kant
die Akteurperspektive, befreit sie aber von ihrer Aufgabe des Strebens
nach Glück. Stattdessen bestimmt er den Zweck der Ethik im Sinne der
handlungszentrierten Sollensmoral, die in die Grundfrage der philosophischen Ethik mündet: »Was soll ich tun?« (Kant, Bd. IX: 25) In dieser
Frage verbinden sich der dem Handlungssubjekt entgegentretende Sol-
lensanspruch mit der Akteurperspektive und der Handlungszentriert-
heit, und zwar ohne eine weitere Zweckbestimmung. Denn es heißt
nicht: Was soll ich tun, damit mein Leben glückt? Diese Zweckbestimmung macht nach Kant in der Ethik aus mehreren Gründen keinen
Sinn mehr. Erstens braucht die Ethik das Glücksstreben nicht vor-
zuschreiben, weil sowieso jeder danach strebt. Zweitens schwankt die
Auffassung darüber, was mich glücklich macht, erfahrungsgemäß im
Laufe meines Lebens und drittens reicht die Klugheit des endlichen
menschlichen Verstandes ohnehin nicht aus, die Folgen und Nebenfol-
gen samt zufälligen Ereignissen zuverlässig zu kalkulieren. Daher kann
sich am Erreichen des Glückszustands die moralische Güte einer Handlung nicht entscheiden.

   Wahres Glück aber in einem das ganze menschliche Leben umfassenden Sinne ist somit nach Kant kein dem endlichen Menschen verfüg-
barer Gegenstand, sondern ein Gegenstand menschlicher Hoffnung und
gehört in die Religionsphilosophie (Grundfrage: »Was darf ich hoffen?«), auch wenn er mit den antiken philosophischen und den mittel-
alterlichen christlichen Ethikern wenigsten noch darin übereinstimmt,
dass es ohne tugendhaftes Handeln nicht einmal eine berechtigte Hoffnung auf Glück geben kann. Ethik und Religionsphilosophie sind bei
Kant zwar derart einander zugeordnet, dass die Ethik Auskunft gibt
über den Weg zur Glückswürdigkeit als der Basis für eine begründete
Hoffnung auf Glückseligkeit. Aber das höchste Gut des umfassenden

Glücks, nun ethisch näher bestimmt als die vollendete Zusammenstimmung von Glückswürdigkeit und Glückseligkeit, ist – wie gesagt – in dieser Welt für den Menschen nicht erreichbar. Weil somit nur vernünftigerweise erhofft werden darf, dass Gott am Ende aller Tage den nach moralischer Vollkommenheit strebenden Subjekten den gerechten Lohn gemäß ihrer Glückswürdigkeit zuteilen wird, kann sich die philosophische innerweltliche Ethik darauf beschränken aufzuzeigen, wie der Mensch sich durch gutes Handeln als glückswürdig erweisen kann. Der Mensch braucht daher in seinem moralischen Handeln nicht stets auf das Glück als letztes Ziel seines Handelns zu schielen – dies steht gewissermaßen unter einem eschatologischen Vorbehalt –, sondern ist vielmehr aufgerufen, sich in den Grenzen der diesseitigen vorletzten Zeit um die radikale Güte seines Handelns von allem Anfang an zu kümmern. Da eine jede Handlung vom Wollen her ihren Anfang nimmt, ist für Otfried Höffe die Kantische Ethik eine *Willensethik*, die zwar an die antike Strebensethik anschließt, diese aber in entscheidenden Momenten weiterbildet (Höffe 2007: 190–193): Kant entwickelt die antike eudämonistische Tugendethik zu einer autonomen Tugendethik fort (Höffe 2007: 273). Doch vor einer näheren Bestimmung des Autonomiebegriffs ist die Bedeutung der Akteurzentriertheit in Kants Sollensethik zu betrachten.

Nicht auf das Ziel, sondern auf den Anfang einer Handlung kommt es nach Kant an, wenn die Handlung radikal gut sein soll. Die Wurzel des Handelns aber ist im Willen begründet, den zwar Menschen einander nicht ansehen, aber Gott sieht schließlich auch ins »Herz«, dem biblischen Sitz des Willens. Deshalb ist es nach Kant wichtig, dass der Mensch auch selbst sein Herz, d. h. die Grundausrichtung seines Willens – auch Gesinnung genannt – genauestens überprüft. Diese erste aller »Pflichten gegen sich selbst« kann Kant auch mit der von Sokrates zum Ausgangspunkt gemachten Inschrift am Orakel von Delphi (vgl. Horn 1998: 226–231) ausdrücken: »Erkenne dich selbst«, und zwar »nicht nach deiner physischen Vollkommenheit« – was der einzelne Mensch alles so kann – »sondern nach der moralischen in Beziehung auf deine Pflicht – dein Herz, – ob es gut oder böse sei, ob die Quelle deiner Handlungen lauter oder unlauter …« (Kant, Bd. VI: 441) ist. Dieses durch Selbstbeobachtung erworbene Wissen über die moralische Güte der Motive seines Handelns wurde schon früh »Gewissen« genannt (vgl. Fonk 2004). Auch für Kant ist das Gewissen jene innere Instanz, vor der ein Mensch Rechenschaft ablegt über die Beweggründe seines Handelns und sie zugleich nach dem Maßstab von gut und böse beurteilt. Insofern kann Kant das Gewissen das »Bewußtsein eines inneren Gerichtshofes

im Menschen« nennen, »vor welchem sich seine Gedanken einander ver-
klagen oder entschuldigen« (Kant, Bd. VI: 438), wie es schon bei Paulus
in Röm 2,15 heißt. Das Gewissen ist somit die Instanz, vor der ein
Mensch nicht nur seine äußeren Handlungen, sondern sogar seine Motive, die Beweggründe seines Willens, in dieser Welt vor sich selbst zu
verantworten sucht (s. u. S. 83 Abb. 4).

Es ist nach Kant also außerordentlich wichtig, dass ein Akteur darauf achtet, dass er nicht nur – äußerlich betrachtet – das vorschrifts-
mäßig Richtige tut, sondern auch in seinem Innersten das moralisch
Gute will. Kant nennt das Handeln nach Vorschrift »Legalität«, das Handeln aus einem guten Willen heraus »Moralität«. Moralität bedeutet,
dass ein Akteur sich nicht von seiner Lust hinreißen oder von seiner
Vorteilssuche korrumpieren lässt, sondern innerlich das Gute um des
Guten willen bejaht, indem er seinen Willen an nichts als an das Gute
bindet. Das moralisch Gute soll für den Willen des Akteurs somit verbindlich sein. Verbindlichkeit bedeutet nichts anderes als Pflicht. Deshalb wird die Kantische Ethik auch als Pflichtenethik oder als deonto-
logische Ethik (griech.: *deon* = Pflicht, das Gebotene) bezeichnet. Seinen
Willen an das Gute binden heißt demnach, sich selbst verpflichten, das
Gute zu tun. Nur dadurch, dass der Mensch zur Selbstverpflichtung
fähig ist, ist er prinzipiell in der Lage, radikal gut zu handeln, und zwar
auch gegenüber Anderen. Vom stoisch-strebensethischen Begriff der
Pflicht unterscheidet sich der sollensethische Kants durch die Unbe-
dingtheit des Gebotenseins, d. h. durch seine Unabhängigkeit vom
schwankenden Glücksstreben (vgl. Horn et al. 2007: 175 ff.).

Die Selbstverpflichtungsfähigkeit des Handlungssubjekts ist somit
die Vorbedingung für intersubjektive Verbindlichkeit und Verlässlichkeit. Daher stellt Kant in §§ 1–3 der Tugendlehre seiner »Metaphysik
der Sitten« (Kant, Bd. VI: 417 f.) die Frage: Wie muss ich mir mich als
eine verbindlich handelnde menschliche Person vorstellen, um zu dem
Begriff von Selbstverpflichtung als Grundbegriff moralischer Verbindlichkeit überhaupt zu kommen? Es bedarf also einer Theorie moralischer
Subjektivität, die Kant mit dem Modell eines bindenden Vertrags mit
sich selbst darstellt, in dem das Handlungssubjekt sowohl als verpflich-
tendes als auch als verpflichtetes Ich auftritt. Dann verwandelt sich die
von einem externen Standpunkt aus gestellte sollensethische Frage: *Welche Handlung kann ein Gegenüber* gerechterweise (von einem Handelnden überhaupt) *erwarten?* in die aus der Akteursperspektive der ersten
Person gestellte: Zu welchen moralisch richtigen Handlungen Anderen
gegenüber *muss ich mich selbst verpflichten?* Sich selbst Fragen dieser Art
stellen und sie unabhängig vom eigenen Vorteil oder der momentanen

Neigung beantworten zu können, ist für Kant Kennzeichen der Würde des Menschen. Denn diese Fragen zeigen, dass sich Menschen selbst als Urheber moralischer Handlungen denken, dass sie sich ihr Tun selbst zurechnen und für die moralische Güte dieser Handlungen Verantwortung übernehmen.

c)   Autonomie als entscheidendes Kennzeichen der Menschenwürde in der Neuzeit

Kant folgt den antiken Tugendethiken auch darin, dass das Gute zugleich auch das Vernünftige, also das durch Vernunft Erkennbare ist. Kant ist also ein Vertreter einer kognitiven, durch Vernunft ermittelbaren Ethik. Wenn Verpflichtungsfähigkeit des Handlungssubjekts somit heißt, seinen Willen an das Gute binden zu können, dann heißt es zugleich, seinen Willen von nichts anderem als der Vernunft und nicht von seinem Streben nach Glück bestimmen lassen zu können. Das setzt voraus, dass der Wille sich von den zufälligen Neigungen und schwankenden Affekten distanzieren kann, um nicht diesen, sondern der vernünftigen Einsicht zu folgen. Sich vom Einfluss der Neigungen frei machen zu können, nennt Kant *negative Freiheit* des Willens. Diese bildet die Voraussetzung für die *positive Freiheit* des Willens, sich an die vernünftige Einsicht zu binden, d. h. sich zu verpflichten.

Um nun moralisch gute von moralisch bösen Handlungen unterscheiden zu können, bedarf es eines Kriteriums. Die Stoiker hatten als Maßstab guten Handelns die Orientierung an dem von den Göttern vernünftig eingerichteten Kosmos empfohlen, dessen Gesetzlichkeit der Mensch als Vernunftwesen ablesen könne. Alle Dinge im Kosmos strebten nach Ansicht der Stoiker nach ihren von der göttlichen Vernunft gesetzten Zielen (griech. *telos* = Ziel, Zweck, Sinn). So solle es auch der Mensch tun. Das stoische Moralprinzip lautete daher: Vernünftiges Handeln ist naturgemäßes Handeln.

Die neuzeitlichen Naturwissenschaften verwarfen seit dem Physiker und Astronomen Galilei den teleologischen Naturbegriff der Antike. Zwecke und Ziele seien in der Natur nicht erkennbar, sondern nur Ursachen und Wirkungen. Der Apfel hat nicht das *Ziel*, auf die Erde zu fallen. Vielmehr wird die beobachtbare *Wirkung*, dass er immer auf die Erde fällt, von der Gravitationskraft *verursacht*. Wenn aber die Natur kein Zweckzusammenhang ist, sondern nur ein Ursache-Wirkungsgefüge, dann können aus ihr auch keine vernünftig moralisch gebotenen Handlungszwecke mehr abgelesen werden. Folglich muss die menschliche Vernunft sich nicht nur selbst auf kluge Weise Handlungszwecke setzen, sondern auch *selbst* ein *Kriterium* hervorbringen, mit dem sie Handlungszwecke moralisch nach gut und böse beurteilt.

Das Kriterium für die moralisch vernünftige Handlungsordnung nennt Kant Kategorischer Imperativ (= unbedingt geltende Sollensvorschrift), der in seiner ersten Formulierungen lautet:

 »handle nur nach derjenigen Maxime, durch die du zugleich wollen kannst, dass sie ein allgemeines Gesetz werde.«

(Kant, Bd. IV [GMS]: 421)

Dieses Handlungsgesetz soll so allgemeingültig und notwendig für die Ordnung des Handelns gelten wie Naturgesetze allgemeingültig und notwendig für die Ordnung der Natur gelten. Dass der Vergleich mit den Naturgesetzen aber nur eine Analogie ist, unterstreicht das hypothetische »als ob« in der so genannten Naturgesetzformel des Kategorischen Imperativ:

 »handle so, als ob die Maxime deiner Handlung durch deinen Willen zum allgemeinen Naturgesetz werden sollte.« (ebd.)

Auf moralische Zwecke zielende Handlungsnormen sollen zwar wie Naturgesetze verlässliche Orientierungen bieten, können aber nicht von ziellosen Naturgesetzen abgeleitet werden. Das von sinnlichen Neigungen wie auch von sinnlicher Naturerfahrung unabhängige und deshalb »unbedingte« Vernunftgesetz des Kategorischen Imperativs ist somit die vernünftige oberste Sollensregel, die sowohl als Maßstab für bestimmte grundsätzliche Lebenseinstellungen (Höffe 2007: 268–276) – Kant spricht von subjektiven Maximen des Willens – wie auch für Handlungen eines endlichen vernünftigen Akteurs dient: den Kategorischen Imperativ. Nun sind alle Komponenten von Kants Begriff sittlicher *Autonomie* (griech.: *autos* = selbst; *nomos* = Gesetz) benannt:

1.) Autonomie heißt, dass die menschliche Vernunft *das gesetzliche Prinzip für die menschliche Handlungsordnung* hervorbringt.
2.) Autonomie heißt, dass es die *Vernunft des Menschen selbst* ist, die das Handlungsprinzip hervorbringt.
3.) Autonomie heißt aber auch, dass *der menschliche Wille sich selbst* an die selbst eingesehene Vernunftregel *bindet*, d. h. verpflichtet, statt sich von seinen wechselhaften Neigungen und Vorlieben, seinem Glücksstreben, hin und her treiben zu lassen.

Autonomie heißt also vernünftige und verbindliche *Selbstgesetzgebung* eines sittlichen Subjekts, und ist von einer beliebigen subjektiven Selbstbestimmung »nach Lust und Laune« scharf zu unterscheiden, weil diese

die Bindung des Willens an die gesetzmäßige Vernünftigkeit außer Acht
lässt. Wenn Kant nun in der »Grundlegung zur Metaphysik der Sitten«
(GMS) schreibt:

 »Autonomie ist der Grund der Würde der menschlichen und jeder vernünftigen Natur.«   (Kant, Bd. IV: 436),

dann trägt er alle drei genannten Momente der Autonomie in den Begriff der Menschenwürde ein, der streng an die erstpersonale Akteursperspektive gebunden bleibt. Autonomie wird also in der Neuzeit zu
dem entscheidenden Kennzeichen menschlicher Würde. Aus der in der
Seinsordnung verwurzelten stoischen Strebensethik ist bei Kant eine autonome Vernunftethik geworden, in der sich der Mensch bewusst wird,
dass er von der Freiheit seiner Vernunft in Anspruch genommen ist.

Autonomie bedeutet somit nicht, Beliebiges zu wollen, sondern nur
zu beabsichtigen, was man nach dem Maßstab seines Vernunftgesetzes
rechtfertigen kann. Mit Hilfe des Kategorischen Imperativs prüft der
Akteur, ob er seine Maximen und Handlungen moralisch widerspruchsfrei in Bezug auf sich selbst als eines verpflichtungsfähigen Subjekts
denken kann *und* ob er des weiteren *wollen* kann, dass alle Vernunftwesen so wollen und handeln würden, ob also die Maximen und Handlungen in dieser zweifachen Weise – denken und wollen – verallgemeinerbar (universalisierbar) sind. Wer z. B. behauptet, Versprechen müssen
nicht gehalten werden, der verwickelt sich gemäß dem Kriterium des
Kategorischen Imperativs nach Kant in einen moralischen Selbstwiderspruch, denn er würde das Versprechen als Vermittlung von Verbindlichkeit zwischen moralischen Subjekten in der Wurzel zerstören. Der
Satz: Ich will Versprechen grundsätzlich nicht halten!, ist nach Kant
schon allein deshalb nicht *denkbar*, weil mir dann niemand mehr glauben und meine Maxime folglich sinnlos würde –, ganz abgesehen davon,
dass man auch nicht ernsthaft *wollen* kann, dass alle anderen so handeln. Ein Versprechen in der Absicht abzugeben, es nicht zu halten, läuft
darauf hinaus zu sagen: Ich weiß, dass ein Versprechen zu halten grundsätzlich Pflicht ist, aber ich halte grundsätzlich keine Versprechen. Dabei
ist das Argument nicht, ob das Versprechen meinem oder eines anderen
Glück zu- oder abträglich sein könnte. Es geht also nicht – wie bei kon-
sequenzialistischen Ethiken – um die Abwägung möglicher Handlungsfolgen. Die Kantische Ethik ist eine Pflichtenethik; die tatsächlichen
Konsequenzen einer Handlung für das Gelingen irgendjemandes Leben
spielt für die Beurteilung der moralischen Güte einer Handlung keine
Rolle, schon alleine deshalb, weil niemand die Folgen bzw. Wirkungen
seiner Handlungen in der Welt vollständig in der Hand hat. So manche

böse Tat hat schon Gutes bewirkt und umgekehrt. Kant sucht aber ein Kriterium, mit dem gute von bösen Handlungen und nicht gute von bösen Folgen unterschieden werden können. Deshalb gilt dieselbe Beurteilung wie für das vorsätzliche Brechen eines Versprechens auch für die Lüge. Kants scharfe Formulierung: »Die Lüge ist Wegwerfung und gleichsam Vernichtung seiner Menschenwürde.« (Kant, Bd. VI: 429), lässt sich nur richtig verstehen, wenn man nicht den Blick auf eine vom Akteur losgelöste logische Widerspruchsfreiheit von Aussagen richtet, sondern vom Standpunkt der ersten Person aus sich selbst als der Verpflichtung fähiges, also moralisches Subjekt analysiert und die eigene Verbindlichkeitsstruktur freilegt. Deshalb qualifiziert Kant die Lüge auch als »Widerspiel der Wahrhaftigkeit« (ebd.), und nicht als einen logischen Widerspruch einer unpersönlichen objektiven Wahrheit. Wahrhaftigkeit ist die innere Nichtwidersprüchlichkeit eines moralischen Subjekts, Wahrheit bezieht sich dagegen auf einen subjektunabhängigen Aussagenkomplex. Denn Lüge vs. Wahrhaftigkeit und Versprechenstreue vs. Unzuverlässigkeit setzen die Verpflichtungsfähigkeit moralischer, willensbegabter Subjekte voraus.

d) Menschenwürde als Würde des anderen Menschen – oder: Wie handle ich menschenwürdig?

Mit dem Kriterium des Kategorischen Imperativs zur Beurteilung der moralischen Güte von Maximen und Handlungen macht Kant den Schritt von der stoischen *Selbstgenügsamkeit* der Vernunft, der *Autarkie*, zur *Autonomie* als der sittlichen *Selbstgesetzgebung* der menschlichen Vernunft. Autark war die Vernunft nach stoischer Lehre, weil sie das Glück frei von inneren Leidenschaften und unabhängig von äußeren Gütern wie z. B. der Handlungsfreiheit glaubte selbst herstellen zu können. Deshalb hatte gemäß der Stoa sogar der Sklave es ganz in seiner Hand, sich durch Affektkontrolle und vernünftige Beurteilung seiner Handlungsmöglichkeiten in den Vollbesitz des Glücks zu bringen. Diese Auffassung kann Kant als neuzeitlicher Philosoph und Ethiker moralischer Autonomie nicht mehr teilen. Denn Autonomie als Selbstgesetzgebung der Vernunft ist Ausdruck der inneren Freiheit des Willens, sich an eine vernünftige Handlungsabsicht zu binden und verlangt daher nach Handlungsfreiheit als Zeichen unvertretbarer äußerer Freiheit. Deshalb folgt für Kant aus der selbstreflexiven Erkenntnis seiner selbst als von der eigenen Vernunft beanspruchtes Subjekt von Handlungsverantwortung – Kant nennt dies »Person« – die moralische Pflicht der Anerkennung der gleichartigen moralischen Subjektivität und damit der Achtung vor der Würde anderer Menschen. Die Bindung des Respekts vor anderen Menschen an die Voraussetzung des Selbstrespekts war schon von Pufendorf vorgedacht worden (s. o. I.3). Dieser Respekt vor der Würde moralischer Verantwortungsfähigkeit verbietet, dass Menschen sich selbst und einander zu Instrumenten eigennütziger Absichten degradieren. Die aktuelle Rede vom »Instrumentalisierungsverbot« geht hierauf zurück.

 »Allein der Mensch, als *Person* betrachtet, d. i. als Subject einer moralisch-praktischen Vernunft, ist über allen Preis erhaben; denn als ein solcher (*homo noumenon*) ist er nicht blos als Mittel zu anderer ihren, ja selbst seinen eigenen Zwecken, sondern als Zweck an sich selbst zu schätzen, d. i. er besitzt eine *Würde* (einen absoluten inneren Werth), wodurch er allen andern vernünftigen Weltwesen *Achtung* für ihn abnöthigt, sich mit jedem Anderen dieser Art messen und auf den Fuß der Gleichheit schätzen kann.«   (Kant, Bd. VI [MS]: 434)

Aufschlussreich an diesem Textstück ist, dass Kant zu der Erkenntnis der Gleichheit der Würde aller Menschen nicht vom theoretischen Standpunkt eines unbeteiligten Beobachters kommt – auch gar nicht kommen kann, weil »Würde« als vernünftige Willensbestimmung ein »innerer Werth« ist, der von außen nicht beobachtbar ist. Die *dignitas hominis* ist nach Kant also wesentlich eine *dignitas interna*, gewonnen aus der moralphilosophischen Selbstanalyse. Vielmehr verallgemeinert Kant vom moralischen Standpunkt der ersten Person aus die Einsicht in die eigene Würde als prinzipieller Möglichkeit autonomer Ausrichtung des eigenen Willens an das vernünftige Moralgesetz. Das impliziert eine für aktuelle medizinethische Diskussionen wichtige Konsequenz: Würde als innerer Wert ist nur aus der moralischen Selbstreflexion gewinnbar und daher von außen weder zu- noch absprechbar. Das heißt: es gibt keinen von einem unbeteiligten Beobachterstandpunkt erst durch empirische, in der Seinsordnung messbare Leistungsmerkmale zu ermittelnden »moralischen Status«, sondern nur die von der eigenen Vernunft auferlegte Pflicht zu menschenwürdigem, verantwortlichem Handeln. Sobald ich meiner eigenen Würde der Moralfähigkeit als Mensch innegeworden bin, habe ich in Bezug auf andere nichts als das äußere Indiz ihres Menschseins, das mich zur Anerkennung fremder Menschenwürde nötigt. Der Andere ist ein Mensch wie ich – so muss ich davon ausgehen, dass er unter dem gleichartigen sittlichen Anspruch der Vernunft steht wie ich. Nur wenn ich mich selbst als ein Wesen von Verbindlichkeit wahrnehme und als solches geachtet zu werden erwarte, erkenne ich auch andere, mir äußerlich gleichartige Wesen als Träger gleichartiger, respektheischender Würde. Die so genannte »Zweck an sich selbst«-Formulierung des Kategorischen Imperativs bringt den Fundierungszusammenhang von Achtung der eigenen Würde und Achtung der Würde Anderer zum Ausdruck:

 »Handle so, dass du die Menschheit sowohl in deiner Person als in der Person eines jeden anderen jederzeit zugleich als Zweck und niemals bloß als Mittel brauchest.« (Kant, Bd. IV [GMS]: 429)

Statt von »Würde« spricht Kant in der Formel von der (Idee der) »Menschheit«, die sowohl in der eigenen als auch in einer jeden anderen menschlichen Person im Zuge jeder Handlung respektiert werden muss. Die Reihenfolge der Nennung spiegelt die Unhintergehbarkeit des selbstreflexiven moralischen Standpunkts der ersten Person. Allerdings ist damit zunächst nur der Ausgangspunkt einer normativen Ethik bestimmt: das sittliche Selbstbewusstsein eines seiner Würde inne werdenden Handlungssubjekts. Welche spezifische Handlung sich in einer bestimmten Handlungssituation als die jeweils gebotene darstellt, dazu bedarf es weiterer Schritte – nach Kant die Anwendung moralischer Urteilskraft –, die wir hier aber nicht weiter verfolgen können.

e) Das Menschenrecht auf Freiheit: Ethik und Recht

Als Ethiker im Zeitalter der Menschenrechtsdeklarationen bleibt Kant aber nicht bei der Formulierung eines moralischen Anspruchs auf Achtung der Menschenwürde stehen. Wer einfach aufgrund seines Menschseins unter dem Würdeanspruch moralisch-vernunftgemäßer Lebensführung steht, der hat nach Kant auch einen rechtlich einklagbaren Rechtsanspruch auf die dazu notwendige äußere Handlungsfreiheit. Deshalb ist Sklaverei für Kant mit der *dignitas interna* prinzipiell unverträglich. Allerdings können und dürfen Gesetzgeber und Recht niemanden dazu zwingen, eines Anderen Anspruch auf Achtung seiner Würde willentlich anzuerkennen. Denn Anerkennung ist ein innerer Akt willentlicher Zustimmung und als solcher ohnehin dem äußeren Zwang unzugänglich. Aber vor allem wäre der Versuch, den Willen eines Anderen z.B. durch Folter oder Zwang zu brechen, seinerseits eine Verletzung seiner in Autonomie (Selbstgesetzgebung) gründenden Würde. Im Gegensatz dazu darf der Gesetzgeber alle Menschen in seinem Einflussbereich dazu zwingen, wenigstens durch äußere Handlungen nicht gegen moralisch legitime Rechtsnormen zu verstoßen, mögen Menschen auch darüber denken, was sie wollen. Ein äußerer Gesetzgeber darf und kann also rechtmäßige äußere Handlungen »gemäß dem Gesetz« (Legalität) erzwingen, nicht aber tugendhaftes oder ethisches Handeln »aus Achtung vor dem Gesetz« (Moralität).

Mit dieser Unterscheidung von innerer und äußerer Handlung, von innerer Willens- und äußerer Handlungsfreiheit formuliert Kant eine für die Moderne grundlegende Ausdifferenzierung der Moralphilosophie in Ethik und Recht (zum Folgenden Steigleder 2002: 131–160). *Einerseits bezieht Kant das Recht auf die Ethik*, insofern er einem Gesetzgeber nur unter der Bedingung das Recht zugesteht, zur äußerlichen Beachtung der Gesetze zwingen zu dürfen, wenn diese Gesetze moralisch nicht illegitim sind: So darf ein Gesetzgeber keine mörderischen oder betrügerischen Gesetze erlassen. Moralisch gerechtfertigtes Recht darf nicht verbieten, was ethisch geboten ist und es darf nicht vorschreiben, was ethisch verboten ist. Daraus folgt, dass nach Kant alle Rechtspflichten auch Tugendpflichten sind. *Andererseits unterscheidet Kant Recht und Ethik* insofern, als das Recht nur äußere Handlungen zu regeln befugt ist, es aber nicht darauf absehen darf, die Willensausrichtung als innere Handlung durch Zwangsmaßnahmen zu brechen. Daraus folgt, dass nicht alle Tugendpflichten, vor allem nicht die Tugendpflichten gegen sich selbst, zu Rechtspflichten gemacht werden dürfen. Denn das Recht regelt nur die äußeren Verhältnisse zwischen Personen, die als Träger autonomer Würde einen Rechtsanspruch auf äußere Handlungsfreiheit haben. Es hat nicht die Aufgabe, Menschen zur Tugendhaftigkeit zu erziehen.

Ethik / Moralphilosophie / »Tugendlehre«	Rechtslehre
normiert Maximen und Handlungen	normiert nur äußere Handlungen, nicht Maximen
Handeln aus Achtung für das Gesetz	Handeln gemäß dem Gesetz
Moralität als Tugendpflicht	Legalität als Rechtspflicht

Tabelle 2: Zum Verhältnis von Ehtik und Recht nach Kant

Das Recht des Gesetzgebers zu zwingen, d. h. die äußere Handlungsfreiheit einzuschränken, wird somit an einen moralischen Maßstab gebunden, der den Zweck hat, die sittliche Autonomie eines jeden durch den größtmöglichen, aber gleichen Handlungsspielraum zu schützen. Der Gesetzgeber ist also auch selbst an die moralische Forderung der Unparteilichkeit gebunden, die niemanden übervorteilt, sondern die Gleichheit eines jeden moralischen Subjekts vor dem Sittengesetz auch im Staat durch eine moralisch legitime Rechtsordnung gewährleistet. Die rechtsethische Formulierung des Kategorischen Imperativs lautet daher:

»Handle äußerlich so, dass der freie Gebrauch deiner Willkür mit der Freiheit von jedermann nach einem allgemeinen Gesetze zusammen bestehen könne«   (Kant, Bd. VI [MS]: 231)

und ist eine Vorschrift nur für äußere, nicht aber für innere Handlungen (Maximen).

Das bedeutet, dass die Würde des Menschen als Anspruch an sich selbst zur autonomen Willensbestimmung eine subjektive Rechte begründende Drittwirkung entfaltet. Alle Rechtssubjekte sind somit auch rechtlich gegeneinander verpflichtet, ihre Handlungsfreiheitsräume zu respektieren. Obwohl Kant vom Würdebegriff in seiner Rechtslehre terminologisch keinen Gebrauch macht, generiert die sittliche innere Würde der Autonomie das »angeborene«, »natürliche« Recht auf äußere Handlungsfreiheit. Dieses »angeborene« Recht auf äußere Freiheit ist die subjektivrechtliche Erscheinungsseite der »tugend«-ethisch aus der Akteursperspektive freigelegten Menschenwürde. Dieses »einzige, ursprüngliche, jedem Menschen kraft seiner Menschheit zustehende Recht« (Kant, Bd. VI: 237) wird schon von Kant selbst in erste spezifischere Grundrechte des Schutzes seiner Persönlichkeit und Handlungsfreiheit weiter entfaltet. Kant spricht hier von »Befugnissen«, die schon »im Princip der angebornen Freiheit« (ebd. 238) liegen und daher gleichermaßen durch die sittliche Autonomie des Individuums gerechtfertigt sind. – Es ist also die in der sittlichen Autonomie gründende Würde als *dignitas interna* eines jeden Menschen, die seine unveräußerlichen Menschenrechte begründet und garantiert.

III. *Theologie:* Die Würde sittlicher Autonomie als Fundament einer christlichen Ethik der Menschenwürde

Autonomie ist nach wie vor ein Reizwort – in der aktuellen medizinethischen Debatte, in der theologischen Ethik und im kirchlichen Lehramt. Die Rezeption der sittlichen Autonomie stellt sich ähnlich wie diejenige der Idee der Menschenrechte als eine schwierige Lerngeschichte dar. Heute ist in Philosophie, Recht, Psychologie, Theologie und kirchlichem Lehramt in vielerlei Weise von Autonomie die Rede. In positiver Weise rezipiert die Pastoralkonstitution »Gaudium et Spes« den Begriff in der Rede von der »Autonomie der irdischen Wirklichkeiten« (GS 36), mit der die kirchliche Anerkennung der Eigengesetzlichkeit und Unabhängigkeit der Wissenschaften und Sachbereiche von der theologischen Perspektive zum Ausdruck gebracht wurde. Im Hintergrund stand hier

die heute als peinlich empfundene kirchliche Verurteilung des Astronomen Galileo Galileis (1564–1642) als Ketzer, weil er aus physikalisch-
mathematischen Gründen das in der Bibel vorausgesetzte geozentrische
Weltbild bestritten hatte. Aber auch die Autonomie des Staates wird von
der Kirche anerkannt, der Staat also von dem Anspruch der Parteinahme
für eine bestimmte Religion oder Glaubensgemeinschaft befreit. Die Säkularisierung des Staates ist eine wichtige Errungenschaft, die ein voll-
umfängliches Grundrecht auf Religionsfreiheit überhaupt erst möglich
macht (s.o. I. 5 b). Im Folgenden soll aber nur von der sittlichen Autonomie im Sinne der Kantischen Ethik die Rede sein. Denn im Zentrum
unseres Interesses steht nicht der Autonomiebegriff an sich mit allen
seinen möglichen Verwendungen, sondern nur die sittliche Autonomie
als elementare Bestimmung der Idee der Menschenwürde mit Blick auf
ihre Begründungsfunktion für die Idee universaler Menschenrechte.

1. Autonomie oder Theonomie? –
das begründungstheoretische Problem

Für christliche Theologen war Kants Ethik der Autonomie lange eine
Provokation. Zum einen wurde Autonomie oft als beliebige Selbstbestimmung aufgefasst. Dass es sich dabei um ein Missverständnis handelt, ist aus der Analyse sittlicher Autonomie bei Kant deutlich geworden
(s.o. II.2.c). Ein anderer Einwand wiegt theologisch schwerer: Autonomie erscheint als moralische Hybris, als Selbstermächtigung des Menschen und Aufstand gegen Gott. Nicht länger von Gott wolle sich der
Mensch in der Neuzeit die moralischen Gebote geben lassen, sondern
von der eigenen Vernunft; der Mensch wolle die Moral autonom (griech.:
autos = selbst, *nomos* = Gesetz), statt theonom (griech.: *theos* = Gott) verstehen. Es geht letztlich um ein Begründungsproblem im Gewand eines
Autoritätsproblems: Ist ein moralisches Gebot deshalb gut, weil Gott es
befohlen hat? Oder muss man nicht eher annehmen, dass Gott bestimmte Gebote befohlen hat, weil sie moralisch gut sind? Die erstgenannte
Argumentation betont die Allmächtigkeit Gottes, die bis zu der Vorstellung ausgedehnt wurde, dass Gott sogar schlechte Gesetze geben könne,
wenn er das wolle, weil der absolut freie Gott nicht durch menschliche
Vorstellungen von gut und böse eingeschränkt zu denken sei. Solche
extremen theologischen Positionen völliger Abhängigkeit des Menschen
von der willkürlichen Allmächtigkeit Gottes wurden von Vertretern des
theologischen Voluntarismus (Primat des [göttlichen] Willens vor der

Vernunft; von lat. *voluntas* = Wille) durchaus vertreten, z. B. durch Wilhelm von Ockham (1285–1349).

Der zweite Vorschlag betont dagegen die Güte anstelle der Allmacht Gottes, durch die eine irreleitende Gesetzgebung nicht denkbar ist. Denn Gott will doch letztlich ein heilvolles und gelingendes Leben der Menschen und all seiner Geschöpfe. Durch eine irreleitende Gesetzgebung würde er sowohl sich selbst als auch seine Geschöpfe dauernd in Selbstwidersprüche verwickeln. Gutsein heißt also zugleich widerspruchsfrei denkbar und damit der Vernunft zugänglich sein. Wenn also letztlich Gott die sittlichen Gebote gegeben hat, weil sie sittlich gut sind, dann müssen sie zugleich auch der von Gott geschaffenen menschlichen Vernunft zugänglich sein, vermittels der der Mensch sein Leben gut führen soll. Dies trifft dann sogar auf jene Menschen zu, die von dem biblischen Gott und seinen am Sinai dem jüdischen Volk gegebenen Zehn Geboten, dem jüdischen Gesetz, nichts wissen – die gleichfalls von Gott geschaffenen Heiden. Denn offensichtlich finden sich auch unter ihnen Menschen, die sittlich gut handeln. Diese Feststellung machte schon Paulus im Römerbrief 2, 14–16, die als Kernstelle für die christliche Lehre vom natürlichen Gewissen gilt (Fonk 2004: 55–64):

> »Wenn Heiden, die das Gesetz nicht haben, von Natur aus das tun, was im Gesetz gefordert ist, so sind sie, die das Gesetz nicht haben, sich selbst Gesetz. Sie zeigen damit, dass ihnen die Forderung des Gesetzes ins Herz geschrieben ist; ihr Gewissen legt Zeugnis davon ab, ihre Gedanken klagen sich gegenseitig an und verteidigen sich – an jenem Tag, an dem Gott, wie ich es in meinem Evangelium verkündige, das, was im Menschen verborgen ist, durch Jesus Christus richten wird.«   (Röm 2, 14–16)

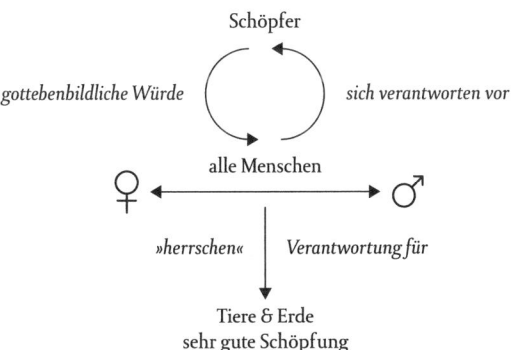

Abbildung 2: Der Mensch als Repräsentant und Gegenüber des Schöpfers (Gen 1,26 ff.)

Es gibt also nach Paulus, der hier an die stoisch-popularphilosophische Gewissenslehre seiner Zeit anknüpft und diese im Kontext seiner Rechtfertigungslehre weiterentwickelt, ein natürliches Vermögen aller Menschen, das sittlich Gute, das zu tun ist – das natürliche Sittengesetz –, selbst zu erkennen. Allerdings stellt Paulus die qua natürlichem geschaffenen Gewissen vorgenommene Selbstbeurteilung der Beweggründe des Handelns unter den Vorbehalt des endzeitlichen Urteils Gottes als des Richters aller Menschen (1 Kor 4, 4 f.; Fonk 2004: 62; Stein 2007: 107). Denn auch Paulus weiß, wie gerne der Mensch sich auch selbst etwas vormacht. Nichtsdestotrotz erkennt er das natürliche Gewissen als moralische Lebensführungskompetenz an.

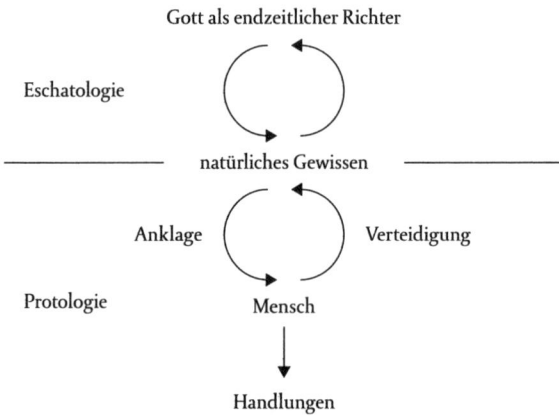

Abbildung 3: Der Mensch vor seinem Gewissen und vor Gott nach Röm 2,15

Im Gegensatz zu Paulus verknüpfen die Kirchenväter dieses natürliche Moralvermögen mit der in Gen 1, 26–28 allen Menschen von Gott verliehenen Gottebenbildlichkeit und gleichzeitig mit der Vernunft der griechischen philosophischen Traditionen. Auch der Kirchenlehrer Thomas von Aquin (1224–1274) knüpft an die stoisch inspirierte Gewissenslehre an, die er mit einer christlich interpretierten stoischen Naturrechtslehre und der aristotelischen Tugendlehre verknüpft. Mit der Gottebenbildlichkeit wird der Mensch von seinem geschöpflichen Anfang her (Protologie) in den bleibenden Verantwortungsauftrag vor den Schöpfer für sein Handeln in der Welt gestellt (vgl. Groß 2000), während Paulus den Menschen eher von seinem geschöpflichen Ende her (Eschatologie) retrospektiv als endgültig für das gelebte Handeln in der Welt zur Verantwortung Gezogenen vor Gott als endzeitlichen Richter in den Blick nimmt. Allerdings scheint bei Paulus mit der Lehre vom natürlichen Gewissen auch jene Zwischeninstanz auf, vermittels der der Mensch sich sein Handeln vorläufig auch schon selbst zurechnen und beurteilen kann, d.h. moralische Selbstverantwortung realisiert. Somit stehen in Form der Lehre von der Gottebenbildlichkeit und der Lehre vom natürlichen menschlichen Gewissen jene biblischen Grundelemente bereit, die in die neuzeitliche Idee der Menschenwürde als sittlicher Autonomie eingegangen sind.

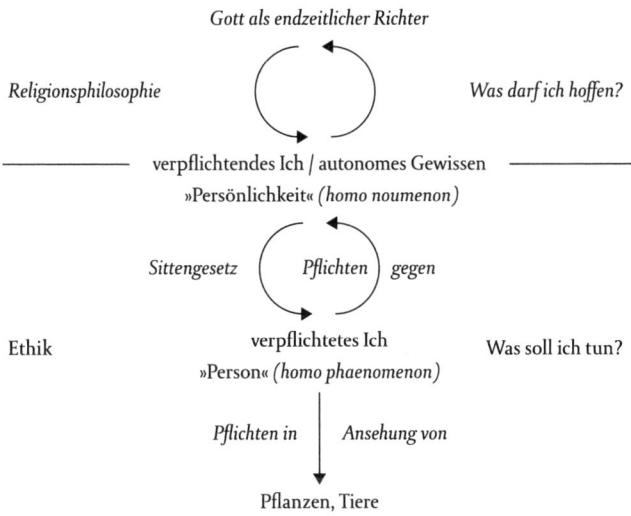

Abbildung 4: Selbstverpflichtung nach I. Kant (MS, Tugendlehre §§ 1–3, 13 f., 16-18)

2.   Christentum und Sklaverei – die menschenrechtliche Nagelprobe

Die Gottebenbildlichkeit wurde schon früh als das biblische Gegenstück zu Ciceros *dignitas hominis* betrachtet. Die beiden Traditionen interpretieren sich im Laufe der Geschichte immer wieder gegenseitig und bilden zusammen die Wurzeln der abendländischen Idee der Menschenwürde. Allerdings teilt die theologische Idee der Gottebenbildlichkeit des Menschen in Antike und Mittelalter weitgehend das Schicksal der *dignitas hominis:* sie bleibt menschenrechtlich folgenlos. Es ist zwar ein methodischer Fehler in Bezug auf die geschichtswissenschaftliche Betrachtung, geschichtlich frühere Zustände mit erst später entstandenen

Maßstäben – also die antike Verwendung der Gottebenbildlichkeit mit dem neuzeitlichen Maßstab der Menschenrechtsidee – zu messen, aber es schmerzt doch immer wieder, dass Christen nicht von Anbeginn an gegen die Institution der Sklaverei vorgegangen sind. Das spiegelt sich nicht zuletzt darin, dass die Forschung sich dieser Frage immer wieder widmet (im Folgenden Flaig 2009; Kreuzer/Schottroff 2009; Otto 2001).

Sklaverei ist nicht erst in der griechischen und römischen klassischen Antike, sondern im gesamten Alten Orient und somit auch im Alten Testament eine soziale Realität. Allerdings besitzt der hebräische Begriff *aebaed* eine große Bedeutungsbreite. So kann er vom Sklaven bis zum Minister alle Arbeits- und Dienstverhältnisse zwischen Menschen oder gegenüber einer Gottheit bezeichnen und sogar zum Ehrentitel des »Gottesknechts« (Jes 42; 49; 50,4–9) werden. Auch müssen unter den Sklaven Schuldknechte, Kriegsgefangene und geborene Sklaven sowie hebräische und ausländische unterschieden werden. Allerdings kennt das AT keine Theorie, nach der bestimmte Menschengruppen von Natur aus zur Sklaverei bestimmt seien, wie dies etwa Plato und Aristoteles gelehrt haben. Kritiklos erzählen die biblischen Texte vom Sklavenbesitz der Erzväter, obwohl Gottes Befreiung des Volkes Israels aus dem Sklavenhaus in Ägypten das zentrale Heilsereignis im AT darstellt. So entzündet sich – selten genug – eine Kritik an der Sklaverei vor allem, wenn Israeliten in eine ungerechte Schuldknechtschaft geraten. Von hier aus entwickelt sich schließlich doch eine zunehmende Einbeziehung aller Sklaven in den Schutzbereich des Rechts und der sozialen Sabbatgesetzgebung. Sowohl Ex 21,2–11 als auch Dtn 15,12–17 fordern die Freilassung zunächst nur des hebräischen Sklaven nach sechs Jahren unter Hinweis auf den Exodus aus Ägypten, und das Heiligkeitsgesetz tendiert sogar zu einer grundsätzlichen Kritik an der Versklavung von Israeliten (Lev 25). Die Bestimmung von Dtn 23,16 f., entlaufene Sklaven oder Sklavinnen nicht an ihre Herren auszuliefern, sondern ihnen Zuflucht zu gewähren, wird sogar als »in der gesamten Antike einmalig« hervorgehoben (Kreuzer/Schottroff 2009: 526). So kommt es im AT zu einer im Laufe der Geschichte wachsenden Solidarisierung mit Sklaven, die bis zur vereinzelten Kritik an der Sklaverei als Institution reichen kann. Bemerkenswert ist, dass die Sklavengesetzgebung zwar mit der Befreiung der Israeliten aus Ägypten, nicht aber mit der Gottebenbildlichkeit aller Menschen begründet wurde.

Im Neuen Testament spiegeln insbesondere die Gleichnisse Jesu die grausame Realität der Sklaverei in römischer Zeit, die ein scharfes Gegenbild zur Königsherrschaft Gottes darstellen. Im griechischen und römischen Recht genoss der Sklave keinerlei Rechtsschutz, so dass ein

zeitlich unbegrenzter und totaler, auch sexueller Zugriff auf den Körper
der Sklaven nicht verboten, sondern die Regel war. Rechtlich galt der
Sklave nicht als Person, sondern als Sache. Paulus bezieht sich metapho-
risch negativ auf Sklaverei, wenn er die gottfeindliche Macht der Sünde
thematisiert, die im totalen Zugriff den ganzen Menschen dem Tod aus-
liefert. Daneben macht Paulus auch einen antithetisch metaphorischen
Gebrauch von der Sklaverei, wenn er in positiver Wertung sich selbst
oder andere Menschen als Sklaven Gottes oder Christi bezeichnen kann;
hier knüpft er an den Ehrentitel des jesajanischen Gottesknechtes an. So
radikal, wie die Sünde den Menschen versklaven kann, so radikal soll er
sich in den Dienst des von der Sünde befreienden Gott stellen.

Die drei nichtmetaphorischen Stellen, an denen Paulus sich auf
Sklaverei als soziale Tatsache bezieht, geben einen aufschlussreichen Einblick in die frühchristliche Zeit. In Gal 3, 26–28 bewegt sich Paulus auf
der Linie des deuteronomistischen Bruderethos, wenn er schreibt:

> »Ihr seid alle durch den Glauben Söhne Gottes in Christus Jesus. Denn ihr alle,
> die ihr auf Christus getauft seid, habt Christus angezogen. Es gibt nicht mehr
> Juden und Griechen, nicht Sklaven und Freie, nicht Mann und Frau; denn ihr alle
> seid einer in Christus Jesus.«

Im religiösen Binnenraum der frühchristlichen Gemeinden fallen für
Sklaven alle sozialen Schranken: »Sklaven konnten vollgültige Christen
werden mit allen Rechten und Pflichten. Sie waren von keinem Gottesdienst und Sakramentenempfang ausgeschlossen. Herr und Sklave, Her-
rin und Sklavin wurden im selben Taufbecken getauft [...]. Es gab im
Kirchenraum gesonderte Plätze für den Klerus, für Konfessoren, Jung-
frauen und Büßer, nicht jedoch – soweit die Quellen darüber Auskunft
geben – für die Sklaven. [...] Sklaven und Freigelassene konnten in den
Klerus aufsteigen; die staatlich verbotene Ehe zwischen einem Sklaven
und einer Freien wurde im kirchlichen Bereich gestattet.« (Dassmann
2001: 155 f.) Der Philemonbrief bestätigt diese Einschätzung. Zugleich
aber zeigt die Tatsache, dass Paulus den entlaufenen Sklaven Onesimus
an seinen Herrn Philemon zurückschickt, dass er den christlichen Glauben nicht für die Abschaffung der Sklaverei als soziale Institution in den
Dienst zu stellen bereit ist. Zwar ermahnt er Philemon, Onesimus »nicht
mehr als Sklaven, sondern ... als geliebten Bruder« (v. 16) aufzunehmen.
Aber hier wie auch in 1 Kor 7 verwahrt er sich dagegen, dass sich Sklaven
unter Berufung auf ihren christlichen Glauben selbst befreien. »Paulus
spricht sich weder gegen die Institution der Sklaverei als solche aus, noch
fordert er die christlichen Sklavenbesitzer auf, ihre Sklaven umgehend in
die Freiheit zu entlassen; vielmehr schärft er den Sklaven in 1 Kor 7, 20 f.

ein: ›Jeder soll in dem Stand bleiben, in dem ihn der Ruf Gottes getroffen hat. Wenn du als Sklave berufen wurdest, soll dich das nicht bedrücken; auch wenn du frei werden kannst, lebe lieber als Sklave weiter.‹ Als Begründung folgt im nächsten Vers: ›Denn wer im Herrn als Sklave berufen wurde, ist Freigelassener des Herrn. Ebenso ist einer, der als Freier berufen wurde, Sklave Christi.‹« (Hilpert 1991: 97) Vielleicht ist es die Naherwartung der Parusie Christi, die Paulus davon abhält, die gesellschaftlichen Institutionen dieser Welt noch durch die christliche Botschaft in Frage zu stellen. Tatsache ist jedenfalls, dass dies auch in den darauf folgenden Jahrhunderten nicht geschehen wird. Wenn Laktanz um 300 n.Chr. schreibt:

»Denn da wir alle menschlichen Dinge nicht mit dem Maßstab des Leibes, sondern mit dem des Geistes messen, so sind unsere Sklaven, wiewohl sie dem Leibe nach anders gestellt sind, doch unsere Sklaven nicht, sondern wir halten sie wie Brüder im Geiste und Mitsklaven in der Religion und nennen sie auch so.«   (zit. n. Dassmann 2001: 156)

dann verbindet er die paulinische Argumentation mit der stoischen Verinnerlichung und Entpolitisierung der Freiheit, die allein die vernünftige Geistseele betrifft. Weder die geschichtliche Befreiungstat des Gottes Israels noch die schöpfungstheologisch begründete universale gottebenbildliche Würde aller Menschen vermögen ihre gesellschaftskritischen Impulse in den über den Binnenraum christlicher Gemeinden hinausgehenden gesellschaftlich-politischen Großraum zu entfalten. Christliche Erlösungslehre und stoische Tugendethik gehen Hand in Hand und verurteilen Lehren, die die Selbstbefreiung von Sklaven und damit den gesellschaftlichen Umsturz fördern könnten. Auch nach der Konstantinischen Wende, als die christliche Kirche zu Macht und Einfluss kam, hat sie diese nicht für die Abschaffung der Sklaverei im Namen der universalen gottebenbildlichen Gleichheit aller Menschen genutzt, sondern diese durch die Lehre von der Erbsünde sogar noch gerechtfertigt. Obwohl mit Lehre von der gleichen gottebenbildlichen Würde, der Gotteskindschaft aller Getauften, dem deuteronomistischen und christlichen Bruderethos und der christlichen Personlehre alle Grundlagen für Einsicht in die Gleichheit aller Menschen bereit lagen, verblüffen die Kirchenväter und Theologen bis an die Schwelle der Neuzeit mit einem »unerwartet starren Festhalten an der Einrichtung der Sklaverei« (Klein 2000: 261). Viele von ihnen sahen auch keinen Widerspruch darin, selbst Sklavenhalter zu sein. Die Mahnreden an Sklaven und Sklavenhalter verfolgten gleichermaßen das »pastorale Ziel …, dem christlichen Gleichheits- und Brudergedanken innerhalb der herrschenden Sozial-

und Gesellschaftsordnung Geltung zu verschaffen.« (Klein 2000: 266) Auch wenn Bartolomé de Las Casas (1484–1566) sich leidenschaftlich für die Abschaffung der Sklaverei der Indios einsetzte, indem er die Exodus-Befreiung auf sie anwandte (Delgado 1994), brauchte es den politischen Gedanken subjektiver Freiheitsrechte, damit die stoisch-ciceronische und die gottebenbildliche Lehre von der gleichen personalen Würde aller Menschen und die Exodus-Botschaft von der Befreiung von aller Sklaverei durch Gottes Rettungshandeln als »Religiöse Voraussetzungen des freiheitlichen Verfassungsstaates« (Stein 2007) auch eine gesellschaftspolitisch verändernde Wirkung entfalten konnten. Die befreiende Beanspruchung des Menschen durch Gott kommt im Anspruch der wechselseitigen Anerkennung der Freiheit jedes einzelnen Menschen erst an ihr Ziel.

3. Auf dem Weg zu einer theonomen Autonomie

Obwohl mit den Lehren der gottebenbildlichen Würde und dem natürlichen Gewissen Vorformen der Idee sittlicher Autonomie in der theologischen Tradition vorlagen, war der theologische Widerstand gegen eine Ethik der Autonomie bis in die jüngere Vergangenheit hinein beträchtlich. Wie im Fall des kirchlich-theologischen Misstrauens gegenüber der Idee der Menschenrechte sind auch hier vielerlei Gründe in historischen Konstellationen zu suchen. Der Antiklerikalismus der Französischen Revolution und einiger prominenter Aufklärungsphilosophen, die Überspannung des Autonomiebegriffs in der nachkantischen Philosophie und im Liberalismus des 19. Jahrhunderts, die Verhärtung der Fronten im Kulturkampf zwischen Kirche und Staat – diese Positionen säten bei der Kirche und sogar einer Reihe von reformwilligen katholischen Theologen ein tiefes Misstrauen gegenüber dem Anspruch sittlicher Autonomie in der Ethik Kants. Doch auch wenn diese Konstellationen heute weitgehend überwunden sind, bleibt ein rumorender Stachel: Wenn Autonomie Ausdruck menschlicher sittlicher Freiheit ist, ist sie dann nicht letztlich doch Selbstermächtigung des Menschen gegen Gott oder lässt sich Autonomie auch als von Gott geschenkte Freiheit theologisch verstehen?

Diese Frage wurde nach der durch das Zweite Vatikanische Konzil ermutigten Auseinandersetzung mit den Herausforderungen der modernen Welt erneut von katholisch theologischen Ethikern diskutiert. Angestoßen hatte die nachkonziliare Autonomiedebatte der Tübinger Moraltheologe Alfons Auer (1915–2005) mit seinem 1971 erschienenen

Buch »Autonome Moral und christlicher Glaube«, in dem er den Impuls der Pastoralkonstitution GS aufnimmt. Im Sinne einer Autonomie der Sachbereiche setzt sich Auer für eine »Autonomie der Moral« ein, mit der die christliche Theologie im Bereich des auf die Weltwirklichkeit bezogenen Handelns nicht durch Ausrufung von Sondernormen konkurrieren dürfe. Nach Auer unterscheidet sich die christliche Ethik von der säkularen nicht durch die Methode sittlicher Normbildung, sondern durch den christlichen Sinnhorizont, in dem außerchristliche Normen integriert, stimuliert oder kritisiert werden. Diese heute weitgehend akzeptierte These hat Auer heftige Kritik aus den Reihen der so genannten Glaubensethiker eingebracht, mit deren Einwänden er sich in der zweiten Auflage seines Buches (1984) auseinandersetzt.

Ein vehement menschenrechtliches Anliegen verfolgte dagegen die Theologie der Befreiung, die in einem von Dietmar Mieth und Jacques Pohier konzipierten Themenheft der katholischen Zeitschrift »Concilium« (H. 2, 1984) mit der Ethik der Autonomie in Dialog gebracht wurde. Die sozialreformerische lateinamerikanische Bewegung stellte das befreiende, rettende, erlösende Handeln des für die Armen und für die von den Mächten der Ausbeutung und des Todes Versklavten engagierten Gottes in den Mittelpunkt und stärkte so das menschenrechtliche Ethos in Theologie und Kirche. Die handgreifliche Not der Menschen in den Ländern Lateinamerikas ließ wenig Raum für eine begründungstheoretische Auseinandersetzung mit dem Gedanken der sittlichen Autonomie. An einer theologischen Begründung sittlicher Autonomie zu arbeiten ist aber kein akademischer Luxus, sondern eine notwendige Voraussetzung dafür, dass Christen einer Ethik der Menschenwürde und der durch diese begründeten Menschenrechte innerlich zustimmen können, ohne sich im Widerspruch zu ihrem Glauben zu wähnen.

Auf die Frage, wie sich die sittliche Autonomie des Menschen theologisch verstehen lässt, hat der Bonner Moraltheologe Franz Böckle mit dem Konzept der »theonomen Autonomie« geantwortet. Theonome Autonomie besagt, dass Autonomie als sittliche Selbstbestimmung des Subjekts »ihren Grund im Glauben an Gottes Anspruch an den Menschen« (Böckle 1991: 405) hat. Aus theologischer Perspektive wird »die sittliche Autonomie nicht als ein selbsterwirktes Sollen, als eine bloße ›Selbstbindung des Willens‹« (ebd. 403) gedeutet, sondern gründet in der freilassenden Freiheit Gottes. Gott ermöglicht also dem Menschen erst, sich von seinen selbstsüchtigen Neigungen frei zu machen (negative Freiheit) und seinen Willen an die vernünftige Einsicht zu binden (positive Freiheit). Die sittliche Freiheit des Menschen ist im Konzept der »theonomen Autonomie« kein Aufbegehren gegen Gott, sondern Ausdruck seiner gottebenbildlichen Würde, in die der Schöpfer alle Menschen eingesetzt hat. Nach dem französischen Dominikaner Bernard Quelquejeu birgt der autonome sittliche Akt in sich das Potential, geradezu zum Ort der Offenbarung zu werden. Er rühmt Kants Philosophie dafür, »die Gottesfrage der bloßen Spekulation entrissen und in die innerste Mitte des freien menschlichen Tuns selbst eingestiftet zu haben. Die Wirklichkeit des Absoluten wird durch einen absoluten Freiheitsakt entdeckt, angemeldet. Noch bevor wir es suchen, haben wir es gewissermaßen schon gefunden.« (Quelquejeu 1984: 103) Auf Karl Rahners »anonymes Christsein« anspielend beschreibt Franz Böckle diesen Gedanken folgendermaßen: »Dieser letzte Ursprung ist dem einzelnen möglicherweise ›nur‹ anonym gegenwärtig als ›Pflicht‹ oder als ›Spruch des Gewissens‹. … Unter diesem Anspruch erweist sich das Gewissen als der anthropologische ›Ort‹ des Glaubens.« (Böckle 1991: 403)

Im Konzept der theonomen Autonomie findet theologisch-ethisches Denken insofern den Anschluss an die neuzeitliche Philosophie und Wissenschaftsentwicklung. Der ethische Paradigmenwechsel von der in philosophischer Antike und christlichem Mittelalter prägenden verinnerlichten Tugendethik zu einer Philosophie der endlichen menschlichen Vernunft und einer das Recht auf Handlungsfreiheit begründenden Willensethik sittlicher Autonomie an der Schwelle zur Neuzeit hat eine tiefgreifende Veränderung in der Begründung der sittlichen Ordnung und der Würde des Menschen auch in der theologischen Argumentation notwendig gemacht. Auf diesem Hintergrund leuchtet die Feststellung des Moraltheologen Karl-Wilhelm Merks ein:

 »Die katholische Moraltheologie ist nicht mehr ohne das Konzept sittlicher Autonomie denkbar. … Hier führt der unübergehbare individuelle Subjektcharakter der entscheidenden und handelnden Person zu einem fundamental andern Typ von Ethik …« (Merks, 2004: 13 u. 39).

Diese Veränderung ist in der Erklärung über die Religionsfreiheit des Zweiten Vatikanischen Konzils, »Dignitatis Humanae«, in letzter Radikalität in der Einsicht nachvollzogen worden, dass »das Recht auf religiöse Freiheit auch denjenigen erhalten (bleibe), die ihrer Pflicht, die Wahrheit zu suchen und daran festzuhalten, nicht nachkommen, …« (DH 2; s.o. I.4.b). Die freilassende Freiheit Gottes ist ein Angebot, ihn im sittlichen Akt, am »Ort« des Gewissens, finden zu *können, nicht* zu *müssen.* Atheistische Menschen oder Menschen anderen Glaubens sind nicht per se gewissenlos, wie schon Paulus bemerkt hatte. Gott drängt sich nicht auf, sondern wartet in geduldiger Liebe auf die freie Hinwendung des Menschen, deren Rechte – die Menschenrechte – im zuvorkommenden

Geschenk der gottebenbildlichen Würde sittlicher Freiheit gründen und zugleich zur gegenseitigen Achtung und Hilfeleistung verpflichten. Diese biblisch-christliche Saat der in der gottgeschenkten Gleichheit aller Menschen wurzelnden Freiheit – nicht nur des Denkens, sondern auch des Handelns – ist aufgegangen und kann im Sinnhorizont der biblisch-christlichen Personwürde des Menschen auch nicht zur Disposition gestellt werden. Der Anspruch auf die Gewährung der Menschenrechte ist unabsprechbar und muss weder durch Pflichterfüllung noch durch empirische Leistungsnachweise anderer Art erst verdient werden. Zugleich ermutigt und ermächtigt der christliche Glaube jeden Handelnden zu einem menschenwürdigen Handeln im Angesicht der gottgeschenkten Würde aller Menschen. Der Indikativ des Heils, die Gabe gottebenbildlicher Würde als Grund der Menschenrechte, geht auch hier dem sittlichen Imperativ voran.

Literatur

Baumbach, Christine, Würde ist nicht dignité: ein Vergleich deutscher und französischer Stellungnahmen der Ethikräte im Hinblick auf das Verständnis des Würdebegriffs, in: Christine Baumbach / Peter Kunzmann (Hrsg.), Würde – dignité – godnosc – dignity. Die Menschenwürde im internationalen Vergleich, München 2010, 225–252.

Bielefeldt, Heiner, Philosophie der Menschenrechte. Grundlagen eines weltweiten Freiheitsethos, Darmstadt 1998.

Bielefeldt, Heiner, Muslime im säkularen Rechtsstaat. Integrationschancen durch Religionsfreiheit, Bielefeld 2003.

Böckle, Franz, Fundamentalmoral, München 3. Aufl. 1981.

Böckle, Franz, Art. »Ethik«, in: Peter Eicher (Hrsg.), Neues Handbuch theologischer Grundbegriffe, Bd. 1, München 1991, 396–407.

Cicero, M. Tullio, Vom pflichtgemäßen Handeln (De Officiis), in: M. Tullius Cicero, Ausgewählte Werke Bd. 1, hrsg. und übersetzt von Rainer Nickel und Olof Gigon, Düsseldorf 2008, 9–254.

Dassmann, Ernst, Menschenrechte und Menschenwürde in frühchristlicher Zeit, in: Jahrbuch für Biblische Theologie (JBTh) Bd. 15 (2000) Menschenwürde, hrsg. v. Baldermann, Ingo et al., Neukirchen-Vluyn 2001, 151–180.

Delgado, Mariano, Kolonialismus und Menschenwürde. Die Ethikdiskussion des 16. Jahrhunderts im Zusammenhang mit der spanischen Expansion, in: Thomas Brose, Matthias Lutz-Bachmann (Hrsg.), Umstrittene Menschenwürde, Hildesheim 1994, 35–67.

Dirscherl, Erwin, Über spannende Beziehungen nachdenken: Der Mensch als Geschöpf, als Ebenbild Gottes und seine Ambivalenz als Sünder, in: Michael Böhnke / Thomas Söding (Hrsg.), Theologische Module, Bd. 6: In Beziehung leben. Theologische Anthropologie. Freiburg im Br. 2008, 46–89.

Flaig, Egon, Weltgeschichte der Sklaverei, München 2009.

Fonk, Peter, Das Gewissen. Was es ist – wie es wirkt – wie weit es bindet, Kevelaer 2004.

Gröschner, Rolf, Menschenwürde als Konstitutionsprinzip der Grundrechte, in: Anne Siegetsleitner / Nikolaus Knoepffler (Hrsg.), Menschenwürde im interkulturellen Dialog, Freiburg, München 2005, 17–39.

Groß, Walter, Gen 1, 26.27; 9, 6: Statue oder Ebenbild Gottes? Aufgabe und Würde des Menschen nach dem hebräischen und dem griechischen Wortlaut. In: Jahrbuch für Biblische Theologie, Bd. 15, Menschenwürde, Neukirchen-Vluyn 2001, 11–38.

Gülzow, Henneke, Christentum und Sklaverei in den ersten drei Jahrhunderten. Nachwort von Gerd Theißen, Münster 1999.

Heimbach-Steins, Marianne, Menschenrechte in Gesellschaft und Kirche, Mainz 2001.

Hilpert, Konrad, Die Menschenrechte. Geschichte, Theologie, Aktualität, Düsseldorf 1991.

Hilpert, Konrad / Gerhard Luf, »Menschenrechte«, in: Lexikon der Bioethik Bd. 2, Gütersloh 2000, 670–683.

Höffe, Otfried, Lebenskunst und Moral – oder macht Tugend glücklich? München 2007.

Höver, Gerhard, Art. »Menschenrechte«, in: Peter Eicher (Hrsg.), Neues Handbuch theologischer Grundbegriffe (NHbthG), Bd. 3, München, Neuausgabe 2005, 52–60.

Horn, Christoph, Antike Lebenskunst. Glück und Moral von Sokrates bis zu den Neuplatonikern, München 1998.

Horn, Christoph / Corinna Mieth / Nico Scarano, Kommentar. Immanuel Kant. Grundlegung zur Metaphysik der Sitten, Frankfurt am Main 2007.

Jahrbuch des öffentlichen Rechts der Gegenwart (4. Sitzung vom 23.9.1948), Bd. 1, 1950/51.

Jeand'Heur, Bernd / Korioth, Stefan, Grundzüge des Staatskirchenrechts. Kurzlehrbuch, Stuttgart 2000.

Kants Werke. Akademie-Textausgabe, Bde. I–IX, Berlin 1968.

Kasper, Walter, Theologische Bestimmung der Menschenrechte im neuzeitlichen Bewusstsein von Freiheit und Geschichte, in: Johannes Schwartländer (Hrsg.), Modernes Freiheitsethos und christlicher Glaube. Beiträge zur Bestimmung der Menschenrechte, München 1981, 285–302.

Klein, Richard, Die Haltung der Kappadokischen Bischöfe Basilius von Caesarea, Gregor von Nazianz und Gregor von Nyssa zur Sklaverei, Stuttgart 2000.

Krämer, Hans, Integrative Ethik, Frankfurt am Main 1995.

Kreuzer, Siegfried / Luise Schottroff, Art. »Sklaverei«, in: Frank Crüsemann / Kristian Hunger et al. (Hrsg.), Sozialgeschichtliches Wörterbuch zur Bibel, Gütersloh 2009, 524–530.

Massing, Peter / Gotthard Breit (Hrsg.), Demokratie-Theorien. Von der Antike bis zur Gegenwart. Bonn ²2003.

Menschenrechte. Dokumente und Deklarationen. Schriftenreihe Bd. 397, hrsg. v. Bundeszentrale für politische Bildung, Bonn, 4. akt. u. erw. Aufl. 2004.

Merks, Karl-Wilhelm, Sittliche Autonomie. Wissenssoziologische Studie zu Genese und Bedeutsamkeit eines Begriffs, in: Antonio Autiero / Stephan Goertz / Magnus Striet (Hrsg.), Endliche Autonomie. Interdisziplinäre Perspektiven auf ein theologisch-ethisches Programm, Münster 2004, 11–48.

Mieth, Dietmar, Art. »Autonomie«, in: Peter Eicher (Hrsg.), Neues Handbuch theologischer Grundbegriffe (NHbthG), Bd. 1, München, Neuausgabe 2005, 139–147.

Müller, Jörn, Ein Phantombild der Menschenwürde: Begründungstheoretische Überlegungen zum Zusammenhang von Menschenrechten und Menschenwürde, in: Gerd Brudermüller / Kurt Seelmann (Hrsg.), Menschenwürde. Begründung, Konturen, Geschichte, Würzburg 2008, 117–147.

Nam, Sang-Hun, Moralische Verpflichtung und Gottesglaube. Auseinandersetzung um die Begründung ethischer Verbindlichkeit in der katholischen Moraltheologie und in der buddhistischen Ethik, unter besonderer Berücksichtigung des Autonomieverständnisses von I. Kant, München 2000.

Otto, Eckart, »Menschenrechte« im Alten Orient und im Alten Testament, in: Gerhard Höver (Hrsg.), Religion und Menschenrechte. Genese und Geltung, Baden-Baden 2001, 13–45.

Päpstliche Kommission »Justitia et Pax« (Hrsg.), Die Kirche und die Menschenrechte, München, Mainz 1976.

Pöschl, Viktor / Panajotis Kondylis, Art. »Würde«, in: Geschichtliche Grundbegriffe. Historisches Lexikon zur politisch-sozialen Sprache in Deutschland, Bd. 7, hrsg. v. Otto Brunner / Werner Conze / Reinhart Koselleck, Stuttgart 1992, 637–677.

Quelquejeu, Bernard, Ethische Autonomie und Gottesfrage, in: Concilium 20, 1984, 101–107.

Schalück, Hermann, Die katholische Menschenrechtsdebatte, in: Menschenrechte. Jahrbuch Mission 2005, hrsg. v. Evangelisches Missionswerk in Deutschland (EMW), Verband evangelischer Missionskonferenzen (VEMK), Hamburg 2005, 65–76.

Schröder, Hannelore, Art. »Gouges, Olympe de/Marie Aubry«, in: Philosophinnen-Lexikon, hrsg. v. Ursula I. Meyer / Heidemarie Bennent-Vahle, Leipzig 1997, 239–242.

Steigleder, Klaus, Kants Moralphilosophie. Die Selbstbezüglichkeit reiner praktischer Vernunft, Stuttgart, Weimar 2002.

Stein, Tine, Himmlische Quellen und irdisches Recht. Religiöse Voraussetzungen des freiheitlichen Verfassungsstaates, Frankfurt/M. 2007.

Gerechtigkeit und Barmherzigkeit

Beate Kowalski

Gerechtigkeit und Barmherzigkeit bilden nicht nur zwei Pole im biblischen Gottesbild, sondern auch in daraus abgeleiteten ethischen Modellen. Um das theologische und ethische Spannungsfeld zwischen beiden Begriffen wird es nachfolgend aus biblischer Sicht gehen.

I. Methodischer Ansatz

Das Thema Gerechtigkeit und Barmherzigkeit in der Bibel wird in vier Schritten entwickelt: In einem ersten Teil werden die zugrundeliegenden Begriffe in ihrem Bedeutungsspektrum dargestellt. Eine Verständigung über zentrale Begriffe ist notwendig, da sie alltäglich – häufig unreflektiert – gebraucht werden und in der hebräischen und griechischen Sprache – den Sprachen der Bibel – häufig eine ganz andere Bedeutung haben. Sprache ist nicht nur Kommunikationsinstrument, sondern immer auch Ausdruck einer Kultur, einer Denk- und Lebensweise. Es gibt gravierende Unterschiede zwischen dem hebräischen, griechischen und gegenwärtigen deutschen Denken. Sprache unterliegt zudem einer Entwicklung – analog und in Korrelation zur Entwicklung der Menschheit. Daher ist ein Blick in die bibeltheologische Entwicklung der Begriffe unabdingbar. Die Übersetzung der hebräischen und griechischen Begriffe in die deutsche Sprache mit allen Bedeutungsnuancen ist nicht nur ein Akt der Inkulturation, sondern zugleich eine Herausforderung.

Nach dieser Vorstellung und Klärung der zentralen Begriffe zu Gerechtigkeit und Barmherzigkeit werden im dritten Teil, der das Kernstück der Überlegungen enthält, biblische Erzählfiguren vorgestellt, die als exemplarische Modelle das Programm der Barmherzigkeit und/oder der Gerechtigkeit beinhalten. Sie bieten Identifikationsmöglichkeiten und stellen damit ethische Modelle dar, an denen vorbildhaftes Lernen ermöglicht wird. Um den kanonischen Blick zu gewährleisten, werden dazu Figuren aus dem AT und dem NT ausgewählt, an denen Grundhaltungen und implizite ethische Imperative abzulesen sind: Rut, Ijob und Jona im AT, Josef, Paulus und der barmherzige Samariter im NT. Dabei kommt die Methode der narrativen Exegese (Bar-Efrat, 2006: 57–106) zum Tragen. Sie geht davon aus, dass die Akteure einer Erzählung Sprachrohr des Erzählers sind, dessen Normen und Werte den Lesern/

Hörern vermitteln und ihr Interesse wecken. Dazu werden sie vom jeweiligen Autor direkt und indirekt charakterisiert:

Zur direkten Charakterisierung gehört die Beschreibung der äußeren Erscheinung und der inneren Persönlichkeit. Subtiler und oftmals zentraler ist die indirekte Charakterisierung, die aus den Aussagen der Personen, ihren Handlungen und den Nebenfiguren ablesbar ist. Nebenfiguren dienen dem Kontrast oder der verstärkenden Parallele. In biblischen Erzählungen wird zumeist auf die äußere Erscheinung der Figuren verzichtet. Dagegen rückt die innere Persönlichkeit in das Zentrum des Interesses. Zu den direkten Charakterisierungen gehören Berichte über charakteristische Wesenszüge, die wertend, objektiv oder subjektiv sein können. Besondere Bedeutung kommt dabei den direkten Charakterisierungen durch Gottesrede zu. Pseudocharakterisierungen des Autors rufen Emotionen hervor und enthüllen mehr über die sprechenden Personen als über die Figuren. Sie sollen beim Leser Nachdenken auslösen. Erzählungen geben zudem Einblick in den momentanen Gefühlszustand der Erzählfiguren; diese können direkt oder indirekt erfolgen. Erzähltechnisch können sie vom Erzähler selbst, von anderen beteiligten Personen oder von der jeweiligen Person selbst stammen. Direkte Rede gibt tiefe Einblicke in die innere Persönlichkeit der Erzählfiguren. Sie enthüllt Gedanken, Gefühle, den Charakter, die Stimmung, die Interessen und den Status. Sowohl der Inhalt als auch der Redestil kennzeichnen den sozialen Status, den Charakter und Gefühlszustand der jeweiligen Person. Der Inhalt der Rede kann Emotionen ausdrücken, eine Haltung erwecken (insbesondere bei Dialogen), jemanden zum Handeln bewegen und Informationen erteilen.

Auch die Handlungen offenbaren den Charakter einer Person, sie sind das wichtigste Instrument, um eine Person zu charakterisieren. Ihr inneres Wesen lässt sich an ihren Taten ablesen. Den Verben der Bewegung kommt daher in einer Erzählung größere Bedeutung zu als den eher sparsam eingesetzten Adjektiven. Indem Erzählungen Personen durch Handlungen charakterisieren, bleiben jedoch Leerstellen im Text. Die inneren Motive und Gedanken bleiben verborgen, so dass die Leser durch Vermutungen auf der Basis des Allgemeinwissens und ihrer Menschenkenntnis die Lücken auffüllen können und damit Teil der Erzählung werden. Diese Erzähltechnik ist besonders wichtig im Kontext des ethischen Diskurses.

Auch und gerade Erzählungen, die keine ethischen Imperative enthalten, führen die Leser zur Frage nach ihren ethischen Grundhaltungen, indem sie Identifikationsmöglichkeiten und einen Interpretationsraum anbieten. Biblische Erzählungen bleiben jedoch auch zu einem großen Anteil den Lesern fremd, da sie nicht von alltäglichen Handlungen erzählen, sondern Personen in außergewöhnlichen Situationen, einer Krisenzeit, beschreiben. Anders als im täglichen Leben ist alles, was die Erzählfiguren tun, für sie charakteristisch. Biblische Figuren fordern daher als positive Modelle zur Nachahmung oder als negative Modelle zum Umdenken auf. Wiederholungen und Entscheidungssituationen weisen auf charakteristische Eigenschaften der Figuren hin. Sie sind das Ergebnis einer Abwägung von Emotionen, Wünschen und Werten im ethischen, religiösen oder sozialen Bereich.

Grundsätzlich unterscheidet man in der Erzähltheorie zwischen einer dynamischen Darstellung einer Person durch indirekte Charakterisierung und einer statischen Darstellung durch direkte Charakterisierung. Bei einer dynamischen Erzählfigur entwickeln sich Charakter und Persönlichkeit; ihr Charakter ist dabei eher existentiell als essentiell, da er sich in einer momentanen Situation offenbart. Bei eindimensionalen Figuren wird nur eine Eigenschaft entfaltet, mehrdimensionale Figuren haben komplexe Charakterzüge, sie sind veränderlich und entwickeln sich. Biblische Figuren werden in der Regel wenig ausführlich und detailliert beschrieben, sie sind dennoch real, menschlich und individuell. So können sie menschliche Charaktere repräsentieren und universale Bedeutung haben.

Bei der Interpretation der Figuren, die als Modelle der Gerechtigkeit bzw. Barmherzigkeit dienen, wird demnach – wenn möglich – auf sieben Aspekte zu achten sein: 1. Charakterisierung der Erzählfiguren, 2. direkte Rede, 3. Handlungen, 4. Situationen, 5. Entscheidungssituationen und Wiederholungen, 6. dynamische Darstellung oder statische Darstellung. Aufgrund des kanonischen Blicks wird zudem 7. die Frage nach der Stellung der jeweiligen Schrift im Kanon gestellt.

Abschließend werden in einem vierten Teil aus den Modellen ethischen Handelns Thesen abgeleitet, die über die konkrete Fragestellung hinausweisen und systematisch Einsichten biblischer Ethik zusammentragen.

II. Begriffsklärungen

Gerechtigkeit und Barmherzigkeit sind inhaltsschwere Begriffe, mit denen jede/r je individuelle Vorstellungen assoziiert. Aus dem philosophisch-moraltheologischen Diskurs sind beide Termini ebenso wenig wegzudenken wie der Begriff der Barmherzigkeit aus dem religiösen und der der Gerechtigkeit aus dem sozial-politisch-juristischen Denken.

Es scheint, als ob die beiden im biblischen Denken einander komplementär gegenüberstehenden Begriffe in der gegenwärtigen Gesellschaft verschiedenen Bereichen zugeordnet werden. Für Barmherzigkeit ist eher das Christentum zuständig, für Gerechtigkeit eher der Staat. Welche Bedeutung beiden Sachverhalten im biblischen Bereich zugemessen wird, muss daher in einem ersten Schritt geklärt werden, um eine gemeinsame Ausgangs- und Verständigungsbasis zu haben.

Beide Themenfelder sind durch vielfältige Begriffe ausgedrückt. Statistische Schwerpunkte des Themas Barmherzigkeit lassen sich in den Büchern Tobit und Jona ausmachen. Von Gerechtigkeit ist insbesondere im Psalmenbuch und in den Paulusbriefen die Rede. Beide Themen werden im Psalter auf der Basis des im Pentateuch vermittelten Gottesbildes (Ex 34,6; Ps 86,15) miteinander verknüpft.

1. Gerechtigkeit in der Bibel

Gerechtigkeit ist ein zentraler theologischer Begriff, der im Hebräischen *ṣᵉdāqāh* oder *mischpāṭ* (weitere Begriffe können sein: *ᵉmæt* und *ḥæsæd*) und im Griechischen *dikaiosynē / dikaios* lautet. Ordnet man den griechischen Terminus einem semantischen Feld zu, so stößt man bei (Louw/Nida 1988) auf die Kategorie »moral and ethical qualities related behavior«. Grundsätzlich kann man zwei unterschiedliche Verstehensweisen des Begriffs voneinander unterscheiden: Im allgemeinen Sinn wird unter »gerecht« ein Verhalten verstanden, das einer vorgegebenen Norm entspricht und verbindlich ist. Auch die (Wieder-)Herstellung eines Rechtszustands kann mit »gerecht« gemeint sein, wobei Aspekte wie Recht, Verurteilung, Strafe, Urteil, Verurteilung und Entscheidung mitschwingen können. Dieser Gerechtigkeitsbegriff ist eher als statisch, normierend verstanden. Davon zu unterscheiden ist ein dynamischer Gerechtigkeitsbegriff, der das gemeinschaftstreue, heilvolle und Heil bringende Verhalten und Handeln in Beziehung zu einem Gegenüber – sei es Gott oder Mensch – ausdrückt. Gerechtigkeit ist dann ein relationaler Begriff, bei dem es um einen Interessenausgleich und eine solidarische Gemeinschaftsordnung geht (Theologisches Begriffslexikon, 2005: 729–739).

Wenn im AT von der Gerechtigkeit Gottes die Rede ist, so geht es um sein heilvolles Wirken zugunsten seines Volkes, das besonders mit Jerusalem und dem Zion verbunden ist. Auf die Gerechtigkeit Gottes hoffen angefochtene Beter in zahlreichen Psalmen, wenn sie sich einen heilvollen Ausgang ihrer Angelegenheiten erwarten. Deuterojesaja betont dagegen, dass die Gerechtigkeit Gottes der Erweis seines Gott-Seins ist, während Tritojesaja den eschatologischen Aspekt der Gerechtigkeit betont. Auf Menschen übertragen geht es um ein gemeinschaftsbezogenes Handeln. Besonders die Weisheitsliteratur mit ihrer lebenspraktischen Ausrichtung thematisiert diesen Aspekt.

Gerechtigkeit ist im AT ein Zentralbegriff des kosmischen, rechtlichen, ökonomischen und politisch-sozialen Lebens. Er sichert die Weltordnung, insofern gerechtes Handeln ein Handeln in Übereinstimmung mit dem der Welt inhärenten Sinn ist. Zentral ist die Frage: Was ist die letztinstanzliche, alle gesellschaftliche Realität transzendierende Grundlage gerechten Lebens und Handelns? (Janowski 2000: 35, 76–79)

Im NT wird der Begriff der Gerechtigkeit ausgehend vom atl.-jüdischen Bedeutungsspektrum weiter entwickelt. Im Mt ist Gerechtigkeit keine abstrakte Norm, sondern bezeichnet das ethische Verhalten gegenüber Gott und dem Nächsten. Josef wird zur Idealgestalt, indem er Maria ein Gerichtsverfahren wegen Ehebruchs erspart. Mt unterscheidet zwischen Gerechtigkeit und Heuchelei; ihm ist an einem authentischen Begriff der Gerechtigkeit gelegen. In der lk Theologie werden einige Personen als Idealbilder von Gerechtigkeit vorgestellt (Zacharias, Simeon, Josef von Arimathäa, Kornelius), die noch nicht Christen sind. Lk unterscheidet von den Gerechten die durch den Glauben an Jesus Christus Gerechtfertigten und kritisiert ebenso wie Mt ein äußerliches, nicht authentisches Verständnis von Gerechtigkeit. Bei Paulus wird Gerechtigkeit zum Zentralbegriff seiner Soteriologie. Der Gnade Gottes korrespondiert auf Seiten des Menschen der Glaube (Theologisches Begriffslexikon, 2005: 729–739).

Versucht man, dieses Bedeutungsspektrum von Gerechtigkeit in der Bibel auf eine Formel zu bringen, so fällt ihr dynamischer, relationaler Charakter auf, der in Gegensatz zu unserem gegenwärtigen statischen, juristischen Gerechtigkeitsbegriff steht. Der Gedanke einer rettenden Gerechtigkeit und damit das Zusammendenken der Begriffe Barmherzigkeit und Gerechtigkeit ist biblisch wesentlich einfacher als in unserem alltäglichen Sprachgebrauch. Beide Begriffe bezeichnen biblisch ein Verhältnis, das gemeinschaftsbezogen ist. Die Wirkungsgeschichte des biblischen Gerechtigkeitsbegriffs mit dem Gottesbild eines unbarmherzigen und gnadenlosen Richters ist von der ursprünglichen Aussageabsicht der biblischen Texte zu lösen (Janowski 2000: 35, 76–79).

2. Barmherzigkeit in der Bibel

Auch Barmherzigkeit ist ein Zentralbegriff der verschiedenen biblischen Schriften. Das hebräische Original heißt *raḥᵃmim*, was zunächst »Mutterschoß« *(rœhœm)* bedeutet. Barmherzigkeit ist demzufolge eine weibliche Eigenschaft, die genuin damit zusammenhängt, Leben (unter Schmerzen und Opfern) zu schenken. Weiters wird *hœsœd* benutzt (übertragen mit *eleos*), um das gemeinschaftsgemäße Verhalten und die Zuwendung auszudrücken. Überraschend ist die hebräische Verwendung von *sᵉdaqah*, das im Griechischen mit *eleēmosynē* übertragen wird; es bezeichnet die Gerechttat, die Wohltat und die Wohltätigkeit. Es geht dabei mehr um die Einstellung als um das Tun. In den Qumrantexten wird die liebevolle Verbundenheit und der rücksichtsvolle Umgang miteinander durch Barmherzigkeit ausgedrückt. Das NT geht einen Schritt weiter: Barmherzigkeit steht dort insbesondere in Texten, in denen es um Tat-Berichte geht. Es geht demnach um mehr als um die Einstellung, es geht im NT um die Tat(en) der Barmherzigkeit.

Im Griechischen gehören die Begriffe *eleos*, *oiktirmos* ebenso wie der griechische Begriff der Gerechtigkeit zum semantischen Feld »moral and ethical qualities related behavior«; zudem wird *splagchna* benutzt, das dem semantischen Feld »body, body parts, and body products (Innereien)« angehört. Die drei Substantive sind je anders konnotiert. Während *eleos* die Gemütsbewegung der Rührung angesichts des Übels, das einem anderen widerfährt, und *oiktirmos* die bemitleidende Klage beschreibt, so meint *splagchna* den Sitz des Gefühls, das Herz. Der Gegenbegriff zu *eleos* ist der Neid auf das Glück des Anderen. Rhetorisch eingesetzt fungiert *eleos* im Schluss einer Verteidigungsrede, um Mitleid beim Richter zu wecken.

Der Begriff Barmherzigkeit ist über das Althochdeutsche »armherzig« (wörtliche Übersetzung des Lateinischen *misericors*) zur Barmherzigkeit als sprachlicher Ausdruck Martin Luthers weiterentwickelt worden. Religionsgeschichtlich ist die Rede von einem barmherzigen Gott im Judentum, Christentum und Islam (barmherziger Erbarmer) ein einzigartiges, sich von anderen Religionen unterscheidendes Merkmal. Ein Kernelement von Barmherzigkeit ist die Infragestellung von Macht. Die Dialektik der Rede von der Gerechtigkeit Gottes ist darin begründet (Theologisches Begriffslexikon, 2005: 111–114). Barmherzigkeit bezeichnet die Veränderung, die in der Wirklichkeit menschlichen Elends durch Gottes Erbarmen geschieht.

3. Spannung: Gerechtigkeit und Barmherzigkeit

In der hebräischen Sprache gibt es eine gemeinsame Schnittmenge beider Begriffe, insofern $s^e daqah$ und $hœsœd$ sowohl Aspekte der Barmherzigkeit als auch der Gerechtigkeit bezeichnen können. Die Spannung zwischen Barmherzigkeit und Gerechtigkeit wird anhand des Gerichtsgedankens thematisiert. Sie enthält eine Dramatik: Das Drama der Barmherzigkeit beginnt in Gott selbst, in seiner Unfähigkeit, sein schuldiges Volk preiszugeben (vgl. den Ansatz der dramatischen Theologie von R. Schwager). Es beinhaltet zudem eine theologiegeschichtliche Wende im Gottesbegriff, die die Umkehr und Reue Gottes nicht als Schwäche brandmarkt. Diese Entwicklung des atl. Gottesglaubens ist ohne religionsgeschichtliche Parallele (Janowski 2000: 35, 76–79).

Die Einheit der beiden Wirkweisen Gottes, seiner Barmherzigkeit und seiner Gerechtigkeit kann in der Prophetie, der Weisheitsliteratur und den Psalmen belegt werden: Gott rettet, indem er richtet. Barmherzigkeit wird zu einer Funktion der Gerechtigkeit Gottes, die vorgefundenes Unrecht durchkreuzt und die Welt zur Ordnungsstruktur der Gerechtigkeit formt. Barmherzigkeit und Gerechtigkeit bedingen sich gegenseitig (Janowski 2000: 35, 76–79). Der These Markions kann daher entschieden widersprochen werden: Der Gott der Liebe ist zugleich der Gott des Zorns. Gott ist barmherzig, indem er richtet; Gott ist gerecht, indem er barmherzig ist.

III. Modelle von Gerechtigkeit und Barmherzigkeit im AT und NT

1. Rut – Personifizierung von $hœsœd$

Das Buch Rut hat eine begrenzte Anzahl von Akteuren, an deren sprechenden Namen die Handlung ablesbar ist. Noomi, »die Liebliche«, ist mit Elimelech, »Gott ist König«, verheiratet. Eine Hungersnot lässt sie wie einst Abraham das verheißene Land verlassen und sich in Moab niederlassen. Dort heiraten ihre beiden Söhne Machlon, »der Schwächliche«, und Kiljon, »der Gebrechliche«, die Moabiterinnen Rut, »die Freundin«, und Orpa, »die Halsstarrige«. Die drei Männer sterben, die drei Witwen bleiben allein und ohne Nachkommen übrig. Noomi entschließt sich daraufhin, in ihre Heimat zurückzukehren, gefolgt von Rut, die sich ihr und JHWH bedingungslos anschließt. In Betlehem, dem Haus des Brotes, darf Rut auf den Feldern des Boas, »dem starken Mann«, Ähren hinter den Schnittern bei der Ernte lesen – ein Armenrecht. Ihre beson-

dere Güte *(ḥæsæd)* fällt dabei besonders Boas auf. Es kommt zu einer
nächtlichen Begegnung beider und schließlich zu einer Rechtsversamm-
lung im Stadttor, bei der Boas das Recht des Lösers erwirbt und Rut zur
Frau gewinnt. Damit verbunden ist die Auslösung des Besitzes der Noomi, die entfernt mit ihm verwandt ist. Das Buch Rut ist eine Erzählung
mit einem happy end, bei der es um die Vorsehung Gottes und die Güte
von Menschen geht. Der primär Handelnde ist der im Hintergrund aktive Hauptakteur JHWH, der nur zweimal direkt in das Geschehen ein-
greift: Er gibt Brot (1,6: *læḥæm*) und Empfängnis (4,13: *hêrajôn*).

Die durchstrukturierte Erzählung spiegelt das Thema des planvollen
Handelns Gottes wider (Zakovitch, 1999: 13–15):

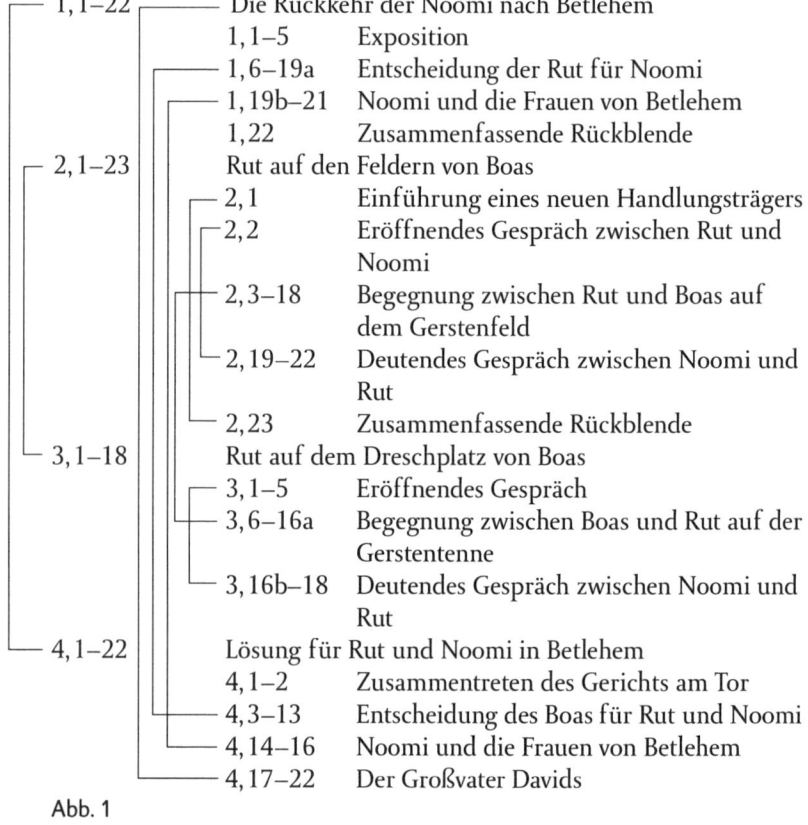

1,1–22		Die Rückkehr der Noomi nach Betlehem
	1,1–5	Exposition
	1,6–19a	Entscheidung der Rut für Noomi
	1,19b–21	Noomi und die Frauen von Betlehem
	1,22	Zusammenfassende Rückblende
2,1–23		Rut auf den Feldern von Boas
	2,1	Einführung eines neuen Handlungsträgers
	2,2	Eröffnendes Gespräch zwischen Rut und Noomi
	2,3–18	Begegnung zwischen Rut und Boas auf dem Gerstenfeld
	2,19–22	Deutendes Gespräch zwischen Noomi und Rut
	2,23	Zusammenfassende Rückblende
3,1–18		Rut auf dem Dreschplatz von Boas
	3,1–5	Eröffnendes Gespräch
	3,6–16a	Begegnung zwischen Boas und Rut auf der Gerstentenne
	3,16b–18	Deutendes Gespräch zwischen Noomi und Rut
4,1–22		Lösung für Rut und Noomi in Betlehem
	4,1–2	Zusammentreten des Gerichts am Tor
	4,3–13	Entscheidung des Boas für Rut und Noomi
	4,14–16	Noomi und die Frauen von Betlehem
	4,17–22	Der Großvater Davids

Abb. 1

Im Zentrum geht es um zwei Begegnungen, die heilvoll sind: die Begegnungen zwischen Rut und Boas auf dem Gerstenfeld (2,3–18) und auf

der Gerstentenne (3, 6–18a). Sowohl zu Beginn in 1, 6–19a als auch im Schlusskapitel 4, 3–13 geht es um heilvolle Entscheidungen, die für eine Person getroffen werden: In 1, 6–19a entscheidet sich Rut für Noomi, in 4, 3–13 Boas für Rut. In allen Kapiteln kommt den wörtlichen Reden eine zentrale Stellung zu, da sie das Geschehen deuten, in Form von Lösungsansätzen die Richtung weisen und Einblick in den Charakter verschiedener Figuren geben. Eine wichtige Aufgabe kommt dabei den Segenssprüchen zu, durch die sich Gottes Heil in den zwischenmenschlichen Beziehungen auswirkt. Segensspender in der Ruterzählung sind Noomi, Boas, das Volk bzw. die Ältesten sowie die Frauen von Betlehem. Empfänger des Segens sind Orpa, Rut, Boas, Arbeiter und Gott.

Segensspender	Segen	Segenempfänger
Noomi	1, 8: Der Herr erweise euch Liebe, wie ihr sie den Toten und mir erwiesen habt. 9 Der Herr lasse euch im Haus eines Mannes Geborgenheit finden.	Rut & Orpa
Boas	2, 4 Der Herr sei mit euch!	Schnitter
Schnitter	2, 4 Der Herr segne dich!	Boas
Boas	2, 12 Der Herr vergelte dir, was du getan hast, und vollen Lohn sollst du erhalten vom Herrn, dem Gott Israels, unter dessen Flügeln dich zu bergen du gekommen bist.	Rut
Noomi	2, 19 Gesegnet sei, wer dir entgegenkam!	Boas
Noomi	2, 20 Gesegnet sei er vom Herrn, der seine Gnade den Lebenden und Toten nicht entzogen hat!	Boas
Boas	3, 10 Gesegnet bist du vom Herrn, meine Tochter!	Rut
Älteste & Volk	4, 11 Der Herr mache die Frau, die in dein Haus kommt, wie Rahel und Lea, die beide das Haus Israels aufgebaut haben.	Boas
Frauen	4, 14 Gepriesen sei der Herr, der heute dem Verstorbenen einen Löser nicht versagt hat, damit sein Name in Israel erhalten bleibt.	Noomi

Abb. 2

Gericht	Erbarmen
	Noomi 1,6 denn sie hatte dort gehört, dass der Herr sich seines Volkes angenommen und ihm Brot gegeben habe.
Noomi 1,13 denn die Hand des Herrn hat sich gegen mich erhoben.	
Rut 1,17 Möge der Herr mir dieses Schlimme antun und jenes andere auch noch – nur der Tod allein wird uns scheiden.	
Noomi 1,20 Nennt mich nicht mehr Noomi (Liebliche), nennt mich Mara (Bittere), denn der Allmächtige hat mich mit Bitternis erfüllt. 21 Voll bin ich ausgezogen; leer führt der Herr mich zurück. Warum wollt ihr mich noch Noomi nennen, da der Herr gegen mich gesprochen und der Allmächtige mir Schlimmes zugefügt hat?	
	Boas 2,12 Der Herr vergelte dir, was du getan hast, und vollen Lohn sollst du erhalten vom Herrn, dem Gott Israels, unter dessen Flügeln dich zu bergen du gekommen bist.
	Boas 3,13 Bleib die Nacht hier; will er dich dann am Morgen lösen, nun gut, so soll er es tun; will er dich aber nicht lösen, dann – so wahr der Herr lebt – will ich dich lösen.
	4,13 Er ging zu ihr, der Herr ließ sie schwanger werden und sie gebar einen Sohn.
	4,17 Er ist der Vater Isais, des Vaters Davids.

Abb. 3

Die Spannung zwischen Gericht und Barmherzigkeit wird im Rutbuch gelöst, indem sich die gute Eigenschaft Gottes immer mehr durch das Handeln der Akteure entwickelt und durchsetzt. Die nebenstehende Übersicht lässt diese Entwicklung erkennen.

Das Gerichtshandeln Gottes wird an der Erzählfigur Noomi entwickelt. Die ursprünglich Liebliche verliert in der Ausgangsszene ihren Mann und ihre Söhne und wird zu einer bitteren Frau, nun Mara genannt. Sie deutet die Todesfälle als Strafe Gottes in metaphorischer Sprechweise, indem sie von Gottes Handeln gegen sie spricht (1,13: *jš'*; 1,21: ˋˋr). Die Erzählfigur Noomi ist aber keine statische, die in ihrer Bitterkeit stehen bleibt. Vielmehr entwickelt sie sich weiter, indem sie aktiv wird, ihrer Schwiegertochter einen Weg in eine gute Zukunft weist und einen zweifachen Segen über Boas spricht (2,19 f.). Ihre endgültige Überwindung der Bitterkeit wird nonverbal in 4,16 ausgedrückt, indem Noomi ihr Enkelkind an die Brust drückt und für es sorgt.

In der Erzählfigur Noomi sind beide Aspekte des atl. Gottesbildes zu finden. Sie werden durch die Lebenserfahrung dieser Frau in Krisenzeiten erkannt. Noomi wird in der Erzählung als Modell eines Menschen entwickelt, der durch unterschiedliche Lebensphasen die gegensätzlichen Aspekte des Gottesbildes leibhaftig erfährt und in ihr Leben integriert. Die Erfahrung der Barmherzigkeit steht dabei am Ende.

Boas ist die Erzählfigur, an der besonders Gottes vergeltende Barmherzigkeit ablesbar wird. Auch die vielfältigen Segenswünsche der unterschiedlichen Erzählfiguren, die sich schrittweise in der Erzählung verwirklichen, lassen die Sympathie des Erzählers mit einem barmherzigen Gott erkennen.

Das Buch Rut hat eine je unterschiedliche Stellung im jeweiligen Kanon des AT. Im Masoretischen Text wird es nach vorne gerahmt vom Lob der tüchtigen Frau in Spr 31,10–31; es beantwortet die Frage in 31,10: »Eine tüchtige Frau, wer findet sie?« (31,10) und antizipiert das Lob auf die Heldin der Erzählung: »Spendet ihr Lob für die Frucht ihrer Hände, ihre Werke preise man in den Toren!« (31,31). An die Ruterzählung schließt sich das Hohelied an, das Liebes- und Hochzeitslieder beinhaltet. Im Zusammenhang des Kanons antworten diese als Responsorium auf die Liebe zwischen Rut und Boas. Alle drei Schriften im Zusammenhang gelesen stellen die Würde von Frauen in das Zentrum (Rut 4,15: »mehr ist sie dir wert als sieben Söhne.«).

Die Septuaginta ordnet das Rutbuch in die Geschichte Israels ein; es wird zu einer Brückenerzählung zwischen der Zeit der Richter (Rut 1,1:

Hungersnot zur Richterzeit als Ausgangspunkt) und der Königszeit (Rut 4,17: Rut als Großmutter von König David). Die Themen Missstände (Ri) und Kinderlosigkeit (1 Sam 1,1 f.) rahmen thematisch das Rutbuch, das von der Vorsehung Gottes und Güte eines Menschen spricht. Damit wird der Ablauf der Geschichte Israels mittels der Erzählung von zwei Frauen als Hauptprotagonistinnen als Vorsehungshandeln Gottes gedeutet, das sich in der außergewöhnlichen Güte der Heldin Rut konkretisiert. Rut wird damit ein bevorzugter Platz in der Heilsgeschichte eingeräumt (vgl. Mt 1,5).

2. Ijob – Zerbrechen der Gerechtigkeit

Das Buch Ijob gehört zur Weisheitsliteratur, in der es um praktische Lebenskunde geht. Präziser eingeordnet, spiegelt es die Krise des weisheitlichen Denkens Israels wider, in der der Tun-Ergehen-Zusammenhang in Frage gestellt wird. Nicht jedes gute Tun hat gutes Ergehen zur Folge. Das Buch Ijob geht diese Frage existentiell am Typos des leidenden Ijob an, das Buch Kohelet nimmt dagegen eher einen theoretischen Diskurs mit der Frage im Kontext des Sinnhorizontes auf.

Das Buch Ijob ist in verschiedenen Etappen entstanden, die sich in der Struktur des Buches widerspiegeln: Der erste Teil der Rahmenerzählung (1,1–2,13) stellt Ijob, den Hauptakteur des Buches als untadelig, rechtschaffen, gottesfürchtig, und das Böse meidend dar (1,1.8; 2,3). Dem Tun-Ergehen-Zusammenhang folgend geht es ihm daher gut: Er hat 7 Söhne, 3 Töchter, 7000 Stück Kleinvieh, 3000 Kamele, 500 Rinder und 500 Eselinnen, zudem Hausgesinde. Obwohl er mehrfach auf Veranlassung des Antagonisten der Erzählung, dem Satan, mit Leid geschlagen wird, bleibt er seiner Frömmigkeit treu. Der fromme Dulder bekennt seinen Glauben: »Der Herr hat gegeben, der Herr hat genommen; der Name des Herrn sei gepriesen.« (1,21). Der Erzähler kommentiert diese Haltung zudem: »Bei alledem sündigte Ijob nicht und machte Gott keinen Vorwurf.« (1,22). Damit antwortet die Rahmenerzählung auf die Fragen: Wie verhält sich ein Gerechter richtig im Leid? (Preuß 1987: 73) und: »Tun Menschen nur Gutes, um dafür eine Gegenleistung zu erhalten?« (Bar-Efrat 2006: 103). Diese Fragen entsprechen dem anthropozentrischen Grundanliegen der älteren Weisheit.

Im Hauptteil des Ijobbuches, dem Prosateil (3,1–42,6), mutiert Ijob zu einem Rebell, der sich weder mit seinem Leid, noch mit dem Gedanken an einen gerechten Gott abfinden kann. In immer neuen und langatmigen Dialogen mit seinen Freunden Elifas, Bildad, Zofar und Elihu

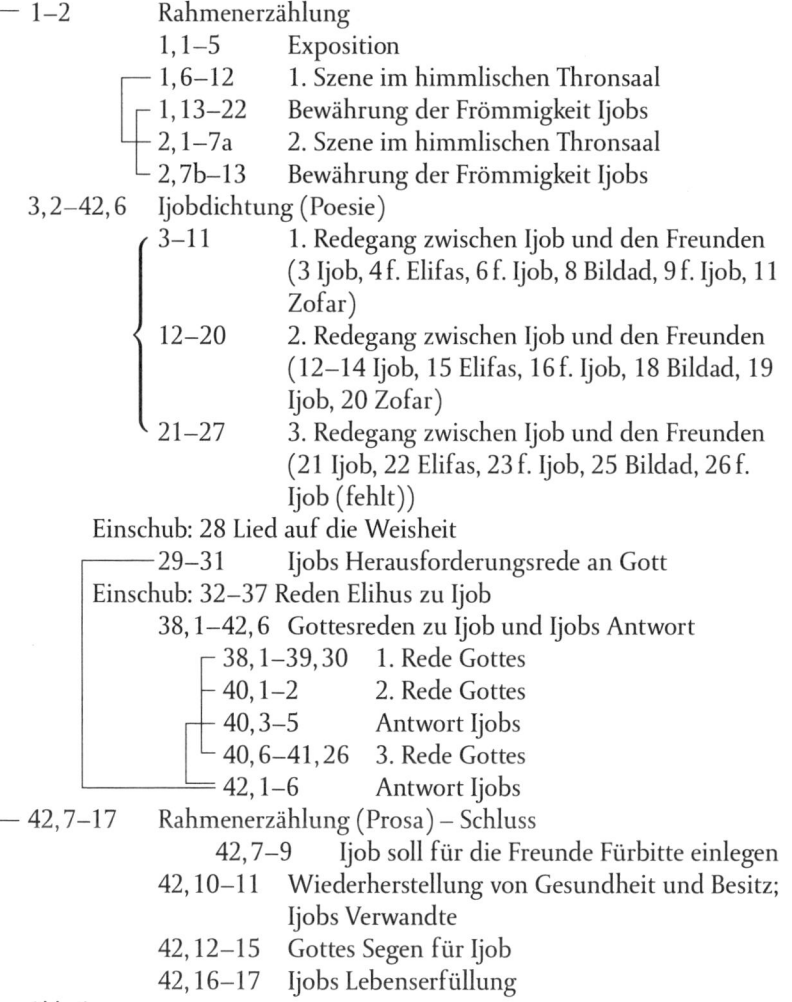

1–2   Rahmenerzählung
  1,1–5   Exposition
  1,6–12   1. Szene im himmlischen Thronsaal
  1,13–22   Bewährung der Frömmigkeit Ijobs
  2,1–7a   2. Szene im himmlischen Thronsaal
  2,7b–13   Bewährung der Frömmigkeit Ijobs
3,2–42,6   Ijobdichtung (Poesie)
  3–11   1. Redegang zwischen Ijob und den Freunden
                 (3 Ijob, 4f. Elifas, 6f. Ijob, 8 Bildad, 9f. Ijob, 11
                 Zofar)
  12–20   2. Redegang zwischen Ijob und den Freunden
                 (12–14 Ijob, 15 Elifas, 16f. Ijob, 18 Bildad, 19
                 Ijob, 20 Zofar)
  21–27   3. Redegang zwischen Ijob und den Freunden
                 (21 Ijob, 22 Elifas, 23f. Ijob, 25 Bildad, 26f.
                 Ijob (fehlt))
  Einschub: 28 Lied auf die Weisheit
  29–31   Ijobs Herausforderungsrede an Gott
  Einschub: 32–37 Reden Elihus zu Ijob
  38,1–42,6   Gottesreden zu Ijob und Ijobs Antwort
    38,1–39,30   1. Rede Gottes
    40,1–2   2. Rede Gottes
    40,3–5   Antwort Ijobs
    40,6–41,26   3. Rede Gottes
    42,1–6   Antwort Ijobs
42,7–17   Rahmenerzählung (Prosa) – Schluss
  42,7–9   Ijob soll für die Freunde Fürbitte einlegen
  42,10–11   Wiederherstellung von Gesundheit und Besitz;
                 Ijobs Verwandte
  42,12–15   Gottes Segen für Ijob
  42,16–17   Ijobs Lebenserfüllung

Abb. 4

(einem später hinzugefügtem Abschnitt) ringt und rebelliert er gegen das ihm zu Unrecht zugefügte Leid: »Warum starb ich nicht vom Mutterschoß weg, trat aus dem Mutterleib und starb dahin?« (3,11). Leid wird in diesem Mittelteil von den Freunden Ijobs als Erziehungsmaßnahme Gottes und als Strafe und Folge für Sünde gedeutet. Die Freunde Ijobs übernehmen die Rolle, die traditionellen theologischen Antworten zu verkünden, während Ijobs Protest ein Aufbegehren gegen eine abstrakte Wahrheit und einen Gerechtigkeitsbegriff ist, der der Realität im Alltag nicht standhält.

Der Prosateil stellt die Theodizeefrage: Warum muss ein Gerechter leiden? Gibt es keinen Gott, der Gerechtigkeit garantiert? Wer eine direkte Antwort auf die beiden Fragen erwartet, wird allerdings enttäuscht. Die Lösung des Modells Ijob sieht ganz anders aus. Die Gottesreden und Antworten Ijobs (38,1–42,6) stellen einen Wendepunkt im Prosateil dar und führen das Drama behutsam einer Lösung zu, die aus der Einsicht Ijobs in die Allmächtigkeit Gottes und seine eigene Ohnmacht besteht. Durch eine direkte Begegnung mit Gott lernt er ihn erst richtig kennen, vorher kannte er Gott nur dem Hörensagen nach, den theologischen Konstrukten seiner Freunde folgend. Der Höhepunkt und die Lösung ist in der Ijobrede in 42,5 zu sehen: »Vom Hörensagen nur hab' ich von dir gewusst; jetzt aber hat mein Auge dich geschaut.«

Der zweite Teil der Rahmenerzählung (42,7–17) knüpft an den ersten Teil an. Aufgrund der Fürbitte seiner Freunde erfährt Ijob eine Kehrtwende und wird rehabilitiert. Dabei erhält er doppelt zurück, was er verloren hat: 14000 Schafe, 6000 Kamele, 1000 Rinder, 1000 Eselinnen, 7 Söhne, 3 Töchter, deren Namen Ausdruck ihrer überragenden Schönheit ist: Jemima (Täubchen), Kezia (Zimtblüte), Keren-Happuch (Salbhörnchen). Ijobs Lebenszeit wird um weitere 140 Jahre, das entspricht der doppelten durchschnittlichen maximalen Lebenserwartung der Zeit, erhöht.

Synchron im Zusammenhang gelesen wird die Ijobfigur dynamisch entwickelt. Aus einem Ijob, der sich als frommer Dulder unhinterfragt seinem Schicksal fügt und einem Gott unterwirft, den er nur aus der Theorie des Tun-Ergehen-Zusammenhangs kennt, wird ein Rebell gegen diesen unhaltbaren Lehrsatz, der durch die Existenz Ijobs und sein radikales Fragen als Leersatz entlarvt wird (Würthwein 1970: 252). Aber auch bei dieser Haltung bleibt die Ijobfigur nicht stehen: Sie fragt sich durch bis zum Äußersten und begegnet damit Gott selbst. Im Gegenüber Gottes erkennt Ijob seine Grenzen als Mensch und die unermessliche Größe Gottes. Dies entspricht dem theozentrischen Grundanliegen der Krise der Weisheit (Würthwein 1970: 292).

Der Begriff der Gerechtigkeit wird dabei weiterentwickelt: Aus dem eindimensionalen Denken des garantierten Tun-Ergehen-Zusammenhangs wird der Gerechtigkeitsbegriff komplexer und auf der Beziehungsebene dynamisch weiterentwickelt. Er bezeichnet am Ende nicht mehr die Garantie einer Ordnung, sondern die Erkenntnis der Größe Gottes und des Kleinseins der Menschen. Tatsächliche Begegnung und Beziehung zwischen zwei so ungleichen Partnern wie Gott und Mensch sie darstellen, ist dann – nach Ijob – möglich und bedeutet Gerechtigkeit im wirklichen Sinne. Die Theodizeefrage wird damit von der theoretischen Ebene auf die existentielle und religiöse Ebene verlagert, auf der die Gottesbegegnung zum alles entscheidenden Punkt wird.

An den Beispielen der Ijobrede in der Rahmenerzählung und der Schilderung seiner Reaktionen soll dies nachfolgend noch einmal verdeutlich werden. Dabei fällt auf, dass Ijob im zweiten Teil der Rahmenerzählung schweigt; es ist alles erschöpfend gesagt. Sein Schweigen ist Folge seiner Begegnung mit Gott.

An den Nebenakteuren, den Freunden Ijobs, sowie am zweiten Hauptakteur, Gott, lässt sich in der Rahmenerzählung ebenfalls Wesentliches über das Modell des gerechten Leidenden ablesen. Das Leid hat Ijob so verändert, dass er für seine Freunde nicht mehr zu erkennen ist (1,12). Sein Schmerz ist so groß, dass er eine volle Woche schweigt, bevor sich sein Schmerz Bahn bricht. Während sich Ijob unter dem Leid als Mensch verändert, bleibt sein Gottesbild im ersten Teil der Rahmenerzählung jedoch – merkwürdiger Weise – unverändert. Gerechtigkeit scheint ein statischer Wert zu sein, der sich den existentiellen Erfahrungen nicht anpasst.

Direkte Rede Ijobs	Reaktion Ijobs (Kommentierung)
	1,5 Jedes Mal, wenn die Tage des Gastmahls beendet waren, schickte Ijob, um sie zu reinigen. Früh am Morgen erhob er sich und brachte entsprechend ihrer Zahl Brandopfer dar. Denn Ijob dachte:
1,5 Vielleicht haben meine Kinder gesündigt und Gott in ihrem Herzen geflucht.	
	1,20 Da erhob sich Ijob, zerriss sein Obergewand, schor sein Haupt, fiel auf die Erde und betete. Dann sprach er:
1,21 Nackt kam ich aus dem Schoß meiner Mutter; nackt kehre ich dorthin zurück. Der Herr hat gegeben, der Herr hat genommen; der Name des Herrn sei gepriesen.	
	1,22 Bei alledem sündigte Ijob nicht und machte Gott keinen Vorwurf.

Direkte Rede Ijobs	Reaktion Ijobs (Kommentierung)
	2,8 Er nahm sich eine Scherbe, um sich damit zu schaben, während er mitten in der Asche saß.
2,10 Wie eine törichte Frau spricht, so redest auch du. Wenn wir das Gute von Gott annehmen, warum nicht auch das Böse?	
	2,10 Bei all dem sündigte Ijob nicht mit seinen Lippen.

Abb. 5

Aus den wörtlichen Reden Ijobs im ersten Teil der Rahmenerzählung ist ein Ijob zu erkennen, dessen Gottesbild Gutes und Böses integriert und der stellvertretend Sühnopfer für möglicher Weise begangene Sünden seiner Kinder bringt. Der Erzähler kommentiert die Haltung Ijobs: Er ist und bleibt treu gegenüber Gott, verzichtet auf Vorwürfe und sündigt nicht. Vielmehr übt er durch Gebet und Opfer seine Frömmigkeit weiter aus.

Stelle	Reaktionen Gottes im zweiten Teil der Rahmenerzählung
42,9	Und der Herr nahm Rücksicht auf Ijob. (→ 42,8)
42,10	Der Herr wendete das Geschick Ijobs, als er für seine Freunde Fürbitte einlegte, und vermehrte alles, was Ijob besessen hatte, auf das Doppelte.
42,12	Der Herr aber segnete die folgende Lebenszeit Ijobs mehr als seine frühere:

Abb. 6

Dieses starre Gerechtigkeitsmodell wird durch den Prosateil des Ijobbuches in Frage gestellt; es weicht einem dynamischen Gerechtigkeitskonzept, wie es im zweiten Teil der Rahmenerzählung an den Reaktionen Gottes auf Ijob zu erkennen ist.

Gott nimmt Rücksicht (42,9) auf Ijob, er wendet sein Geschick (V. 10), vermehrt seinen Besitz und segnet (V. 12) seine Lebenszeit mehr.

Mit der Zuwendung Gottes zu Ijob ist im Gottesbild eine Veränderbarkeit ausgesagt. Entgegen dem bisherigen starren Tun-Ergehen-Zusammenhang wird Gerechtigkeit nicht mehr als garantierte Weltordnung verstanden, sondern als ein barmherziges Entgegenkommen Gottes. Die Spannung von Gerechtigkeit und Barmherzigkeit im Gottesbild wird damit auf eine dynamische und überzeugende Weise gelöst.

Gottesrede zu Satan	Satansrede zu Gott
1,7 Woher kommst du?	
	1,7 Ich streife auf der Erde umher und erging mich auf ihr.
1,8 Hast du auch auf meinen Knecht Ijob Acht gegeben? Denn es gibt niemand auf der Erde wie ihn. Er ist untadelig und rechtschaffen, fürchtet Gott und meidet das Böse.	
	1,9 Ist denn Ijob umsonst so gottesfürchtig? 10 Hast du nicht selbst einen Zaun errichtet um ihn, sein Haus und all sein Eigentum ringsum? Das Werk seiner Hände hast du gesegnet und sein Besitz dehnt sich im Land aus. 11 Doch strecke einmal deine Hand aus und rühre an all seinen Besitz. Wahrhaftig, er wird dir ins Angesicht fluchen!
1,12 Siehe, alles, was er besitzt, ist in deine Hand gegeben. Nur gegen ihn selbst darfst du deine Hand nicht ausstrecken.	
2,2 Woher kommst du?	
	2,2 Ich streife auf der Erde umher und erging mich auf ihr.
2,3 Hast du auch auf meinen Knecht Ijob Acht gegeben? Denn es gibt niemand auf der Erde wie ihn. Er ist untadelig und rechtschaffen, fürchtet Gott und meidet das Böse. Er verharrt noch immer in seiner Untadeligkeit. Du aber hast mich umsonst gereizt, ihn zu verderben.	
	2,4 Haut um Haut! Alles, was der Mensch besitzt, gibt er für sein Leben. 5 Doch streck einmal deine Hand aus und rühr an sein Gebein und Fleisch. Wahrhaftig, er wird dir ins Angesicht fluchen.
2,6 Wohlan, er sei in deiner Hand. Nur schone sein Leben.	

Abb. 7

Der zweiteilige Dialog zwischen Gott und Satan dreht sich um die Echtheit der Frömmigkeit und Rechtschaffenheit Ijobs. Die Schlüsselfrage ist in der Frage Satans in 1, 9 zu sehen: »Ist denn Ijob umsonst (*hinnām*) so gottesfürchtig?« Es geht demnach um die Bedingungslosigkeit und Echtheit der Frömmigkeit Ijobs. Sie wird im zweiten Teil der Rahmenerzählung in der zweiteiligen Gottesrede an Elifas aus Taman beantwortet. Der Zorn Gottes gegen die Freunde Ijobs und die Aufforderung zu einem Brandopfer wird zweimal sprachlich identisch begründet: »weil ihr über mich nicht die Wahrheit (*kwn*) gesprochen habt wie mein Knecht Ijob« (42, 7 f.).

Die Ijobfigur wird in der dramatischen Erzählung so weiterentwickelt, dass am Ende ein durch das Leid gereifter Ijob zum Vorschein tritt, der im und durch das schwere Leiden und das Ringen mit Gott zur wahren Gottesrede gefunden hat. Der theologische Lehrsatz vom Tun-Ergehen-Zusammenhang, der Gerechtigkeit garantiert, wird als Leersatz entlarvt. Das Modell des fragenden, rebellierenden und kritischen Ijob wird als Ideal präsentiert. Das Modell der Freunde Ijobs, die Lehren über Gott vertreten, die der menschlichen Erfahrung widersprechen, wird als falsch bewertet. Schließlich hat die Fürbitte eines derart gerechten Menschen wie Ijob, der in der richtigen, gesunden Gottesbeziehung steht, positive Auswirkungen auf das Verhältnis zwischen seinen Freunden und Gott. Sie ist es, auf die Gott Rücksicht nimmt und auf seinen Zorn verzichten lässt.

Ijob wird dabei in einer Gottesrede in der Rahmenerzählung je zweimal gleich charakterisiert: 1. Er ist untadelig, rechtschaffen, gottesfürchtig und das Böse meidend; 2. er hat die Wahrheit über Gott geredet. Dabei entfaltet die zweite Aussage in 42, 7 f. die vier Eigenschaften (ein Adjektiv, drei Verben im Hebräischen).

Die guten Eigenschaften Ijobs gipfeln in der Aussage des richtigen Redens von Gott – das ist wahre Gerechtigkeit.

Stelle	Charakterisierungen Ijobs
1,8	Er ist untadelig und rechtschaffen, fürchtet Gott und meidet das Böse.
2,3	Er ist untadelig und rechtschaffen, fürchtet Gott und meidet das Böse.
42,7	weil ihr über mich nicht die Wahrheit gesprochen habt wie mein Knecht Ijob.
42,8	Denn ihr habt nicht die Wahrheit über mich geredet wie mein Knecht Ijob.

Abb. 8

Zusammenfassend lässt sich festhalten, dass das Modell Ijob alle biblischen Modelle von Gerechtigkeit und Barmherzigkeit nicht nur an existentieller Radikalität, sondern auch an theologischer Einsicht über die Existenz Gottes übertrifft. Ijob wird zudem zu einem Modell eines wirklich gerechten Menschen, der in richtiger, erprobter Weise von Gott spricht. Vier Gottesreden (1, 8; 2, 3; 42, 7.8) bestätigen die Charakterisierung Ijobs in der Exposition des Dramas (1, 1). Ijob wird damit zum Modell eines echten und gerechten Weisheitslehrers vorgestellt.

3. Jona – Zorn und Barmherzigkeit Gottes

Theologisch geht es im Jonabuch um zwei zentrale Fragen, die mit der Haltung der Barmherzigkeit zu tun haben: Erstens: Kann Gott sich verändern? Oder anders gefragt: Kann Gott seinen Zorn in Barmherzigkeit wandeln? Und zweitens: Kann Jona sich verändern? Oder konkret gefragt: Kann er von seiner Unheilsankündigung lassen und stattdessen Barmherzigkeit verkünden? Die erste Frage steht dabei zunächst im Zentrum, wird jedoch von der zweiten Frage nach der Haltung des Propheten abgelöst. Die Charakterisierung seiner Person und die dramatische Darstellung der Entwicklung seiner Persönlichkeit geben Einblick in das Verständnis von Barmherzigkeit.

Der Name Jona bedeutet »Taube« oder: »Unterdrückung«. Er charakterisiert bereits die fehlende Orientierung Jonas, die sich in seiner Flucht und seinem Verhalten gegenüber Gott und den Niniviten äußert. Die dramatische Entwicklung seiner Persönlichkeit lässt sich auch aus der Struktur des Jonabuches ablesen:

1, 1–3   Sendung Jonas nach Ninive
  1, 4–16   Jona und die heidnischen Seeleute
    2, 1–10   Jonas Gebet (Klagepsalm)

3, 1–3   Erneute Sendung Jonas nach Ninive
  3, 3–10   Jona und die heidnischen Niniviten
    4, 1–4   Jonas Gebet (Gericht und Erbarmen Gottes)
    ⟶ 4, 5–11   Gottes Lektion für Jona

Abb. 9

Das Buch ist schlicht zweiteilig und erzählt von der zweifachen Sendung Jonas (1, 1–3; 3, 1–3) zu den Niniviten, der negativen Reaktion Jonas in Form seiner Flucht (1, 4–6) und seiner Unheilspredigt in Ninive (3, 3–

10), seinen Gebeten (1, 7–2, 10; 4, 1–4) und schließlich – als überschüssiges Element des zweiten Teils – vom Höhepunkt des Dramas, der Lektion Gottes für Jona.

Das Buch wird damit zu einer Lektion über die Barmherzigkeit Gottes, die von Menschen imitiert werden will.

Die Sendung Jonas besteht im Auftrag Gottes, Prophet für die Völker zu sein. Tarschisch ist nach Jes 66, 19 ein Ort, an dem die Kunde Gottes noch nicht angekommen ist und die Bewohner die Herrlichkeit Gottes noch nicht geschaut haben. Jona entzieht sich diesem Auftrag zunächst durch Flucht vor seiner Berufung. Paradoxer Weise wirkt Gottes Auftrag dennoch durch den widerspenstigen Propheten, indem die heidnischen Seeleute anstelle der heidnischen Bewohner Ninives bekehrt werden. Gott, der zweite Hauptakteur der Erzählung, hat unerwarteten Erfolg an anderer Stelle. Durch seine Flucht, d. h. seinen Ungehorsam der Sendung Gott gegenüber, wird Jona zunächst als Antiheld der Erzählung vorgestellt, der in scharfem Kontrast zum Erzvater Abraham steht, dessen Glaube ihm zur Gerechtigkeit angerechnet wurde (Gen 15, 6). Das Ende des Dramas ist offen; die Erzählung bricht nach der Lektion Gottes ab und überlässt es den Adressaten, allfällige ideale und/oder realistische Reaktionen der Hauptfigur der Erzählung zu denken.

Neben dem Handeln des Propheten offenbaren die wörtlichen Reden seinen Charakter, sein Gottesbild und seine Motivation zum Handeln:

Glaubens-bekenntnis	1, 9: Ich bin ein Hebräer und verehre den Herrn, den Gott des Himmels, der das Meer und das Festland gemacht hat.
	4, 2: Ach Herr, habe ich das nicht gesagt, als ich noch in meiner Heimat war? Deshalb wollte ich das erste Mal nach Tarschisch fliehen; denn ich wusste, dass du ein gerechter und barmherziger Gott bist, zögernd im Zorn und reich an Gnade, und dass dich das Unheil reut.
Erbarmen mit Seeleuten	1, 12: Nehmt mich und werft mich ins Meer, damit das Meer sich beruhigt und von euch ablässt; denn ich weiß, dass dieser große Sturm durch mich über euch gekommen ist.
Prophetisches Unheilswort	3, 4: Noch vierzig Tage und Ninive ist zerstört.

Gebet	1,3 Ich rief in meiner Not zum Herrn, und er hat mich erhört. Aus dem Schoß der Unterwelt schrie ich um Hilfe, und du hörtest meine Stimme. 4 Du hast mich in die Tiefe geworfen, in das Herz der Meere, dass mich die Fluten umschlossen. Alle deine Wogen und Wellen gingen über mich dahin. 5 Da sagte ich mir: Ich bin verstoßen von dir. Wie kann ich je wieder deinen heiligen Tempel erblicken? 6 Die Wasser stiegen mir bis an die Kehle, es umfing mich die Flut; Schilf wand sich um mein Haupt. 7 Bis an die Wurzel der Berge stieg ich hinab in die Erde; ihre Riegel sollten für immer mich einschließen. Aber du zogst mein Leben aus dem Grab empor, Herr, mein Gott. 8 Als der Atem mir schwand, da dachte ich an den Herrn. Mein Gebet drang zu dir in deinen heiligen Tempel. 9 Die nichtigen Götzen verehren, verlassen ihre Hilfe. 10 Ich aber will mit lautem Dank dir Opfer bringen. Was ich gelobt habe, will ich erfüllen. Die Rettung kommt vom Herrn.
Gericht gegen sich selbst	4,3 So nimm denn nun, Herr, mein Leben von mir; denn es ist besser, ich sterbe, als dass ich am Leben bleibe. 4,8: Es ist besser, ich sterbe, als dass ich am Leben bleibe. 4,9: Mit Recht bin ich zornig und wünsche mir den Tod.

Abb. 10

Die wörtlichen Reden Jonas offenbaren eine ungelöste Spannung zwischen Gerechtigkeit/Gericht und Barmherzigkeit.

Einerseits flieht er vorm Herrn (1,3) und vor der Unheilsbotschaft, die er in Ninive zu verkünden hat (1,3) und übt Erbarmen mit den Seeleuten (1,12). Andererseits verkündet er den Untergang Ninives (3,4) und erwartet Gottes Gericht gegen ihn selbst als Strafe (4,3.8.9). Beide Sichtweisen Jonas von Gott stehen als ungelöste Spannung einander diametral gegenüber. Das zweite Gebet in 4,2 f. entfaltet das Grunddrama des Jonabuches durch ein Zitat der Gottesrede an Mose aus Ex 34,6 weiter. Darin bekennt Jona einen Gott, dessen Zorn zögernd, dessen Gnade reich ist und den das Unheil reut. Dieses Glaubenswissen hat ihn – so wird erstmals in 4,2 offenbart – zur Flucht vor dem Auftrag Gottes verleitet.

Damit wird die Figur Jona zu einer Protestgestalt gegen die Barmherzigkeit Gottes.

Er ist zweimal zum Sterben bereit, um nicht die Barmherzigkeit Gottes verkünden und erleben zu müssen: Das erste Mal geschieht es bei seiner Flucht vor der Verkündigung in Ninive; er äußert sich entsprechend gegenüber den Seeleuten (1,12). Das zweite Mal bittet er Gott dreimal, ihn sterben zu lassen (4,3.8.9).

Diese Spannung zwischen Gerechtigkeit und Barmherzigkeit Gottes wird durch Leerstellen im Text zusätzlich unterstrichen.

In 1,2 wird den Lesern (und Jona) der Inhalt seiner Botschaft gegen Ninive nicht mitgeteilt (»predige gegen sie«); lediglich der Anlass der Predigt, die Schlechtigkeit der Bewohner *(rāᶜāh)*, wird genannt. Auch in 3,2 wird der Inhalt der Predigt nicht genannt, lediglich der Auftrag Gottes. Die Frage, ob die Unheilsbotschaft, die von Jona in 3,4 überliefert wird, mit dem Auftrag Gottes übereinstimmt oder nicht, stellt sich an dieser Stelle zunächst nicht. Erst die Reaktion Jonas in 4,1, die in Widerspruch zur Reue Gottes angesichts der Umkehr der Niniviten steht, bedeutet eine Überraschung.

Auftrag	1,1 Das Wort des Herrn erging an Jona, den Sohn des Amittai: 2 Auf, geh nach Ninive, in die große Stadt, und predige gegen sie; denn ihre Bosheit ist bis zu mir gedrungen.
	3,1 Das Wort des Herrn erging an Jona zum zweiten Mal: 2 Steh auf und geh nach Ninive, in die großen Stadt, und predige ihr, wie ich dir auftragen werde.
Gericht	1,4 Da warf der Herr einen starken Wind auf das Meer, und es entstand ein gewaltiger Sturm, sodass das Schiff auseinander zu brechen drohte.
	2,1 Der Herr aber bestimmte einen großen Fisch, Jona zu verschlingen.
Erbarmen	2,11 Da gebot der Herr dem Fisch, und er spie Jona ans Land.
	3,10 Als nun Gott sah, dass sie von ihrem bösen Tun umkehrten, da reute ihn das Böse, das er ihnen angedroht hatte, und er tat es nicht.
	4,4 Ist es wohl recht, dass du zornig bist?
	4,9 Ist es wohl recht, dass du wegen der Rizinusstaude zornig bist?
	4,10 Du hast Mitleid mit der Rizinusstaude, um die du dich nicht gemüht und die du nicht herangezogen hast, die in einer Nacht heranwuchs und in einer Nacht verging. 11 Ich aber sollte nicht Mitleid haben mit Ninive, der großen Stadt, in der mehr als einhundertzwanzigtausend Menschen leben, die nicht einmal zwischen rechts und links unterscheiden können, und dazu so viel Vieh?

Abb. 11

Das Jonabuch stellt demzufolge die beiden Hauptprotagonisten JHWH und Jona als zwei verschiedene Modelle vor, mit denen die Spannung zwischen Gerechtigkeit und Barmherzigkeit gelöst werden kann. Die Sympathie des Autors für das Modell, das JHWH vertritt, ist dabei unverkennbar. Am Handeln und Sprechen JHWHs sind sowohl sein Gericht als auch seine Barmherzigkeit ablesbar. Dabei entwickelt er sich zunehmend zu einem Gott der Barmherzigkeit, den das Gericht reut. Jona hingegen spielt eine ambivalente Rolle. Die Motivation seines Handelns bleibt zunächst verborgen, so dass der Eindruck entsteht, ihm liege mehr an der Barmherzigkeit als an der Unheilspredigt. Erst das Schlusskapitel lässt eine Einsicht in das Innere des Propheten zu. Die Spannung zwischen der Unheilspredigt und Heilspredigt kann er scheinbar nur lösen, indem er voller Zorn auf die Barmherzigkeit Gottes reagiert und sich den Tod wünscht. Sein Charakter entwickelt sich in der Erzählung nicht weiter, sondern bleibt statisch.

	JHWH	Jona	
Gottesrede	Aufforderung zur Umkehrpredigt (1,2; 3,2)	Flucht vor JHWH (1,3.10; 4,2)	Reaktion
		Selbstvorstellung & Bekenntnis zum Schöpfergott (1,9)	Prophetenrede
Aktion	Sturm (1,4)	Selbstopfer (1,12)	Prophetenrede
[Aktion]	Ende des Sturms (1,15)	Gebet zu Gott (1,2–10)	Gebet
Aktion	Fisch verschlingt (2,1)	Umkehrpredigt (4,4)	Prophetenrede
Aktion	Fisch speit aus (2,11)	Gebet zu Gott (4,2f.): gerechter und barmherziger Gott	Gebet
Reaktion	Gott: sehen – reuen – nicht tun (3,10)	Zorn Jonas (4,1.4.9)	Reaktion
Gottesrede	Mitleid mit Ninive (4,11)	Mitleid mit Rizinusstaude (4,10)	Gottesrede

Abb. 12

Die rhetorische Schlussfrage in 4,11 dient daher dem weiteren Nachdenken des Lesers über die beiden Rollenangebote. Sie hat eine Schlüsselfunktion für die Spannung von Gerechtigkeit und Barmherzigkeit. In einem Vergleich vom Leichteren auf Schweres (a minori ad maiorem) wird das

Erbarmen (ḥws – nur in Jona 4,10 f.) des Propheten mit einer untergehenden Rizinusstaude mit dem Erbarmen Gottes mit 120000 Menschen in Ninive verglichen, denen der Untergang droht. Die rhetorische Frage in V. 11 beschließt das Buch. Die naheliegende Antwort, die die Adressaten erschließen können, beinhaltet, dass Erbarmen wandeln darf.

Als weitere Kontrastfiguren zu Jona fungieren die Nebenakteure in der Erzählung, deren Wandlung und Umkehr zu einem barmherzigen Gott sich schnell vollzieht:

Heidnische Seeleute		Heidnische Niniviten	
Seeleute	1,5: Ruf zu »ihren« Göttern	3,5: glauben – rufen Fasten – anziehen von Bußgewändern	Niniviten
Kapitän	1,6: Bitte um Jonas Fürbitte bei JHWH (»deinen Gott«)	3,6: aufstehen – ablegen der Robe – anziehen eines Bußgewandes – setzen in Asche	König
Seeleute	1,14: Ruf zu JHWH um Errettung	3,7–9: Ausruf: Hoffnung auf Reue Gottes	König
Seeleute	1,16: Gott fürchten – opfern – geloben		

Abb. 13

In kürzester Zeit sind sowohl die heidnischen Seeleute als auch die heidnischen Niniviten zum Glauben an einen barmherzigen Gott gewonnen, der von seinem Gericht absieht (1,14; 3,9). Diesen Glauben erreicht Jona, der Prophet JHWHs, bis zum Ende der Erzählung nicht. Bei ihm bleibt es beim Wissen um Gottes Gericht und seine Barmherzigkeit, das als zitiertes Wissen aus Ex 34,6 referiert wird, aber nicht in seine Persönlichkeit und seinen Glauben integriert ist.

Jona wird damit in mehrfacher Weise nicht nur als Antiheld dargestellt, vielmehr ist seine Persönlichkeit durch einen Kontrast zwischen Beten und Tun gekennzeichnet. Im Gebet ist er demütig und fromm, beim Handeln resistent und hartnäckig. Erst nach seiner zweiten Sendung (3,1–3), die konkreter den Auftrag Gottes beinhaltet (3,2: »wie ich dir auftragen werde«), wandelt sich sein Ungehorsam in Gehorsam. Er hört und gehorcht nun Gottes Auftrag. Das Erstaunliche passiert ein zweites Mal: Jona kann sofortigen Erfolg verbuchen, die Niniviten sind nach nur einem Tag der Umkehrpredigt durch Jona bekehrt (3,5–9). Nur mit Jona stimmt etwas nicht, er kann mit dem Erfolg nicht umgehen. Jona fühlt sich schlecht (4,1): »Das aber verdross Jona sehr, und er

wurde zornig *(hārāh)*.« Der Grund dafür ist die gleiche Schwäche des
Propheten, die bereits bei seiner ersten Sendung zu Tage getreten ist:
sein mangelndes Vertrauen in die Barmherzigkeit JHWHs, das durch
das Vertrauen der Heiden zudem scharf kontrastiert wird.

Im zweiten Gebet (4,1–4) drückt Jona sein Wissen über das Gericht
und die Barmherzigkeit Gottes aus: »Deshalb wollte ich das erste Mal
nach Tarschisch fliehen; denn ich wusste, dass du ein gerechter und
barmherziger Gott bist, zögernd im Zorn und reich an Gnade, und dass
dich das Unheil reut.« (4,2) Damit offenbart der Protagonist der Handlung erst im Schlusskapitel die Motivation seiner Flucht vor Gottes Auftrag in 1,2. Im Schlusskapitel sind die Themen Zorn und Barmherzigkeit
planvoll angeordnet (Opgen-Rhein 1997: 96):

Verse	Thema
V. 1	Jonas Bösesein und Zorn
VV. 2 f.	Jonas Gebet → Klage → Wissen um Gerechtigkeit, Erbarmen und Reue Gottes → Todeswunsch
V. 4	Gottesrede: Frage nach der Berechtigung des Zorns

Verse	Thema
V. 5	Jona erwartet den Untergang Ninives
V. 6	Gott bestellt einen Rizinusstrauch – Folgen & Reaktion Jonas → Schatten & Befreiung vom Bösesein → Freude Jonas
V. 7	Gott bestellt einen Wurm – Folgen → Verdorren des Rizinusstrauchs
V. 8	Gott bestellt einen glühenden Ostwind – Folgen & Reaktion Jonas → Sonne sticht → Ohnmacht → Bitte um Sterben

Verse	Thema
V. 9a	Gottesrede: Frage nach der Berechtigung des Zorns
V. 9b	Jonas Zorn und Todeswunsch werden bekräftigt
V. 10	Gottesrede: Jonas Erbarmen mit dem Rizinusstrauch – Gottes Erbar- men mit Ninive

Abb. 14

Sehr deutlich wird in Jona 4 der Kontrast zwischen der barmherzigen Haltung Gottes und dem zornigen Jona. Während Gott eine dynamische Erzählfigur darstellt, dessen Reue zu einer Verhaltensänderung führt, bleibt die Jonafigur bis zum Ende statisch. Selbst der König der Niniviten, dessen Hoffnung auf Gottes Reue erfüllt wird, ist positiver beschrieben als Jona. Die einzige Erzählfigur, die sich nicht dynamisch weiterentwickelt, sondern statisch bei der Verhaftung des Zorns bleibt, ist Jona. Das Rollenangebot Gottes und der heidnischen Figuren der Erzählung wird seine Wirkung auf den Leser nicht verfehlen. In diesen Figuren gibt der Erzähler seine theologische Sicht von Gott wider.

Doch ein Rest Hoffnung bleibt für die Jonafigur: Am Ende bleibt offen, ob Jona in der Lage ist, barmherzig mit sich und den Niniviten umzugehen. Während Gott seinen Zorn in Erbarmen ändert, wandelt sich Jonas Ungehorsam zwar in Gehorsam, aber ob er die Barmherzigkeit Gottes in seine Haltung integrieren kann, bleibt offen. Es ist Aufgabe der Adressaten des Jonabuches, die Erzählung in ihrer Situation weiter zu schreiben und dabei die Veränderbarkeit Gottes, die hier am Ende des Septuaginta-Kanons erstmals explizit auftaucht, mit ihrem Glauben in Einklang zu bringen. Israel wird erzählt, wie groß JHWHs Erbarmen mit den Heiden ist. Damit einher geht die Aufforderung an Israel, sich den Heidenvölkern zu öffnen.

Barmherzigkeit hat im Jonabuch eine konkrete geschichtliche Färbung: Es geht um jene Öffnung Israels den Heiden gegenüber, die nicht im Widerspruch zum Erwählungsanspruch steht. Das Problem der Spannung zwischen Erlösung Israels und der Völker wird mit der Haltung der Barmherzigkeit gelöst. Barmherzigkeit beinhaltet eine Haltung und ein Handeln, das von der eigenen Situation und Gottesbeziehung zugunsten einer universalen Öffnung zu den Heiden absehen kann. Die Gestalt Jonas, die als Typos gekennzeichnet wird, dient als negative Identifikationsfigur für Israel, das in dieser Frage der Orientierung bedarf. Der zweite Hauptakteur, Gott, bietet den Adressaten die Lösung an, die in der imitatio Dei zu finden ist.

Die Spannung zwischen Gerechtigkeit und Barmherzigkeit wird im Jonabuch mit dem Thema der Veränderbarkeit Gottes gelöst. Sie lässt sich in drei Schritten erkennen: 1. Prophetische Umkehrpredigt angesichts der Bosheit Ninives: Androhung der Vernichtung (Jona 1,2; 3,4) 2. Reue Gottes angesichts der Umkehr Ninives: Verzicht auf die Vernichtung (Jona 3,9; 3,10) 3. Mitleid mit Ninive (Jona 4,11). Das zweite Gebet Jonas in 4,1–4 beinhaltet zudem dessen Wissen um diese Spannung, die Teil des Wesens Gottes ist. Zitiert wird dabei die Gottesrede, die sich an Mose in Ex 34,6 richtet: »Jahwe, Gott, barmherzig und gnädig, langsam zum Zorn und reich an Gnade und Treue« (vgl. dazu auch Ps 86,15; 103,8; 145,8; Joël 2,13).

Das Buch Jona hat eine je unterschiedliche Stellung im jeweiligen Kanon des AT. Im Masoretischen Text steht es – der zeitlichen Anordnung der kleinen Propheten im hebräischen Kanon entsprechend – an 5. Stelle jener Prophetenbücher des Dodekapropheton, die aus dem 8. Jh. entstammen.

In der Septuaginta – der thematischen Anordnung der kleinen Propheten im griechischen Kanon entsprechend – nimmt es den 6. Platz der kleinen Propheten ein, die besonders das Gericht gegen die Völker zum Zentrum haben. Jona gehört zum zweiten (Masoretischer Text) bzw. dritten Teil (Septuaginta) des AT, den Prophetenschriften, in denen es um den Schuldaufweis für das Nordreich bzw. das Südreich für die beiden großen Katastrophen in der Geschichte Israels geht.

Im Kanon des AT ist das Jonabuch theologisch eng mit der Abrahamserzählung verbunden, insofern Jona der Antitypos zu Abraham ist, der gehorsam dem Ruf Gottes folgt (Gen 12,1–9) und an Gottes Gerechtigkeit angesichts seiner beabsichtigten Vernichtung der Stadt Sodom erfolgreich appelliert (Gen 18,16–33). Abraham verkörpert nicht nur das Ideal der Gerechtigkeit (Gen 15,6), sondern auch der Barmherzigkeit (Gen 18,26–33), indem er Gott zur Rücknahme des Gerichts durch Barmherzigkeit auffordert. Ein durch die kanonische Leseweise des AT geschulter Blick wird Bezüge zwischen beiden Modellen herstellen und die Antwort auf die an Jona gerichtete rhetorische Schlussfrage des Buches (Jona 4,11) aus der Sicht der Abrahamserzählung geben können.

4.   Josef – Modell eines Gerechten

Von Josef ist im Mt fast ausschließlich in der Kindheitserzählung (Mt 1– 2) die Rede. Von ihm ist keine direkte wörtliche Rede überliefert, seine Figur wird ausschließlich durch Handlungen (Verben) beschrieben und entwickelt. Die Kindheitserzählung (Mt 1–2) ist klar gegliedert:

1, 1	Incipit
1, 2–17	Ursprung Jesu Christi → Stammbaum Jesu
1, 18–25	Ursprung Jesu Christi → Geburt Jesu wird angekündigt, nicht erzählt
2, 1–12	Besuch der Weisen → Geburt Jesu wird vorausgesetzt, nicht erzählt
2, 13–15	Flucht nach Ägypten
2, 16–18	Kindermord in Betlehem
2, 19–23	Rückkehr aus Ägypten

Abb. 15

Von Josef ist im Stammbaum (1, 2–17), dem Ursprung Jesu (1, 18–25), der Flucht nach Ägypten (2, 13–15) und der Rückkehr (2, 19–23) die Rede. In der Struktur der Kindheitserzählung ist ein Dreierschritt verborgen, der sowohl das Geschick Jesu beschreibt, als auch die damit verbundene Haltung und das Handeln Josefs:

Geburt	Gefährdung	Rettung

Abb. 16

Die Rettung wird dazu in drei Erzählabschnitten erzählt: Flucht nach Ägypten – Kindermord in Betlehem – Rückkehr aus Ägypten mit Ankunft in Israel und Niederlassen in Galiläa. Von Josef ist in drei Erzählungen ausführlich die Rede, in denen sowohl von seinem Gehorsam – seinem Hören und Befolgen des Wortes Gottes – und der Verlässlichkeit des Gotteswortes die Rede ist: Mt 1, 18–25: Ursprung Jesu – 2, 13–15: Die Flucht – 2, 19–23: Die Rückkehr.

Mt 1, 18–25: Ursprung Jesu

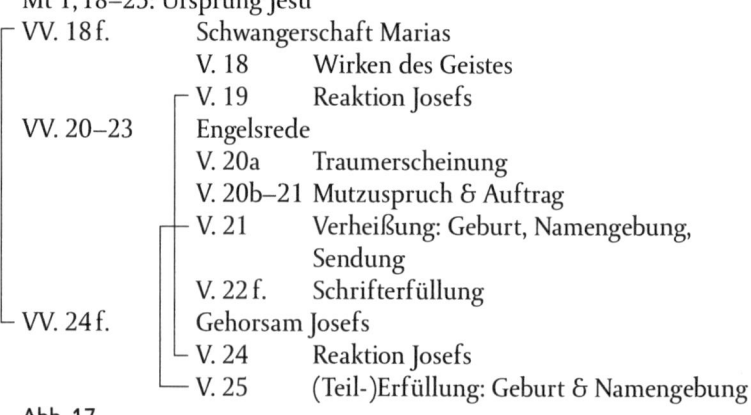

VV. 18 f.	Schwangerschaft Marias	
	V. 18	Wirken des Geistes
	V. 19	Reaktion Josefs
VV. 20–23	Engelsrede	
	V. 20a	Traumerscheinung
	V. 20b–21	Mutzuspruch & Auftrag
	V. 21	Verheißung: Geburt, Namengebung, Sendung
	V. 22 f.	Schrifterfüllung
VV. 24 f.	Gehorsam Josefs	
	V. 24	Reaktion Josefs
	V. 25	(Teil-)Erfüllung: Geburt & Namengebung

Abb. 17

Josef wird in dieser Erzählung neben einem Adjektiv (1,19: gerecht) durch Verben beschrieben; sein Handeln besteht aus zwei einander kontrastierenden Handlungssequenzen:

Handlungssequenzen	Verben der Bewegung	Verben des Sprechen (Denkens, Entscheidens)
1. Handlungssequenz Negativ	V. 19: (nicht) bloßstellen wollte	
		V. 19: beschloss
	V. 19: zu entlassen	
		V. 20: dachte
2. Handlungssequenz Positiv	V. 24: aufstehend	
	V. 24: tat	
	V. 24: nahm an	

Abb. 18

Die erste Handlungssequenz besteht aus Verben, die das Handeln Josefs in einem Dreierschritt beschreiben; sie haben negative bzw. positive Folgen für Maria und letztlich für die Heilsgeschichte:

Negativ	nicht bloßstellen wollen	beschließen	entlassen
Positiv	aufstehen	tun	annehmen

Abb. 19

Der negative Dreierschritt wird durch die Eigenschaft der Gerechtigkeit (dikaios) und das eigenständige Denken Josefs (enthumeomai) begründet. Der positive Dreierschritt wird durch eine Offenbarungsrede eines Engels des Herrn im Traum des Josef ausgelöst. Dabei verzichtet der Erzähler des Mt darauf, Josef mittels eines Adjektivs zu charakterisieren – er überlässt dies seinen Lesern.

Auffällig ist ferner, dass das positive Handeln nicht Folge eigener Überlegung ist, sondern des Hörens und Befolgens eines Auftrags. Aus dem Wollen (nicht bloßstellen) und aus dem Beschließen wird ein Tun (aufstehen, tun). Anstelle des Entlassens rückt das Gegenteil, die Annahme. Durch die beiden Dreierschritte wird eine radikale Kehrtwende in der Person Josefs beschrieben. Seine Handlungsänderung ist durch eine wörtliche Engelrede in einem Traum motiviert; dabei wird der Begriff der Gerechtigkeit Josefs gewandelt. Gerechtigkeit hat – explizit – zunächst in V. 19 die Bedeutung, dem Gesetz des AT zu folgen. Am Ende der Erzählung bezeichnet Gerechtigkeit – implizit – die richtige Beziehung zu Gott, eben das Hören und Gehorchen Gottes, und die damit verbundene richtige Beziehung mit Maria, die Folgen für die Heilsgeschichte hat.

Element	Zeit	Inhalt der Engelsrede
Mutzuspruch und Auftrag	Gegenwart	20 Joseph, Sohn Davids, fürchte dich nicht, anzunehmen Maria als deine Frau; denn das in ihr Gezeugte ist aus heiligem Geist.
Verheißung	Zukunft	21 Gebären aber wird sie einen Sohn, und rufen wirst du seinen Namen Jesus; denn er wird retten sein Volk von ihren Sünden.
Schrifterfüllung	Vergangenheit	22 Dieses Ganze aber ist geschehen, damit erfüllt wird das Gesagte vom Herrn durch den Propheten, (den) sagenden: 23 »Siehe, die Jungfrau wird schwanger werden, und gebären wird sie einen Sohn, und rufen werden sie seinen Namen Emmanuel,« das ist übersetzt: »mit uns (ist) Gott.«

Abb. 20

Die Engelsrede besteht aus drei Elementen: Auftrag – Verheißung – Schrifterfüllung. Sie umfasst alle drei Zeiten: Gegenwart – Zukunft – Vergangenheit. Das Schriftzitat begründet das zukünftige Geschehen durch eine Verheißung eines atl. Propheten. Die Erfüllung dieses Wortes Gottes – d.h. die Zuverlässigkeit des Gotteswortes – lässt den Leser die Handlungsänderung Josefs nachvollziehen. Der Leser kann die Folgen, die die Engelsrede für das Leben Josefs hat, mit Hilfe des Schriftzitats antizipieren. Josef erscheint so in der Rolle eines Offenbarungsempfängers, dessen Gehorsam Gott gegenüber eine positive Veränderung in Gegenwart und Zukunft bewirkt.

Der gerechte Josef wird zu einem barmherzigen Josef. Beide Handlungsmodelle fallen in der Erzählfigur implizit zusammen.

Mt 2, 13–23: Die Flucht und Rückkehr

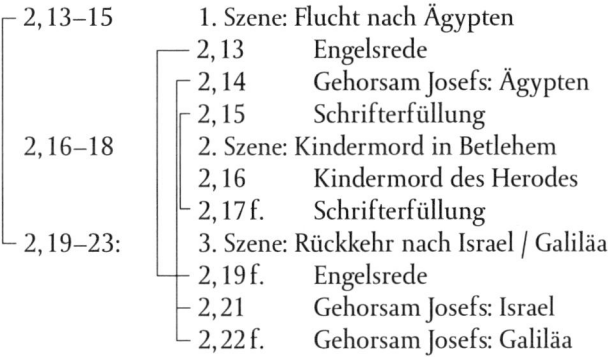

2, 13–15	1. Szene: Flucht nach Ägypten
2, 13	Engelsrede
2, 14	Gehorsam Josefs: Ägypten
2, 15	Schrifterfüllung
2, 16–18	2. Szene: Kindermord in Betlehem
2, 16	Kindermord des Herodes
2, 17 f.	Schrifterfüllung
2, 19–23:	3. Szene: Rückkehr nach Israel / Galiläa
2, 19 f.	Engelsrede
2, 21	Gehorsam Josefs: Israel
2, 22 f.	Gehorsam Josefs: Galiläa

Abb. 21

Die Engelsrede der ersten Szene besteht zunächst aus drei Handlungsanweisungen (Imperative) an Josef, einer zeitlichen Begrenzung des Auftrags (»bis ich zu dir spreche«) und einer anschließenden Begründung
(»denn Herodes will suchen das Kind, es zu vernichten«). Josef entspricht der dreifachen Handlungsaufforderung des Engels in dreifacher
Weise:

Akteur	1. Verb	2. Verb	3. Verb	Aktionsart
Engel	aufstehend nimm	flieh	sei	Imperativ
Josef	aufstehend nahm	floh	war	Indikativ

Abb. 22

Die beiden ersten Verben schildern jeweils eine Aktivität, das dritte Verb
den Ruhezustand, das Bleiben vor Ort. Auch in dieser Szene wird Josef
durch das folgende Schriftzitat mit einem gehorsamen Propheten,
einem Offenbarungsempfänger, verglichen, durch dessen Gehorsam
sich das Wort Gottes erfüllt. Auf den Traum, die Engelsrede, folgt die
Reaktion Josefs. Er wird damit als ein Hörender und Gehorchender dargestellt, der in der richtigen Beziehung zum Wort Gottes steht.

Die Engelsrede in der dritten Szene besteht aus einem letzten Auftrag, der nun – aufgrund überstandener Gefahr – kürzer ist. Er besteht
ebenso wie die anschließend geschilderte Reaktion Josefs nur mehr aus
zwei Schritten; der dritte Schritt, das Bleiben, fehlt zunächst, da das
erreichte Ziel Israel nur einen Zwischenstopp bedeutet:

Akteur	1. Verb	2. Verb	Aktionsart
Engel	aufstehend nimm	geh	Imperativ
Josef	aufstehend nahm	hineinkam	Indikativ

Abb. 23

Die Verben stehen in Parallele zu den Verben der ersten Szene, in der die Flucht nach Ägypten geschildert wird. Damit ist die Schilderung Josefs jedoch nicht beendet; eine erneute Engelsrede (V. 22), von der nur noch indirekt erzählt wird, lässt ihn die drei Handlungen noch zwei weitere Mal vollziehen.

Geschichte Jesu	Akteur	Aktionsart	1. Verb: Aktivität	2. Verb: Aktivität	3. Verb: Ruhe
Geburt	Engel	Auftrag	fürchte dich nicht	anzunehmen	
	Josef	Reaktion	aufstehend tat	annahm	
Gefährdung	Engel	Auftrag	aufstehend nimm	flieh	sei
	Josef	Reaktion	aufstehend nahm	floh	war
Rettung	Engel	Auftrag	aufstehend nimm	geh	
	Josef	Reaktion	aufstehend nahm	hineinkam	
	Josef	Aktion	hörend fürchtete	zu gehen	entwich
	Josef	Aktion	ankommend		wohnte

Abb. 24

Das letzte Verb, mit dem Josef in der Kindheitserzählung charakterisiert ist, ist das Wohnen *(katoikeō)* in Nazaret. Der Schlusspunkt bestätigt rückblickend sowohl die Verlässlichkeit der Verheißungen der Engelsrede als auch den durchgehenden Gehorsam Josefs.

An ihm wird modellhaft ablesbar, dass Gerechtigkeit das Hören und Befolgen des verlässlichen Wortes Gottes bedeutet. Mt führt mit der Josefsfigur das für ihn zentrale Thema der Gerechtigkeit Gottes ein.

Gerechtigkeit, Barmherzigkeit und Treue sind nach Auffassung des Mt das Kernstück der Tora (Mt 23, 23). Das Ideal des Gerechten schlechthin ist Jesus (Mt 27, 19), der zu Unrecht verurteilt wird und am Kreuz stirbt. Sein Hören und Befolgen des verlässlichen Wortes Gottes (Mt 4, 1–11) wird in der Josefsgestalt antizipiert. Josef wird damit zum ersten Modell des Nachfolgers Jesu. Jede/r, der diese Gerechtigkeit sucht, wird selig gepriesen (5, 6.10).

5. Paulus – Modell eines Ringenden um einen gerechten Gott

Am Beispiel der von Lk erzählten Bekehrung des Paulus (Apg 9) lässt sich ablesen, wie die Spannung zwischen Gerechtigkeit und Barmherzigkeit in einer Persönlichkeitsstruktur durch eine tiefgreifende Begegnung gewandelt und ausbalanciert wird. Sie wird dabei jedoch nicht aufgelöst, sondern an der Person Jesu neu ausgerichtet. In Apg 9 lassen sich drei Handlungssequenzen erkennen, in denen die Wandlung des Paulus beschrieben wird. Aus dem zornigen Paulus, dessen Denken zentral dem jüdischen Gesetz verhaftet ist und der teils Christen verfolgt, wird durch einen längeren Wandlungsprozess ein Sehender, der nach seiner Taufe das Evangelium Jesu Christi verkündet.

Handlungssequenzen	1. Verb	1. Verb	3. Verb
1. Handlungssequenz Negativ	schnaubend (kommunikation: drohen)	gehend	verlangte
2. Handlungssequenz Wandlung	nahekam	fallend	hörte
3. Handlungssequenz Positiv	aufstand	geöffnet waren	sah (nichts)
	(nicht) sehend	(nicht) aß	(nicht) trank
	fiel ab	sah	aufstehend wurde getauft

Abb. 25

Die alles entscheidende Wandlung im Handeln des Paulus erklärt Lk (ebenso wie Paulus selbst: vgl. Gal 1,15f.) durch eine visionäre Begegnung mit dem Auferstandenen.

Christus	Paulus
V. 4 Saul, Saul, was verfolgst du mich?	
	V. 5 Wer bist du, Herr?
V. 5 Ich bin Jesus, den du verfolgst; V. 6 doch steh auf und geh hinein in die Stadt, und gesagt werden wird dir das, was du tun musst!	

Abb. 26

Zunächst bleiben seine Augen blind für die neue Wirklichkeit, die sich seinem inneren Auge erschlossen hat. Er wird nach Damaskus zu Hananias geführt, der ihm durch das Erzählen seiner Vision und die Mitteilung des Geistes die Augen vollends öffnet. In der lk Erzählung erhält Paulus seine neue Bestimmung nicht in seiner Christusvision; vielmehr wird sie Hananias mitgeteilt. Damit unterstreicht Lk das Prozesshafte der Wandlung des Paulus.

Christus	Hananias
V. 10 Hananias!	
	V. 10 Siehe, (da bin) ich, Herr.
V. 11 Aufstehend <u>geh</u> zu der Gasse, der Gerade gerufenen, und <u>suche</u> im Haus (des) Judas einen mit Namen Saulos, einen Tarser! Denn siehe, er betet, 12 und er sah einen Mann [in einem Gesicht], Hananias mit Namen, hereinkommend und auflegend ihm [die] Hände, auf dass er wieder sähe.	
	V. 13 Herr, ich hörte von vielen über diesen Mann, wieviel Schlechtes er deinen Heiligen tat in Jerusalem; 14 und hier hat er Vollmacht von den Hochpriestern, zu binden alle Anrufenden deinen Namen.
V. 15 <u>Geh</u>, weil mir dieser ein Werkzeug (der) Erwählung ist, zu tragen meinen Namen vor Völker und Könige und (die) Söhne Israels; 16 denn ich werde ihm zeigen, wieviel er für meinen Namen leiden muss.	
	V. 17 Bruder Saul, der Herr hat mich geschickt, Jesus, der dir erschien auf dem Weg, auf dem du kamst, auf dass du wieder siehst und erfüllt wirst mit heiligem Geist.

Abb. 27

Die neue Existenzweise des Paulus, seine Sendung, besteht aus drei Elementen, die sowohl positive als auch negative Elemente (für Paulus) enthält:

Positiv	Positiv	Negativ
15 weil mir dieser ein Werkzeug (der) Erwählung ist	15 zu tragen meinen Namen vor Völker und Könige und (die) Söhne Israels	16 denn ich werde ihm zeigen, wieviel er für meinen Namen leiden muss
Beziehung Christus – Paulus	Auftrag	Leidensankündigung

Abb. 28

Im ersten Schritt wird die Beziehung zwischen Christus und Paulus unter dem Aspekt der Erwählung beschrieben; damit wird Paulus in die Heilsgeschichte Israels eingeordnet und zu einer prophetischen Gestalt profiliert. Der Doppelauftrag, vor den Völkern und Israel Christus zu verkünden, konkretisiert die Beziehung durch einen Handlungsappell. Paulus wird als Heilsprophet charakterisiert. Die Leidensankündigung als drittes und zukunftsweisendes Element fügt sich eher in die Linie der Unheilspropheten ein. Sie lässt die Schattenseite der Bekehrung für Paulus erkennen. Er wird fortan die Spannung zwischen Widerstand auf der einen Seite und Geistführung bzw. Führung durch fortdauernde Christusvisionen (Kowalski 2003: 392–399) aushalten müssen. Während Paulus zuvor ausschließlich als zornig und eifernd beschrieben wird, werden nun positive Haltungen durch die neue Christusbeziehung in seinen Charakter eingeschrieben.

Die Gestalt des Paulus wird als dynamische Persönlichkeit von Lukas in der Apg geschildert, der sich immer neuen Entscheidungssituationen stellen muss, bei denen es sowohl um die Verkündigungsmethoden des christlichen Glaubens als auch um seine eigene Existenz geht. Die Entscheidungssituationen beinhalten Handlungsmodelle für ein missionarisches Christsein. Erzähltechnisch dominiert Paulus als Gestalt etwa zwei Drittel des Umfangs der Apg. Seine Rolle und Persönlichkeit werden idealtypisch weiter entwickelt. Entscheidend ist, dass sich sein Handeln durch die Begegnung mit dem Auferstandenen insofern verändert, als es nun nicht mehr allein das Gericht Gottes verkörpert, sondern die Barmherzigkeit integriert. Lk beschreibt am Beispiel des Paulus, wie idealer Weise die Spannung zwischen Gerechtigkeit und Barmherzigkeit ausgehalten werden kann. Seine Lösung der Spannung bewegt sich zugunsten eines dynamischen Gerechtigkeitskonzepts, dessen ethische Konsequenz die universale Öffnung zu den Heiden ist.

6. Der barmherzige Samariter – Modell eines Barmherzigen

Die Parabel vom barmherzigen Samariter ist in einen Dialog Jesu mit einem namentlich nicht genannten Gesetzeslehrer eingebunden. Der gesamte Textabschnitt weist einen klaren Bauplan auf:

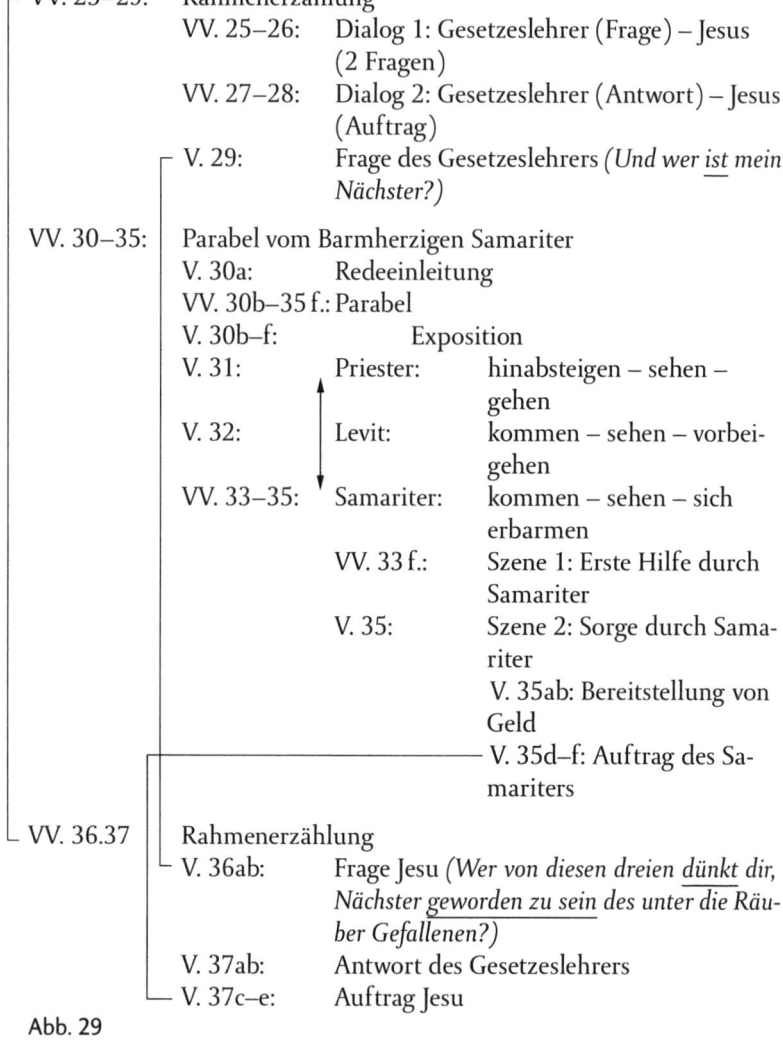

VV. 25–29:   Rahmenerzählung
    VV. 25–26:   Dialog 1: Gesetzeslehrer (Frage) – Jesus
        (2 Fragen)
    VV. 27–28:   Dialog 2: Gesetzeslehrer (Antwort) – Jesus
        (Auftrag)
    V. 29:   Frage des Gesetzeslehrers (*Und wer ist mein Nächster?*)

VV. 30–35:   Parabel vom Barmherzigen Samariter
    V. 30a: Redeeinleitung
    VV. 30b–35 f.: Parabel
    V. 30b–f: Exposition
    V. 31:   Priester: hinabsteigen – sehen – gehen
    V. 32:   Levit: kommen – sehen – vorbeigehen
    VV. 33–35:   Samariter: kommen – sehen – sich erbarmen
        VV. 33 f.:   Szene 1: Erste Hilfe durch Samariter
        V. 35:   Szene 2: Sorge durch Samariter
        V. 35ab: Bereitstellung von Geld
        V. 35d–f: Auftrag des Samariters

VV. 36.37   Rahmenerzählung
    V. 36ab: Frage Jesu (*Wer von diesen dreien dünkt dir, Nächster geworden zu sein des unter die Räuber Gefallenen?*)
    V. 37ab: Antwort des Gesetzeslehrers
    V. 37c–e: Auftrag Jesu

Abb. 29

Alternativ ließe sich der Textabschnitt auch in zwei parallele Dialoge gliedern. Dabei stellt die Parabel ein zusätzliches Element des zweiten

Dialogs dar und weist somit auf den Wendepunkt hin. Nicht nur die Parallelität der Fragen, Gegenfragen und Appelle wird mit Hilfe dieses Schemas noch deutlicher, sondern auch die Parallele zwischen dem Samariter in der Parabel und Jesus im rahmenden Dialog: Beide fordern zum Handeln auf (Kompendium 2007: 541).

1. Dialog	2. Dialog
V. 25e–f: Frage des Gesetzeslehrers	V. 29e: Frage des Gesetzeslehrers
	VV. 30b–35: Parabel vom Samariter
V. 26b–d: Gegenfrage Jesu	V. 36: Gegenfrage Jesu
V. 27d–i: Antwort des Gesetzeslehrers (Zitat)	V. 37b: Antwort des Gesetzeslehrers
V. 28b–d: Auftrag Jesu zum Handeln	V. 37d–e: Auftrag Jesu zum Handeln

Abb. 30

Entscheidend für die Frage nach der Bedeutung von Barmherzigkeit sind die drei Aufträge:

Jesus	Samariter	Jesus
28b Richtig <u>antwortetest</u> du; 28c dies <u>tue</u>, 28d und <u>du wirst leben</u>.	35d <u>Sorge</u> für ihn, 35e und was immer du dazu <u>aufwendest</u>, 35f. ich <u>werde</u> (es) bei meinem Zurückkommen dir <u>zurückgeben</u>.	37d <u>Geh</u>, 37e und du <u>tue</u> gleicherweise!

Abb. 31

Sie lassen einen Dreierschritt erkennen, der den zweifachen Auftrag zum Handeln als Sorgen für einen Menschen konkretisiert; Barmherzigkeit bedeutet demnach Handeln:

Imperative		
tue	sorge	geh – tue

Abb. 32

Die beiden Aufträge Jesu antworten nicht erwartungsgemäß auf die Anfragen des Gesetzeslehrers, die auf kognitiver Ebene eine theoretische Antwort forderten. Zwischen Jesus und dem Samariter besteht eine Parallele, die durch die drei Aufträge deutlich wird; sie besteht auf der Ebene des Handlungsappells.

Priester	Levit	Samariter
hinabsteigen	an den Ort kommen	zu ihm kommen
sehen	**sehen**	**sehen**
vorbeigehen	vorbeigehen	sich erbarmen
		hingehen & verbinden
		darauf gießen
		darauf setzen
		führen
		sorgen
		herausnehmen & geben
		sprechen

Abb. 33

Die Aktandenanalyse der Parabel lässt erkennen, dass Priester und Levit dem Samariter als Kontraste einander gegenübergestellt sind. Alle drei verbindet das Kommen und Sehen, die beiden ersten Schritte, miteinander. Im dritten Schritt unterscheidet sich der Samariter positiv von den beiden Kontrastfiguren, insofern er nicht vorbeigeht, sondern weitere Handlungsschritte folgen lässt. Der Kontrast zwischen den Figuren ist durch einen Dreierschritt aufgebaut:

Priester	hinabsteigen	sehen	vorbeigehen
Levit	kommen	sehen	vorbeigehen
Samariter	kommen	sehen	sich erbarmen

Abb. 34

Der Dreierschritt des Samariters ist den Lesern des Lk bereits aus der Auferweckung des jungen Mannes in Naïn bekannt. Dort ist es Jesus, dessen Handeln mit der Abfolge der gleichen Verben beschrieben wird (Lk 7,12 f.):

Jesus	nahekommen	sehen	sich erbarmen

Abb. 35

Das Erbarmen Jesu konkretisiert sich anschließend in einem Trostwort an die Witwe (V. 13), der Auferweckung ihres Sohnes und Rückgabe an sie (VV. 14 f.). Dem typischen Erzählmuster von Wundererzählungen folgend verbreitet sich die Kunde vom erbarmenden Tun Jesu im Gebiet Galiläas und der Umgebung. Mit der Auferweckung des jungen Mannes in Lk 7, 11–17 wird Jesus zum Modell der Barmherzigkeit, das von Akteuren in zwei im Evangelium folgenden Parabeln imitiert und konkretisiert wird. Dabei geht es nicht um die Gabe des Lebens, die Jesus vorbehalten bleibt, sondern um die erste Hilfe nach einem brutalen Überfall sowie die barmherzige Aufnahme und das Geschenk eines Neuanfangs nach einem verkehrt eingeschlagenen Lebensweg.

Auch in der Parabel vom barmherzigen Vater und den verlorenen Söhnen begegnet der Zusammenhang dieser drei Verben in der Haltung des Vaters, der dem verlorenen Sohn bei dessen Heimkehr entgegengeht (Lk 15, 20); hier ist allerdings das Erbarmen der tiefere Grund für das Entgegenkommen des Vaters:

Vater	sehen	sich erbarmen	laufen

Abb. 36

Der Dreierschritt, der vom Kommen, über das Sehen zum Erbarmen führt, ist im Lk im Handeln Gottes begründet, das von Jesus fortgeführt wird und in Form der imitatio seinen Nachfolgern angeboten wird. Dieses findet sich allerdings ausschließlich als Rollenangebot in zwei Parabeln (barmherziger Samariter, barmherziger Vater). In der Erzählung lässt Lk offen, ob die Jünger Jesu dieses Modell ethischen Handelns übernehmen; diese Leerstelle dient dazu, als Provokation auf den Leser zu wirken, um das Modell im Alltag umzusetzen.

Akteure	kommen – sehen – erbarmen
Gott	Magnificat (1, 46b–55) – Benedictus (1, 67–79)
Jesus	Auferweckung des Jünglings von Naïn (7, 11–17)
Rollenangebote	Barmherziger Samariter (Lk 10, 25–37) – Barmherziger Vater (15, 11–32)
Jünger Jesu	???
Leser	???

Abb. 37

Ein genauer Blick auf die Verbanalyse der Parabel vom barmherzigen Samariter zeigt, dass es auch andere (negative) Lösungen für das Kommen und Sehen von Not gibt:

Verben des Sprechens	Verben der Bewegung	Verben der Sinneswahrnehmung
	V. 30b: stieg hinab	
	V. 30c: fiel	
	V. 30d: ausziehend – versetzend	
	V. 30e: weggingen	
	V. 30f.: lassend	
	V. 31a: stieg hinab	
		V. 31b: sehend
	V. 31c: ging vorbei	
	V. 32a: war kommend	
		V. 32b: sehend
	V. 32c: ging vorbei	
	V. 33b: unterwegs war	
	V. 33a': kam	
		V. 33c: sehend
	V. 33d: erbarmte sich	
	V. 34a: hingehend verband	
	V. 34b: daraufgießend	
	V. 34c: daraufsetzend	
	V. 34d: führte	
	V. 34e: sorgte	
	V. 35b: herausnehmend gab	
V. 35c: sprach		

Abb. 38

Das einzige Verb der Sinneswahrnehmung – sehen – hat bei den drei Akteuren je unterschiedlichen Auswirkungen. Sehen führt demnach nicht immer zur gewünschten Aktion der Hilfe. Während Priester und Levit es bei dem Blick und dem Weggehen belassen, wird der Samariter aktiv. Im Unterschied zu den beiden Kontrastfiguren ist von ihm – ebenso wie von Jesus im rahmenden Dialog – ein Auftrag in Form einer wörtlichen Rede überliefert. Damit wird dem Leser eine Parallele zwischen dem Samariter und Jesus erkennbar.

Der Samariter ist in der Parabel der Aktivste. Sein Sehen hat zahlreiche positive Folgen. Am Anfang steht dabei das Verb »sich erbarmen« (*esplagchnisthē*), das durch weitere Verben der Bewegung (vier die Handlung tragende finite Verben und vier beschreibende Partizipien) entfaltet, konkretisiert und interpretiert wird. Dazu gehören:

Partizipien	Finite Verben
erbarmte sich	
hingehend	
	verband
daraufgießend	
daraufsetzend	
	führte
	sorgte
herausnehmend	
	gab

Abb. 39

Das griechische Wort für »sich erbarmen« (*splagchnizomai*) gehört semantisch zum Feld der Haltungen und Gefühle, genauer zu Liebe, Zuneigung und Mitgefühl. Es ist damit kein Handlungsverb im engeren Sinne; es führt jedoch in der Parabel zu Aktionen, die aus einer tiefen inneren Zuneigung motiviert sind. Dazu gehört eine medizinische Anwendung (*katedēsen, epicheōn*), der Transport des Kranken (*epibibasas, ēgagen*), das Geben von Geld für die Pflege des Kranken (*edōken*) und die umfassende Sorge (2x in VV. 34 f. mit *epimeleomai* ausgedrückt).

Der Samariter stellt das Modell eines barmherzig Handelnden dar. Die Ausgangsfrage des Textabschnitts richtet sich auf Voraussetzungen und Bedingungen, um ewiges Leben zu erlangen. Daran schließt sich die nächste Frage nach dem Nächsten an. Von einer kognitiven Frage an Jesus als Lehrer fügt sich demnach eine konkretisierende Frage nach dem Nächsten an. Die letzte Frage spezifiziert die Frage, wer der Nächste ist. D. h.: Durch immer konkretere und radikalere Fragen spitzt sich die Erzählung zu.

Gesetzeslehrer	Gesetzeslehrer	Jesus

25e Lehrer,
25f. was tuend werde ich
    ewiges Leben erben?
	29d Und wer ist mein
	    Nächster?
		36a Wer von diesen
		    dreien dünkt dir,
		b Nächster geworden zu
		    sein des unter die Räu-
		    ber Gefallenen?

Abb. 40

Die Antworten sind hoch interessant. Obwohl im atl. Gesetz die Frage nach Bedingungen zum ewigen Leben nicht thematisiert wird, zitiert der Gesetzeslehrer Dtn 6,5 und Lev 19,18. Die Frage nach dem Nächsten hingegen wird vielfältig im Gesetz des AT angesprochen, die Antwort jedoch von Jesus in Form einer Parabel gegeben.

Der Samariter wird zum Modell des Erbarmens, der Gesetzeslehrer zum Modell eines Lernenden, der am Beispiel konkreter Nächstenliebe seine eigenen Fragen zu beantworten lernt (V. 29). Dabei vermeidet er in seiner Antwort die Bezeichnung »Samariter« und umschreibt dessen vorbildliches Tun in V. 37b: »Der getan hat das Erbarmen mit ihm.« Der dem fragenden Gesetzeslehrer Nächste ist der Erbarmen Tuende. Lk definiert durch den Rahmendialog um die Parabel vom barmherzigen Samariter sein Verständnis von Barmherzigkeit:

Barmherzigkeit bezeichnet die umfassende tätige Hilfe, die aus tiefer Zuneigung heraus motiviert ist. Sie ist Ausdruck und Erfüllung der Gottes- und Nächstenliebe. Barmherzigkeit ist demnach nicht nur ein innerweltlich-menschliches Handeln, es hat vielmehr eine transzendente Motivation und Dimension.

Ein Seitenblick auf die übrigen lk Textbelege von »Barmherzigkeit« lässt erkennen, dass es – der lk Theologie entsprechend – stets die Kleinen sind, an denen sich Gottes Barmherzigkeit zeigt oder die ihre Barmherzigkeit anderen schenken.

Barmherzigkeit ist nach Lk unvereinbar mit Macht, Größe oder anderen innerweltlichen Gütesiegeln. Vielmehr ist sie Ausdruck der Zuwendung Gottes zu den Kleinen und der Zuwendung der Kleinen für Hilfsbedürftige. Um barmherzig sein zu können, braucht es nach Lk des offenen, unverstellten Blickes, der nicht durch Besitz, soziale Stellung und Reichtum geblendet ist.

Barmherzigkeit ist keine menschliche Erfindung im Lk. Vielmehr imitiert sie das Verhalten Jesu, das Lk programmatisch bei der Auferweckung des jungen Mannes in Naïn (Lk 7,11–17) erzählt und in Kontinuität zum Heilshandeln Gottes steht (Lk 1,50.54.58.72.78). Erst nach dieser Wundererzählung folgen im Erzählablauf zwei Parabeln, in denen Jesu Barmherzigkeit auf Menschen übertragen wird. Ihr Tun unterscheidet sich dann auch graduell vom Handeln Jesu, speist sich aber aus dessen imitatio. Eine Leerstelle lässt Lk in seinem Evangelium hinsichtlich der Frage, ob die Jünger Jesu die Barmherzigkeit Jesu umsetzen; explizit ist an keiner Stelle davon die Rede. Erst die Apg erzählt von barmherzigen Nachfolger/innen Jesu (Apg 9,36: Tabita; 10,2.4.31: Kornelius; 24,17: Paulus).

Barmherzigkeit hat nach Lk verschiedene Facetten. Sie beinhaltet sowohl die – Jesus vorbehaltene – Gabe des Lebens, als auch das menschliche Geschenk der ersten Hilfe und das Geschenk eines Neuanfangs für einen Menschen, der auf dem verkehrten Weg war. In beiden Fällen hat Barmherzigkeit weitreichende Folgen für die Zukunft der Betroffenen, insofern sie nicht nur den konkreten Augenblick, sondern die nahe und ferne Zukunft im Blick hat. Barmherzigkeit als konkretes Tun ermöglicht Zukunft, sie verhindert den Abgrund und den Tod.

Barmherzigkeit wird bei Lk durch das Konzept der Gerechtigkeit ergänzt. Die biblischen Erzählfiguren Zacharias und Elisabet (1,6), Simeon (2,25) und Josef von Arimathäa (23,50) stehen für dieses Modell der rechten Frömmigkeit. Dabei unterscheidet Lk zwischen Gerechtigkeit als richtiger Haltung gegenüber Gott und der Selbstgerechtigkeit (18,9). Der Schlüsselvers für beide Definitionen ist in 18,14 zu sehen; in ihm werden die Voraussetzungen für wahre Gerechtigkeit genannt:

Gerechtigkeit vor Gott	Gerechtigkeit vor Menschen
der aber Erniedrigende sich selbst wird erhöht werden.	denn jeder Erhöhende sich selbst wird erniedrigt werden

Abb. 41

Voraussetzung für wahre Gerechtigkeit ist nach Lk die Demut, der Mut, sich selbst als niedrig anzusehen, damit Gott handeln kann. Das Idealbild eines Gerechten verkörpert erwartungsgemäß Jesus (23,47).

Während Gerechtigkeit die rechte Haltung Gott gegenüber (Frömmigkeit) bei Lk bezeichnet, geht es bei der Barmherzigkeit um die rechte Ausübung der Frömmigkeit Gott und seinem Nächsten gegenüber.

IV. Gerechtigkeit und Barmherzigkeit als Modelle ethischen Handelns

Aus den vielen Belegen für die Spannung zwischen Gerechtigkeit und Barmherzigkeit in der Bibel sind mindestens zehn verschiedene typologische Modelle zu erkennen, die in beiden Testamenten zu erkennen sind (Janowski 2000: 36 f.):

– Modell 1: Umkehr Gottes (Rücknahme des Gerichts durch Barmherzigkeit)
– Modell 2: Reue Gottes (Aufhebung des Gerichtszorns durch Barmherzigkeit)
– Modell 3: Rettende Gerechtigkeit (Einheit von Gerechtigkeit und Barmherzigkeit)
– Modell 4: Gnadenformel (Asymmetrie von Gericht und Erbarmen I)
– Modell 5: Übermaß der Barmherzigkeit (Asymmetrie von Gericht und Erbarmen II)
– Modell 6: Läuterungsgericht (Heil jenseits des Gerichts)
– Modell 7: Gericht und Erlösung (Rettung allein aus Gnade)
– Modell 8: Gerichtsdoxologie (Anerkennung der Gerechtigkeit Gottes I)
– Modell 9: Rechtfertigung Gottes (Anerkennung der Gerechtigkeit Gottes II)
– Modell 10: Theodizeefrage (Zerbrechen der Gerechtigkeit)

Einige Modelle konnten hier näher entfaltet werden: Bei Jona sind Modell 1 und 4, die Asymmetrie von Gericht und Erbarmen bzw. die Umkehr Gottes, erkennbar. Bei Rut kommt eventuell das Modell 3 zum Tragen, da sowohl Gottes Gerechtigkeit als auch sein Erbarmen sichtbar werden. Am Beispiel des Ijobbuches ließe sich Modell 10 nachweisen, das die Krise der Weisheitstheologie spiegelt und das Zerbrechen des Tun-Ergehen-Zusammenhangs im Prosateil beinhaltet. Paulus verkörpert am ehesten das Modell 7, die Rettung allein aus Gnade. Im barmherzigen Samariter ließe sich die Gnadenformel des Modells 4 erkennen und Josef könnte ebenso wie Rut die rettende Gerechtigkeit Gottes darstellen.

Sowohl Gerechtigkeit als auch Barmherzigkeit als Modelle ethischen Handelns sind im biblischen Gottesbild begründet. Sie bilden zwei Pole, die negative und positive Eigenschaften Gottes zum Ausdruck bringen. Ihre Spannung wird in den verschiedenen Schriften des AT und NT auf dem Hintergrund der geschichtlichen Situation je verschieden gelöst (Ricoeur 1990: 7). Dabei kann man drei Grundmodelle unterscheiden:

Modell 1: Lösung der Spannung zugunsten der Gerechtigkeit;
Modell 2: Lösung der Spannung zugunsten der Barmherzigkeit;
Modell 3: Lösung der Spannung durch Annäherung.

Dabei werden die Begriffe Gerechtigkeit und Barmherzigkeit weiterentwickelt und teils neu definiert. Auffällig ist, dass konstruktive Lösungsansätze im Gottesbild eine universale Öffnung gegenüber Andersgläubigen (Heiden) zur Folge haben, die Anteil am JHWH-Glauben bzw.
Christusglauben erhalten. Gelöste Spannungen im Gottesbild sind demzufolge an einer universalen Öffnung und der damit verbundenen Weite
ethischen Denkens ablesbar.

  Die biblischen Figuren in den ausgewählten Erzählungen verkör-
pern in ihrem Sprechen und Handeln Facetten dieser göttlichen Eigenschaften. Sie werden damit zu Modellen ethischen Handelns, das sich
ebenfalls der Spannung von Gerechtigkeit und Barmherzigkeit stellen
muss. Auch hier sind verschiedene Lösungsansätze erkennbar, die mit
den Typen von Persönlichkeiten zusammenhängen und von ihnen ab-
hängig sind.
Das Modell Ijob wird zur Protestgestalt gegen einen starren Gerechtig-
    keitsbegriff.
Das Modell Jona verkörpert eine Protestgestalt gegen die Barmherzig-
    keit.
Im Modell Josef gelingt eine Balance zwischen beiden Haltungen.
Die Modelle Rut und der Samariter entwickeln sich zugunsten der Barm-
    herzigkeit.

Nicht immer wird die Spannung zwischen Gerechtigkeit und Barmherzigkeit im Gottesbild auf die gleiche Weise gelöst wie beim Handeln der
Akteure einer Erzählung. Im Jonabuch ist eine Kluft zwischen dem ver-
änderbaren, barmherzigen Gott und dem unbarmherzigen, unveränder-
baren Jona durchgehalten. Das Idealmodell unter den sechs ausgewählten Erzählfiguren verkörpert Josef, indem er eine Balance zwischen
Gerechtigkeit und Barmherzigkeit durch das Hören und Befolgen des
verlässlichen Gotteswortes darstellt. Man kann von einer Logik der Ent-
sprechung und Wechselseitigkeit (Ricoeur 1990: 55) bzw. einer Einheit
beider Wirkweisen Gottes in Spiegel menschlichen Handelns (Janowski
2000: 78) sprechen.

Spannung Gerechtigkeit ↔ Barmherzigkeit	
Rut	Lösung zugunsten der Barmherzigkeit → ethische Konsequenz: universale Öffnung zu den Heiden
Ijob	Lösung zugunsten eines dynamischen Gerechtigkeitskonzepts → ethische Konsequenz: echte Frömmigkeit
	Protestgestalt gegen die Gerechtigkeit Gottes
Jona	Lösung zugunsten der Barmherzigkeit: durch Veränderbarkeit Gottes → ethische Konsequenz: universale Öffnung zu den Heiden
	Protestgestalt gegen die Barmherzigkeit Gottes
Josef	Lösung durch Balance: Gerechtigkeit und Barmherzigkeit → ethische Konsequenz: Gehorsam, Verlässlichkeit
Samariter	Lösung zugunsten der Barmherzigkeit → ethische Konsequenz: universale Öffnung zu den Samaritern
Paulus	Lösung zugunsten eines dynamischen Gerechtigkeitskonzepts → ethische Konsequenz: universale Öffnung zu den Heiden

Abb. 42

Die ethischen Modelle, die an biblischen Figuren entwickelt werden, bilden die Eigenschaften Gottes, Gerechtigkeit und Barmherzigkeit, ab. Ethik begründet sich biblisch immer theologisch; das Gottesbild wird (idealer Weise) abgebildet oder kontrastiert im menschlichen Handeln.

Gerechtigkeit und Barmherzigkeit sind Modelle ethischen Handelns im AT und NT. Beide Testamente lassen durchgehende Linien des Verständnisses dieser einander komplementären Haltungen erkennen. Aus ihnen lassen sich Thesen ableiten, die für biblische Ethik insgesamt Geltung haben (die Thesen 7–14 beziehen sich explizit auf: Päpstliche Bibelkommission 2008: 144–218):

These 1: Biblische Ethik ist theologische Ethik.

These 2: Biblische Ethik entwickelt sich aus dem theologischen Indikativ zum ethischen Imperativ.

These 3: Biblische Ethik ist situative Ethik.

These 4: Biblische Ethik ist geprägt durch Vielfalt und Einheit.

These 5: Biblische Ethik umfasst das AT und NT, sie ist kanonisch. Ntl. Ethik basiert auf atl. Ethik.

These 6: Biblische Ethik ist sozial gebundene Moral.

These 7: Biblische Ethik stimmt mit der Anthropologie überein.

These 8: Biblische Ethik stimmt mit dem Beispiel Jesu überein.

These 9: Biblische Ethik stimmt in vielen Punkten mit den moralischen Orientierungen der benachbarten Völker (ethischer Universalismus) überein.

These 10: Biblische Ethik steht im Gegensatz zu gewissen Normen und Bräuchen von Gesellschaften, Gruppen oder Einzelnen (Kontrastethik).

These 11: Biblische Ethik bezeugt im Blick auf moralische Fragen eine Verfeinerung des Gewissens.

These 12: Biblische Ethik betont die wesentliche Verbindung der Moral mit der Gemeinschaft, sie ist nicht subjektiv, sondern kollektiv.

These 13: Biblische Ethik ist offen für die finale Hoffnung auf das ewige Leben mit Gott.

These 14: Biblische Regeln der Ethik sind nicht gleichwertig; es ist mit Klugheit zwischen relativen und absoluten Werten zu unterscheiden.

Literaturverzeichnis

Bibelzitate aus dem AT sind der Herder-Übersetzung entnommen, Bibelzitate aus dem NT dem Münchener Neuen Testament.

Alonso-Schökel, L., Die Antwort Gottes, in: Conc 19 (1983) 703–708.

Ansorge, D., Gerechtigkeit und Barmherzigkeit Gottes. Die Dramatik von Vergebung und Versöhnung in bibeltheologischer, theologiegeschichtlicher und philosophiegeschichtlicher Perspektive, Freiburg/Basel/Wien 2009.

Bar-Efrat, S., Wie die Bibel erzählt. Alttestamentliche Texte als literarische Kunstwerke verstehen. Aus dem Englischen übersetzt von K. Menzel, bearbeitet von T. Naumann, Gütersloh 2006.

Bohlen, R., Die Rutrolle. Ein aktuelles Beispiel narrativer Ethik des Alten Testaments, in: TThZ 101 (1992) 1–19.

Deselaers, P. u. a., Sehnsucht nach dem lebendigen Gott. Das Buch Ijob (Bibelauslegung für die Praxis 8), Stuttgart 1983.

Ego, B., »Maß gegen Maß«. Reziprozität als Deutungskategorie im rabbinischen Judentum, in: R. Scoralick (Hg.), Das Drama der Barmherzigkeit Gottes. Studien zur biblischen Gottesrede und ihrer Wirkungsgeschichte in Judentum und Christentum (SBS 183), Stuttgart 2000, 193–217.

Groß, W./Kuschel, K.-J., »Ich schaffe Finsternis und Unheil!« Ist Gott verantwortlich für das Übel?, Mainz 1992.

Janowski, B., Der barmherzige Richter. Zur Einheit von Gerechtigkeit und Barmherzigkeit im Gottesbild des Alten Orients und des Alten Testaments, in: R. Scoralick (Hg.), Das Drama der Barmherzigkeit Gottes. Studien zur biblischen Gottesrede und ihrer Wirkungsgeschichte in Judentum und Christentum (SBS 183), Stuttgart 2000, 33–91.

Keel, O., Jahwes Entgegnung an Ijob. Eine Deutung von Ijob vor dem Hintergrund der zeitgenössischen Bildkunst (FRLANT 121), Göttingen 1970.

Kompendium der Gleichnisse Jesu, hg. von R. Zimmermann in Zusammenarbeit mit D. Dormeyer/G. Kern/A. Merz/C. >Münch/E. E. Popkes, Gütersloh 2007.

Kowalski, B., Widerstände, Visionen und Geistführung bei Paulus, in: ZKTh 125 (2003) 387–410.

Kowalski, B., Zur Funktion der Schriftzitate in Röm 9,19–29. Gottes Zorn und Erbarmen, in: U. Schnelle (Hg.), The Letter to the Romans (BEThL CCII), Leuven 2009, 713–732.

Louw, J. P./Nida, E. A., A Greek English Lexicon of the New Testament Based on Semantic Domains, 2 Bde., New York 1988.

Opgen-Rhein, H. J., Jonapsalm und Jonabuch. Sprachgestalt, Entstehungsgeschichte und Kontextbedeutung von Jona 2 (SBB 38), Stuttgart 1997.

Päpstliche Bibelkommission, Bibel und Moral. Biblische Wurzeln des christlichen Handelns (Verlautbarungen des apostolischen Stuhls 184), 11. Mai 2008.

Preuß, H. D., Einführung in die alttestamentliche Weisheitsliteratur (UB 383), Stuttgart/Berlin/Köln/Mainz 1987.

Rad, G. von, Weisheit in Israel, Neukirchen-Vluyn ²1982.

Ricoeur, P., Liebe und Gerechtigkeit. Amour et Justice. Mit einer deutschen Parallelübersetzung von M. Raden, hg. von O. Bayer, Tübingen 1990.

Simon, U., Jona. Ein jüdischer Kommentar (SBS 157), Stuttgart 1994.

Theologisches Begriffslexikon zum Neuen Testament, hg. von L. Coenen/K. Haacker, Wuppertal 2005 (Sonderausgabe).

Westermann, C., Das doppelte Gesicht Ijobs, in: Conc 19 (1983) 679–686.

Wucherpfennig, A., Josef der Gerechte. Eine exegetische Untersuchung zu Matthäus 1–2 (HBS 55), Freiburg/Basel/Wien 2008.

Würthwein, E., Gott und Mensch in Dialog und Gottesreden des Buches Hiob, in: Ders., Wort und Existenz, Göttingen 1970, 217–295.

Zakovitch, Y., Das Buch Rut. Ein jüdischer Kommentar (SBS 177), Stuttgart 1999.

Handeln verantworten lernen
Anspruch und Möglichkeit ethischer Bildung

Ulrich Feeser-Lichterfeld / Martin Heyer

Handeln verantworten lernen – der über diesen Beitrag gestellte Titel verweist auf eine komplexe Herausforderung: Zum einen kann und hat es unter dieser Überschrift darum zu gehen, die in den vorausgehenden Abschnitten dieses Buches dargelegten Aspekte verantwortungsbewussten Handelns hier nun darauf hin zu befragen, inwiefern moralische Urteilskraft überhaupt erlernbar ist. Zum anderen – und darauf verweist der Ort der hier vorgelegten Überlegungen innerhalb eines Lehrbuchs für (angehende) Lehrkräfte in Schule und anderen Bildungskontexten – ist zu bedenken, unter welchen Bedingungen und in welcher Weise Handlungsverantwortung nicht nur gelernt, sondern auch gelehrt werden kann. Schließlich ist dieses ethische Lehr-Lern-Geschehen selbst wiederum als ein Handeln zu erfassen, das es zu verantworten gilt – unter professionellen und dabei zugleich und darüber hinaus ethischen Gesichtspunkten.

Ausgangspunkt und immer wieder neu zu bedenkende Grundlage einer Reflexion auf Anspruch und Möglichkeit ethischer Bildung (und damit zumindest implizit selbstverständlich immer auch auf deren Grenzen und Unvermögen) ist die anthropologische Basisannahme, dass das Tun des Menschen sich in der Regel als ein intentionales, d.h. zumindest aus Sicht des Subjekts mit Gründen verknüpftes Handeln vollzieht. Menschliches Verhalten zu beschreiben und zu erklären, vorherzusagen und zu beeinflussen, verlangt von daher die handlungstheoretische Rekonstruktion dieser Intentionalität. Im interdisziplinären Zusammenspiel kommt der Ethik dabei die Rolle zu, nach den moralischen Gründen konkreter Handlungen zu fragen und diese zugleich hinsichtlich ihrer normativen Annahmen und Folgen kritisch zu hinterfragen. Wo es in dieser Weise darum geht, Handeln und Handlungsfolgen zu analysieren, beginnt sich ›Verantwortung‹ zu realisieren: indem ich mir und anderen über mein Tun und dessen subjektiven Motive Rechenschaft ablege; wenn ich Subjekthaftigkeit und Freiheit als Möglichkeitsbedingungen von Verantwortung bedenke und verteidige; immer dann, wenn ich die Reichweite meines Handelns beachte und berücksichtige, dass ich im eigenen Handeln zumeist Verantwortung gegenüber mir selbst *und* gegenüber anderen trage, ja zuweilen das Handeln anderer stellvertretend zu verantworten habe; und schließlich mit Blick auf die

›Instanz‹, von der der Ruf in die Verantwortung ausgeht. Hier wird je nach Standpunkt fokussiert auf die Verantwortung gegenüber dem unbedingten Sollen des moralischen Gesetzes, auf den Anspruch zur Moralität im Anspruch des oder der Anderen, auf das sich selbst gegenüber verantwortliche Subjekt und/oder auf die Verantwortung gegenüber Gott, dessen Anspruch in meinem Verhalten gegenüber Anderen eine Antwort erfährt (vgl. Wendel 2007).

Diesem grundsätzlichen Verständnis von ›Handeln‹ und ›Verantwortung‹ folgend, strukturieren sich die hier vorgelegten Überlegungen als Elemente einer Praxistheorie ethischer Bildung, die zunächst eine unvermeidliche Positionierung im Beziehungsgefüge von ›Moral‹ und ›Ethik‹ und damit von ›Moralerziehung‹ und ›Ethikdidaktik‹ verlangen (I). Daran anschließend sollen verschiedene ethikdidaktische Konzeptionen vorgestellt und hinsichtlich ihrer Divergenzen wie Konvergenzen charakterisiert werden (II). In einem dritten Schritt werden mit dem Wahrnehmungssensorium für moralische und ethische Problemlagen, dem Vermögen zu einem konstruktiven Umgang mit diskursiven Architekturen sowie der Gabe zur wertbezogenen Positionierung innerhalb ethischer Diskurse exemplarische Facetten ethischer und ethikdidaktischer Kompetenz vorgestellt (III). Dass ethische Bildung sich nicht fachbezogen isoliert vermitteln lässt, sondern als Querschnittsaufgabe zu verstehen und zu konzipieren ist, thematisiert der vierte Abschnitt (IV). Mit dem Projektformat ›diskurslernen‹ stellen wir anschließend ein im schulischen und außerschulischen Kontext erprobtes und bewährtes Bildungskonzept vor (V), bevor ein kurzes Resümee unsere Überlegungen beschließt (VI).

I.　Orientierung und Positionierung ethischer Bildung

Was ist eigentlich Ethik? Diese banal klingende Frage stellt sich an zwei denkbar gegensätzlichen Stellen in besonderer Schärfe: Einerseits da, wo sich der wissenschaftstheoretische Diskurs im Feld der Metaethik der Strukturen und Grundlegungen ihrer Disziplin versichert. Andererseits dort, wo ›der Ethiker‹ auf die Lebenswirklichkeit von Menschen und ihren oftmals komplexen Entscheidungsnöten trifft. Diese Menschen erwarten – wenn sie zu einer solchen Erwartungsformulierung denn aufgefordert und überhaupt in der Lage sind – von der Ethik eine Wegbeschreibung oder doch zumindest eine grobe Richtungsweisung hin zum rechten Handeln. Dort, wo Ethik zu einer solchen individuellen oder kollektiven Handlungsanweisung aufgefordert wird, ist nun aber ein genuiner Ort, an dem der Ethiker falsche Vorstellungen von dem Gegenstand seiner Wissenschaftsdisziplin gerade zu rücken und überzogene Erwartungen an die Weisungsfunktion von Ethik abzuwehren hat. Ethik kann *per se* nicht darlegen, was ›das richtige Handeln‹ oder ›das gute Leben‹ ist. Jede Lehre, die auf diese Fragen eine Antwort zu geben versucht, beansprucht notwendig starke, werthaltige Annahmen, die ihrerseits nicht innerhalb dieser Lehre begründbar sind. Angezielt sind hier vielmehr Fragen von Moralität und Moral.

Obgleich im alltäglichen Sprachgebrauch oft synonym verwendet, stehen die Begriffe ›Ethik‹ und ›Moral‹ doch keinesfalls in einem Verhältnis der inhaltlichen Identität.

›Moral‹ bezeichnet ein auf biographischer und gesellschaftlicher Prägung beruhendes Ensemble von sittlichen Grundsätzen und Normen, das mit starken Bezügen zu Tradition, Religion und Kultur zum aktuellen Zeitpunkt das zwischenmenschliche Verhalten bestimmt. Inhalt der Moral sind also im Wesentlichen Normen. Normen sind Maßstäbe für individuelles und soziales Handeln. Sie bieten dem Einzelnen Orientierung für das eigene Handeln und ermöglichen der Gruppe die Beurteilung des Handelns einzelner ihrer Mitglieder.

Verschiedene Arten von Normen
Normen können anhand zahlreicher Kriterien unterschieden werden: so z. B. anhand ihrer Bindungskraft (durchsetzbar oder bloß einforderbar), ihres Adressatenkreises (gelten generell oder nur für bestimmte Personen oder Situationen), ihrer Abstraktheit (direkt handlungsleitend oder konkretisierungsbedürftig), ihres Handlungsbezuges (Gebot, Verbot oder Abwägungsmaßstab) oder der für sie geltenden Rechtfertigungsstrategien (durch Verfahren, Übereinkunft oder Rekurs auf höherrangige Normen). Keines dieser Kriterien ist für sich notwendig oder hinreichend für die Kennzeichnung einer moralischen Norm. Die Auseinandersetzung mit verschiedenen Normkategorien ist gleichwohl wichtiger und notwendiger Teil ethischer Bildung.

Werturteile wie ›gut‹ oder ›böse‹ resultieren aus gruppenspezifischen Moralvorstellungen. Eine Norm ist ein Satz, der für eine bestimmte Situation oder Gruppe von Situationen eine Handlungsvorschrift aufstellt; diese können sehr konkret formuliert sein (»Mitgenommene Waren sind an der Kasse zu bezahlen.«) oder ausgesprochen genereller Art sein (»Töte keine Menschen!«). Unabhängig davon liegt es in der Natur von präskriptiven Sätzen, dass der in ihnen ausgesprochenen Handlungsaufforderung nicht zwingend gefolgt werden muss bzw. wird, sondern dass es immer auch die Möglichkeit einer alternativen Handlungsentscheidung gibt. Immer dort, wo über Normen und Normbefolgung reflektiert wird, ist das Feld der Moral verlassen und das der Ethik betreten.

Ethik ist die Reflexion über Normen. Sie versucht systematische Kriterien zu entwickeln, nach denen sich moralische Probleme in möglichst rationaler Weise bewältigen lassen.

Nun ist aber, so könnte man einwenden, die Reflexion über Normen keinesfalls allein das Geschäft der Ethik. So ist die Frage nach der Anwendbarkeit einer Norm oftmals auch die entscheidende Frage für die Rechtswissenschaft und der Nutzen einer bestimmten Handlungslehre in der Ökonomie ist Kernaufgabe der praktischen Wirtschaftswissenschaft. Wie also kann eine ethische etwa von einer juristischen oder ökonomischen normreflektiven Frage unterschieden werden? Ein vermeintlich einfacher Ausweg aus diesem Kategorienproblem liegt darin, Ethik einfach als diejenige Disziplin zu bestimmen, die sich mit der Reflexion moralischer Normen befasst, während z. B. die Rechtswissenschaft die Reflexion rechtlicher Normen zur Aufgabe hat. Diese Art der Aufgabenteilung täuscht jedoch darüber hinweg, dass eine Norm kein inneres Kriterium mitbringt, anhand dessen man einfachhin beurteilen könnte, ob sie eine moralische oder außermoralische Norm ist. Tatsächlich spricht einiges dafür, dass es so etwas wie außermoralische Normen nicht gibt. Auch solche Normen, die auf den ersten Blick rein konventionell oder pragmatisch wirken, können sich als moralisch gehaltvoll erweisen. Häufig ist das lediglich eine Frage des genauen Hinschauens. Was die Ethik noch am ehesten von anderen auf Normen reflektierende Disziplinen unterscheidet, ist die Reflexionstiefe. So fragt etwa die Rechtswissenschaft nicht nach der Gültigkeit, sondern nach der Anwendbarkeit ihrer Normen. Ethische Abwägung hingegen stellt nie eine reine Subsumption dar; stets muss auch die Wertebene selber einbezogen werden, d. h. Werte gegeneinander abgewogen und gegebenenfalls auch auf ihre Validität hin hinterfragt werden.

Im Zusammenhang mit der vorliegenden ethikdidaktischen Skizze kann und soll es nicht um eine fundierte Kriteriologie zur Abgrenzung zwischen moralischen und außermoralischen Normen gehen. Auch wird das Verhältnis von Ethik und Moral hier nicht umfassend zu bestimmen sein. Gleichwohl sind solche zumindest rudimentären Klärungen notwendig, um den Anspruch und die Möglichkeit ethischer Bildung überhaupt fassen und Missverständnisse vermeiden zu können. Die Aufsatzüberschrift ›Handeln verantworten *lernen*‹ könnte jedenfalls den Verdacht aufkommen lassen, dass es den Autoren um ein Konzept geht, mittels dessen ausgesuchte Normen in Form einer Moralerziehung vermittelt werden könnten. Da es uns aber um *ethische* Lehr-Lernprozesse geht, zielt die hier vorgeschlagene Konzeption nicht auf das Lehren einer irgendwie gearteten Moral, sondern will zur Reflexion von Moral auffordern und befähigen.

Ethische Bildung ist nicht Moralerziehung. Zugleich ist das gegenseitige Bedingungsverhältnis von Ethik und Moral so gestaltet, dass Moralität und Moralerziehung im Zusammenhang der ethischen Bildung nicht einfach ignoriert werden können.

Jegliche Ethikkonzeption setzt, um wirkungskräftig zu werden, eine moralische Haltung voraus. Der Utilitarismus funktioniert nur dann, wenn man sich auf die Prämisse einlässt, dass das größtmögliche Glück Aller ein anstrebenswertes Ziel ist. Der kategorische Imperativ ist darauf angewiesen, dass der Einzelne das Verbot selbstwidersprüchlichen Handelns als handlungsleitend akzeptiert. Es gehört zu den Aporien der praktischen Vernunft, dass selbst wenn eine Norm grundsätzlich als gültig anerkannt wird, dies noch lange nicht bedeutet, dass sie für den Einzelnen handlungsorientierende Wirkung entfaltet (Wieland 1989). Nichts in der ethischen Theorie kann das Individuum dazu bringen, aus der Einsicht in die Gültigkeit einer Norm für sich eine verbindliche und konkrete Pflicht des normkonformen Verhaltens herzuleiten. Ich kann z. B. mit dem Tötungsverbot grundsätzlich übereinstimmen, weil ich etwa zu der Einsicht gelange, dass ich ansonsten der Gefahr ausgesetzt bin, von anderen getötet zu werden. Nichts zwingt mich aber dazu, diese Zustimmung zur Geltung der Norm auch auf mein Handeln anzuwenden. Die Brücke zwischen Norm*anerkenntnis* und Norm*orientierung* führt nicht über die ethische Theorie, sondern über eine Haltung, die Ausdruck der moralischen Sozialisation ist. Ohne diesen moralischen Standpunkt, der zwar nicht unmittelbarer Gegenstand ethischer Bildung sein kann, gleichwohl aber deren Voraussetzung und von ihr nicht unabhängig, ist die ethische Reflexion bloßes Theoretisieren, weniger stringent und im Zweifelsfall sogar von geringerer lebenspraktischer Nützlichkeit als die Zahlentheorie. Eine solche mehr oder weniger bewusste, selten konsistente, gleichwohl aber zumeist situationsübergreifende Haltung bezeichnen wir im Folgenden als ›Wert‹ bzw. ›Wertorientierung‹ – wohl wissend, dass auch der Wertbegriff unter einer ausgeprägten konzeptionellen Unschärfe leidet. Gleichwohl scheint er uns in besonderer Weise geeignet, dem Ausdruck zu verleihen, was menschlichem Handeln Gründe, Kriterien und damit Orientierung gibt und was von daher ›Gegentand‹ von Moral und Ethik ist.

Der vorliegende Beitrag zielt von daher auf ein Verständnis ›ethischer Bildung‹, das diese unter Berücksichtigung konstitutiver Abgrenzungen wie Bezüge zwischen Moral und Ethik als Komplement der Moralerziehung begreift. Der Anspruch einer derartig verstandenen ethischen Bildung liegt nicht geringer als in der Förderung autonomer, mündiger und kritischer Moralsubjekte. Wer in ethischen Bildungsprozessen Verantwortung übernimmt, hat sich dabei unbedingt der eigenen begrifflichen und konzeptionellen Voraussetzungen, vor allem aber der mit seinen ethikdidaktischen Konzeptionen verknüpften Interessen bewusst zu werden.

II. Typen ethischer Bildung

Mit Hilfe der von Ziebertz (2001) vorgelegten Systematik ethikdidaktischer Konzeptionen lassen sich vier Modelle ethischer Lehr-Lernprozesse unterscheiden: Wertübertragung, Werterhellung, Wertentwicklung und Wertkommunikation. Das skizzierte Schaubild pointiert die prägenden Merkmale dieser unterschiedlichen Typen ethischer Bildung. Neben ihrer Distinktion erlaubt es auch, nach Entsprechungen und Kompatibilitäten zwischen den vier Konzeptionen zu fragen, die einen mehrdimensionalen ethischen Lehr-Lernprozess charakterisieren können.

	Wert-übertragung	Wert-erhellung	Wert-entwicklung	Wert-kommunikation
Interesse	Reduktion von Wertepluralität	Aufklärung von Wertsubjektivität	Stufenfortschritt ethischer Urteils-kompetenz	Förderung ethischer Mündigkeit und Toleranz
Methode	Tradierung hierarchisch ausgewählter Werte	Ethische Sensibilisierung und Anleitung zur Reflexivität	Funktionale Diskussion moralischer Konflikte	Begleitung ethischer Diskurse und ethischer Dezentrierung
Ziel	Konformität	Identität	Reifung	Diskursivität

Abb. 1: Typen ethischer Bildung

1. Wertübertragung

Wo *Wertübertragung* das prägende Merkmal ethischer Bildung ausmacht, reagieren Lehrerinnen und Lehrer auf die lebensweltlich wie gesellschaftlich permanent erfahrbare Vielfalt von Werten und Normen mit dem Bemühen, die Pluralität der moralischen Überzeugungen selektiv zu reduzieren und Einstellungen und Verhalten der Schülerinnen und Schüler entsprechend zu formen. Zu diesem Zweck werden aus der Reihe möglicher Alternativen solche Wertmuster ausgewählt und kommuniziert, die – sei es im Sinne von Traditionserhalt oder aber auch Traditionskritik – von den Lehrerinnen und Lehrern für besonders bedeutsam gehalten werden. Methodisch praktiziert dieses Modell demnach eine intentionale, hierarchisch geprägte Wertvermittlung.

Wertübertragung zielt auf die selektive Reduktion der lebensweltlich erfahrbaren Pluralität moralischer Überzeugungen. Sie kann auch als ein Ansatz sozialer Erziehung verstanden werden.

Mehr oder weniger offen eingestanden verfolgt dieser ethikdidaktische Typ das Ziel eines möglichst breit geteilten Wertkonsenses bzw. einer Wertkonformität. Auch wo man mit einer gehörigen Portion Kulturpessimismus einen alle gesellschaftliche Gruppen erfassenden und das gesellschaftliche Gesamtgefüge erschütternden Werteverlust diagnostiziert, gilt es zu beachten, dass aktuelle Analysen und Diskussionen inzwischen längst nicht mehr einseitig den Verlust thematisieren, sondern den Wandel von Werten und sein historisch-gesellschaftliches Bedingungsgefüge aufzuklären versuchen. Hier sind Verschiebungen von materiellen zu postmateriellen Werten, der Wertewandel inmitten einer zunehmend multikulturell geprägten Gesellschaft oder Einstellungsänderungen in Folge geschichtlicher Schlüsselereignisse wie den Terroranschlägen vom 11. September 2001 bzw. gesellschaftlich breit diskutierter Entwicklungen wie z.B. des Klimawandels zu nennen. Wenn unter Berücksichtigung dieser Differenzierungen auf einen Wertekonsens hinzuwirken versucht wird, dann lässt sich das Modell der Wertübertragung auch mit dem Anliegen einer sozialen Erziehung bzw. der Vermittlung sozialer Kompetenzen verbinden, wie es sich u.a. im Rahmen von schulischen Organisations- und Leitbildprozessen manifestiert.

2. Werterhellung

Nicht die Übertragung von ›aus höherer Instanz‹ (z.B. aus Sicht von Schulleitung, Lehrerkollegium oder Elternschaft) für besonders wertvoll gehaltene Einstellungen, sondern die Individualität und Freiheit des moralischen Subjekts stehen im Zentrum des Modells der *Werterhellung*. Schülerinnen und Schüler werden angeleitet, sich ihrer in der Vergangenheit internalisierten und bislang für bedeutsam gehaltenen Werte und Überzeugungen gewahr zu werden und deren Passung zur Gegenwartssituation zu reflektieren. Die hier favorisierte Wertreflexivität fußt dabei auf Wertsubjektivität und Wertempfinden, d. h. inter- wie intraindividuelle Wertdifferenz wird ebenso eingefordert und verteidigt wie die Relevanz moralischer Gefühle im Konsortium mit moralischen Kognitionen. Angestrebt wird, dass Schülerinnen und Schüler mittels solcher ethischen Sensibilisierung und Aktualisierung zu einer größeren Konsistenz von moralischem Denken, Fühlen und Handeln gelangen und Fortschritte im Prozess ihrer je subjektiven moralischen Identitätsentwicklung erzielen.

Anliegen der Werterhellung ist es, die Lernenden zur Reflexion von internalisierten Überzeugungen und deren Konsistenz bzw. Inkonsistenz zur Gegenwartssituation anzuleiten.

Während das Modell der Wertübertragung auf einen vorausgesetzten Konsens von Werten abzielt, setzt dieser zweite Modelltyp die Möglichkeit und Alltäglichkeit sowohl von intra- wie interpersonellen Wertkonflikten und Wertwidersprüchen voraus. Ethische Bildung wird sich bemühen, beide Ansätze miteinander zu verschränken: Ermöglicht ein zumindest partieller Wertekonsens oftmals überhaupt erst ein konstruktives soziales Miteinander, so bereitet die Erhellung von Wertdifferenzen die Schülerinnen und Schüler auf jene Situationen vor, in denen nicht unmittelbar deutlich ist, nach welchen Werten und Normen das eigene Handeln ausgerichtet werden soll (vgl. Ammicht Quinn 2003). Wo es gelingt, Wertepluralismus zu erkennen und achten zu lernen, Moral- bzw. Normkonflikte als Wertkonflikte zu deuten und die häufigen Widersprüche zwischen Werteinstellungen einerseits und Wertverhalten andererseits an sich und anderen wahrzunehmen, kommen die Beteiligten dem Ziel näher, fundamentalistisches Wertverhalten zu überwinden (vgl. Mokrosch 2009).

3. Wertentwicklung

Auch im Modell der *Wertentwicklung* geht es um die Förderung moralischer Urteilsfähigkeit von Schülerinnen und Schülern innerhalb der individuellen Reifungsprozesse in Kindheit, Jugend und jungem Erwachsenenalter. Hierbei wird angenommen, dass diese Entwicklungsschritte einer spezifischen, epigenetischen Stufenlogik folgen. Diese gilt es von Seiten der beteiligten Lehrerinnen und Lehrer zu beachten, damit die Schülerinnen und Schüler innerhalb ethischer Bildungsprozesse weder über- noch unterfordert werden. Mit Hilfe der Diskussion mora-

lischer Konflikte und Dilemmata lässt sich dieser Konzeption zufolge
einerseits im Sinne einer moralpsychologischen Diagnostik das jeweilige
Stufenniveau moralischer Urteilsfähigkeit ermitteln, anderseits wird auf
dem gleichen Weg auch ein Stufenfortschritt in der ethischen Urteils-
kompetenz und damit die moralische Reifung befördert. Dieses in seinen Grundlagen insbesondere auf die Forschungen von Jean Piaget und
Lawrence Kohlberg fußende Modell ist vornehmlich kognitionspsycho-
logischer Natur, wenn es die Frage nach der Art und Weise, in der wir
über moralische Probleme nachdenken, in den Mittelpunkt stellt. Gegen
die Behauptung, dass moralische Urteile primär auf der Fähigkeit zum
logischen Denken aufbauen, erheben sich allerdings von Vertretern
einer situativen und einer emotionalen Perspektive Einsprüche: Demnach formieren sich Handlungsentscheidungen in realen Konfliktsitua-
tionen und werden dort weniger auf Grundlage subjektiver moralischer
Gründe getroffen, sondern vielmehr unter Berücksichtigung der situativen Umstände und ihrer »Passung« zur konkreten Handlungen. Dass
darüber hinaus auch Emotionen von hoher Relevanz für moralische Urteile sind, zeigt die Beobachtung, dass wir häufig spontan und ohne
Nachdenken sagen können, ob wir eine bestimmte Handlung richtig
oder falsch finden; ein Nachdenken braucht es offensichtlich erst, wenn
wir aufgefordert sind, unsere Intuition zu rechtfertigen. Will man die
komplexen Prozesse eines Werturteils und der Wertentwicklung weiter
aufklären, braucht es die Integration der verschiedenen Deutungsper-
spektiven (Heidbrink 2008).

**Die Perspektive der Wertentwicklung bezieht entwicklungspsychologische
Erkenntnisse und den konkreten biographischen Hintergrund der Lernenden
in die Konzeptionierung ethischer Bildung ein.**

Die Möglichkeit ethischer Bildung bemisst sich ohne Zweifel wesentlich
am Grad moralischer Entwicklung und Reife; ihre entwicklungspsycho-
logischen Konzeptualisierungen sind von daher zu beachten. Im Zusammenhang dieses Konzeptionstyps ergibt sich auch noch eine weitere, für
Ethikdidaktik insgesamt wichtige Einsicht: Wenn davon ausgegangen
wird, dass Werthaltungen in entscheidender Weise die biographische
Entwicklung prägen, kann in Theorie und Praxis die Aufmerksamkeit
nicht allein auf die hierfür ohne Zweifel wichtigen Weichenstellungen
in Kindheit und Jugend gerichtet werden. Eine solche Fokussierung auf
die ersten Lebensabschnitte bedarf vielmehr des ergänzenden Blicks auf
die weiteren Etappen des Lebenslaufs und die hier wirksamen Wertent-
wicklungsdynamiken. Für die gesamte Wertebiographie und den Erwerb
ethischer Kompetenz gilt, dass die Art und Weise, wie ethische Bildung

die moralische Dimension von Handeln offenlegt und analysiert, ihrerseits zur moralischen Entwicklung und Reife beitragen kann. Dies bedeutet, dass der moralische Entwicklungsgrad einerseits den Zugang zu ethischer Bildung bestimmt, weil ein bestimmtes Wertfundament notwendig ist, um überhaupt eine Einsicht in die Relevanz ethischer Reflexion zu haben. Andererseits präformiert der ethische Diskurs eben dieses Wertfundament. Eine Einsicht in die Wurzeln der eigenen Wertvorstellungen ist von daher Voraussetzung für einen Eintritt in deren Reflexion, Dekonstruktion und gegebenenfalls Modifikation; jedenfalls aber für die Entwicklung einer Haltung zur eigenen Moralität (vgl. Schmuck & Kruse 2005).

4. Wertkommunikation

Überzeugt, dass ethisches Lernen ein intersubjektives Geschehen darstellt, stellt das Modell der *Wertkommunikation* den Diskurs über moralische und ethische Problemstellungen in den Mittelpunkt des Bemühens. Vornehmliches Interesse ist die Förderung ethischer Mündigkeit und Toleranz, weshalb insbesondere das argumentative Vertreten werthaltiger Standpunkte und der kommunikative Perspektivwechsel (›ethische Dezentrierung‹) zu üben sind. Aufgabe von Lehrerinnen und Lehrern innerhalb dieses Modellrahmens ist es zum einen, solche ethischen Diskurse zu initiieren oder, wo sie sich im schulischen Alltagsleben ergeben, aufzugreifen bzw. zuzulassen. Zum anderen will die Diskurskompetenz geschult werden, d. h. Kommunikationsregularien und Konfliktstrategien sind zu vermitteln und zu reflektieren.

Im Zentrum des Modells der Wertkommunikation steht die Einübung diskursiver Kompetenzen. Dazu zählen der kommunikative Perspektivwechsel sowie Kommunikations- und Konfliktstrategien.

Die Kommunikation von und über Werte erlangt ihre Bedeutung und Dringlichkeit besonders dort, wo die an moralischen Konflikten Beteiligten nicht geteilter Meinung sind. Der hohe Grad an Subjektivität, Kontextabhängigkeit und Prägung durch Kultur und Tradition, den Wertvorstellungen auszeichnen und der zu Wertpluralismus und -relativismus führt, lässt allerdings fragen, inwiefern Werte überhaupt kommunikabel sind. Auf der anderen Seite steht die Beobachtung, dass Werte – man denke beispielsweise an Zuverlässigkeit, Redlichkeit oder Chancengleichheit – dank ihres ausgesprochen abstrakten Charakters oftmals schnell intersubjektive Zustimmung erlangen. Schwieriger ist dagegen die Verständigung auf die konkreten, normativen Schlussfolgerungen aus solchen allgemeinen Werthaltungen. Gerade weil aber Werte keine Normen im Sinne praktischer Regeln sind, die genaue Handlungsanweisungen erteilen, sondern erst noch der Konkretisierung bedürfen, eignen sie sich für eine kommunikative Verständigung über eine verantwortungsvollen Umgang mit Handlungsproblemen (Wils 2009).

III. Facetten ethischer und ethikdidaktischer Kompetenz

Wenn es der Ethik darum geht, Moral und Moralität zu reflektieren, dann ist die Ausbildung und Förderung ebendieser Reflexionsfähigkeit die Hauptaufgabe einer Ethikdidaktik. Die hier angesprochene ethische Reflexionskompetenz ist selbst wiederum mehrdimensional. Sie umfasst neben dem Vermögen zum kritisch-rationalen Argumentieren auf der Basis grundlegender ethischer Theoriekenntnisse aus Philosophie und Theologie gleichbedeutend die affektive Sensibilität für die ethische Bedeutsamkeit von Gegenwartssituationen sowie erprobte Fähigkeiten zur intersubjektiven und das heißt auch interdisziplinären Bearbeitung von konkreten ethischen Konfliktkonstellationen (Ammicht Quinn, 2003; Mandry, 2004).

Im schulischen Kontext erfordert eine solche Kompetenz insbesondere das Gespür für die ethische Relevanz diverser fachbezogener Fragestellungen. Ethische Fragen sollten im Schulunterricht stets dort behandelt werden können, wo sie zuerst auftauchen (Mandry, 2004). Vor allem aber distanziert ein in solcher Weise verstandenes ethisches Lern-Lehrgeschehen von dem Verdacht, es ginge ihr in Reaktion auf das oftmals behauptete Erziehungsversagen der Eltern und den allgegenwärtigen Ruf nach Werten und Tugenden in der Bildungs- und speziell Schuldiskussion letztlich doch nur um die Vermittlung einer sozial erwünschten Moral in der Schule. Die bildungswissenschaftliche Diskussion versteht unter ›Kompetenzen‹ zumeist ...

 »... die bei Individuen verfügbaren oder durch sie erlernbaren kognitiven Fähigkeiten und Fertigkeiten, um bestimmte Probleme zu lösen, sowie die damit verbundenen motivationalen, volitionalen und sozialen Bereitschaften und Fähigkeiten, um die Problemlösungen in variablen Situationen erfolgreich und verantwortungsvoll nutzen zu können.«

(Weinert 2001: 34)

Augenfällig an einer solchen Kompetenzbestimmung ist, wie auch hier von Verantwortung die Rede ist. Wir sehen darin ein Indiz, von welch grundsätzlicher Bedeutung der hier zu verhandelnde Gegenstand ist. Im Zusammenhang ethischer Bildung kann es weder um die Ausbildung von Bereichs- oder Spezialkompetenzen gehen, noch um die isolierte Förderung lediglich kognitiver Fähigkeiten. Im Sinne exemplarischer Facetten einer mehrdimensionalen ethischen (und zugleich ethikdidaktischen) Kompetenz beschreiben wir im Folgenden das Vermögen, moralische Problemlage als ethisch relevant wahrzunehmen, ethische Diskurse konstruktiv zu strukturieren und innerhalb dieser einen wertbezogenen Standpunkt einzunehmen und zu vertreten.

1. Moralische Wahrnehmung

Ein wesentlicher Teil ethischer Kompetenz besteht in der moralischen Wahrnehmungsfähigkeit. Solange der Einzelne sein Handeln und das der Anderen nicht als moralisch relevant einzustufen vermag, tritt er nicht in eine ethische Reflexion ein. Er erkennt z. B. die potentiell kränkende Wirkung einer Äußerung nicht, da er sich der persönlichen Empfindlichkeiten des Angesprochenen nicht bewusst ist oder nicht weiß, dass seine Worte im Kulturkreis seines Gesprächspartners eine herabwürdigende Bedeutung haben.

Moralische Wahrnehmung beschreibt die Sensibilität für die moralische Relevanz von Situationen. Sie bildet eine wichtige Voraussetzung dafür in einer konkreten Situation überhaupt erst in eine ethische Reflexion einzutreten.

Eine solche moralische Wahrnehmung ist aber nicht lediglich das Produkt veranlagter Empfindsamkeit, sondern vor allem ein Ausdruck internalisierter Wertvorstellungen. In unserer moralischen Wahrnehmung folgen wir in erster Linie den Vorstellungen, mit denen wir aufgewachsen sind. Genau dieser Fundus an biographisch und gesellschaftlich vermittelten Wertvorstellungen ist ausgesprochen wandelbar, er unterliegt stetigen Moralisierungs- und Entmoralisierungsprozessen. Als Beispiele für diese Dynamiken und ihren Sozialisationseinfluss seien die Sexualmoral und die gesellschaftliche Einstellung zum Konsum genannt.

Noch vor 40 Jahren waren alle Fragen sexuellen Verhaltens für überwiegende Teile der Gesellschaft ein Bereich menschlichen Handelns von hoher moralischer Relevanz. Außerehelicher Geschlechtsverkehr, Homosexualität und Autoerotik wurden als individuell wie gesellschaftlich schädlich, mehr noch, als moralisch verwerflich betrachtet. Spätestens in den 1960er Jahren kam es dann zu einem breiten Wandel des gesellschaftlichen Werteverständnisses, der sich auch auf die individuelle Sexualmoral auswirkte. Damit verschoben sich nicht nur die moralischen Maßstäbe, die an sexuelles Verhalten angelegt wurden, sondern es änderte sich auch die Wahrnehmung der moralischen Relevanz dieses Verhaltensbereichs. Seither gilt in großen Teilen der Gesellschaft die Sexualität *per se* nicht mehr als ein Gegenstand moralischer Normen (eine Tendenz, die sich erst mit dem in den 1980er Jahren einsetzenden Diskurs über HIV bis zu einem gewissen Grad gewendet hat). Umgekehrt wäre es den meisten Menschen in den 1950er Jahren nicht in den Sinn gekommen, einen Einkauf als moralisch relevante Entscheidung zu verstehen. Mit der Steigerung des ökologischen Bewusstseins und der breiten Diskussion über faire Welthandelsbedingungen hat sich dies seither maßgeblich geändert. Heute ist die Forderung nach einem ethisch verantwortbaren Konsum weithin akzeptiert. Auch wenn sich dieser Einstellungs- und Wahrnehmungswandel oftmals nicht verhaltenslenkend auswirkt und immer noch milieuspezifisch wirksam bleibt, ist dieser Topos doch inzwischen fest im moralischen Diskurs verankert.

Es geht an dieser Stelle weder darum, die dargestellten Entwicklungen zu bewerten, noch soll behauptet werden, dass moralische Werte völlig relativ seien und mit der Veränderung des gesellschaftlichen Diskurses ihre Gültigkeit verlieren. Tatsächlich spricht einiges dafür, dass es gar keine moralisch indifferenten Handlungen gibt. Die Einschlägigkeit moralischer Normen ist zumeist nur eine Frage der moralischen Scharfstellung einer bestimmten Situation.

Moralische Wahrnehmung – eine Frage der Fokussierung?
Vereinfacht gesagt vertreten wir hier die These, dass die Einordnung einer Situation als moralische relevant oder nicht relevant maßgeblich davon abhängt, wie genau der Akteur hinsieht. Da es aber zu einer praktischen Überforderung der Akteure führen würde, wenn sie bei jeder Situation genau hinsehen müssten, lassen sie sich von internalisierten Annahmen über die moralische Relevanz leiten. Der gesellschaftliche Wertefundus prägt von daher die moralische Wahrnehmung mit, welche den Zugang zu seiner eigenen Reflexion beeinflusst. Die Sensibilität für diese Rückkopplung und ihren historisch-situativen Wandel, nennen wir ethische Wahrnehmung.

Auch in den 1950er Jahren hätte eine genaue Analyse des Einkaufsverhaltens und Anwendung von Gerechtigkeitserwägungen beim Einzelnen jederzeit zu der Einsicht in die moralische Relevanz seines Konsumverhaltens führen können. Lebenspraktisch würde aber die Analyse der Moralrelevanz jeder einzelnen Handlung zu einer völligen Überforderung der Akteure führen. Das Individuum ist in der Bewältigung des Alltags darauf angewiesen, einen Großteil seiner Entscheidungen treffen zu können, ohne dabei in eine ethische Abwägung einzutreten. Zu diesem Zweck muss er sich auf seine moralische Wahrnehmung verlassen können, die ihrerseits durch die Ergebnisse eines gesellschaftlich-ethischen Diskurses geprägt ist. Die Reflexion dieses Verhältnisses zwischen individueller moralischer Wahrnehmung und gesamtgesellschaftlichen Wertetrends ist ein unerlässlicher Teil ethischer und ethikdidaktischer Kompetenz. Sie spielt ohne Zweifel eine wichtige Rolle für die De- und Rekonstruktion vorfindlicher Wertestrukturen.

Unter ethischer Wahrnehmung soll hier in Abgrenzung zur moralischen Wahrnehmung die Sensibilität für die Wandelbarkeit von Wertesystemen in der Zeit und zwischen verschiedenen sozialen Umfeldern begriffen werden. Sie ermöglicht zu erkennen, welche moralischen Problemlagen es ethisch zu reflektieren gilt.

2. Umgang mit diskursiven Architekturen

Ethische Fragen zielen, das haben sie mit moralischen Fragen gemeinsam, auf die Ausgestaltung von Verhältnissen zwischen moralischen Akteuren ab. Selbst da, wo durch eine Handlung *prima facie* kein anderer Akteur unmittelbar betroffen ist (man denke z.B. an einen Menschen, der seinen Abfall in einen See wirft, der sich nicht im Eigentum eines Anderen befindet), ist fast immer eine mittelbare Betroffenheit anderer moralischer Akteure gegeben. Zumindest aber ist das individuelle Handeln insofern auf Andere bezogen, als dass es sich – affirmativ oder negierend – auf das gesellschaftliche Wertumfeld bezieht, in dem das Individuum sich konstituiert. Wir wollen an dieser Stelle den Diskurs (in inhaltlicher Anlehnung an Michel Foucault) als das intersubjektive Moment der Mensch-System-Dyade definieren. Ein Diskurs zielt auf die Gestaltung des Miteinanders, er *ist* gewissermaßen das Miteinander. Folgt man dieser Setzung, lässt sich Moral nicht anders denn als Ordnungsdimension des Diskurses verstehen. Moral im Sinne eines je gegebenen Gefüges von Werten setzt Rahmenbedingungen des Diskurses, konstituiert seine Akteure und verändert sich zugleich als Ergebnis des fortschreitenden Diskurses. Das Wertgefüge liefert Regeln dafür, wer sich zu welchem Thema und auf welche Weise äußern darf und wie diese Äußerungen auf das Wertgefüge zurückwirken. Ein Bruch mit diesen Diskursvoraussetzungen erfordert eine gezielte Anstrengung (Foucault

1992). Geht man von einem solchen Verständnis der Moral aus, so kann man Ethik, als diejenige Disziplin, die sich in reflexiver Weise mit Moral befasst, auch als reflexive Beschäftigung mit einem der wesentlichen Strukturmomente von Diskursen fassen. Sie ist, etwas vereinfacht gesprochen, das Geschick für den Umgang mit diskursiven Strukturen.

Moral lässt sich fassen als ein Strukturmoment des Diskurses. Ethische Kompetenz kann dann verstanden werden als die Fähigkeit zum Umgang mit diskursiven Architekturen.

Ethische Kompetenz heißt in diese Zusammenhang, diskursive Strukturen verstehen und sich auf sie beziehen zu können. Diese Kompetenz umfasst im Anschluss an die in Abschnitt II dargestellte Typologie solche Fähigkeiten, die nach innen wirken und dem Individuum Aufschluss darüber geben, in welcher Weise er durch die diskursiven Rahmenbedingungen konstituiert wird (Werterhellung). Sie umfasst zugleich Fähigkeiten, die auf äußere Wirkung zielen (Wertekommunikation), sowie nicht zuletzt die Einsicht in die Verfasstheit des diskursiven Systems selbst. Aus dieser Warte erscheint der Begriff ›ethische Kompetenz‹ als Überbegriff für ein Bündel von (untereinander nicht immer scharf abgrenzbaren und auf einander bezogenen) Fähigkeiten, die sich auf den Umgang mit diskursiven Architekturen beziehen. Zu diesem Fähigkeitsbündel gehören etwa:
• die Fähigkeit zur Wahrnehmung eigener Wertstrukturen,
• die Fähigkeit zur Einordnung fremder Wertannahmen,
• die Fähigkeit, solche Annahmen in konkrete Entscheidungen zu übersetzen,
• die Fähigkeit zum moralischen Perspektivwechsel,
• die Fähigkeit zur Begründung eigener Werte und Einstellungen,
• die Fähigkeit, wertbezogene Konsense und Dissense zu erkennen, und
• die Fähigkeit, Kompromisse in Wertfragen zu schließen.
Eine besonders wichtige Fähigkeit für die am Diskurs beteiligten Akteure ist das Verständnis für das Funktionieren des diskursiven Prozesses selbst. Viele der Strukturen, die im Diskursprozess schlicht als Gegebenes erscheinen, sind ihrerseits wertunterfüttert und insofern diskursiv gesetzt und modifizierbar.

Exemplarisch sei an dieser Stelle an die kommunikationspsychologische Unterscheidung zwischen Sachinformation und Werturteil erinnert. Während man schon aus erkenntnistheoretischen Erwägungen berechtigte Zweifel an einer strikten Scheidung zwischen objektivierbaren Sachinformationen einerseits und subjektiven Werturteilen hegen kann, verliert diese Unterscheidung im Zusammenhang des Diskurses zusätzlich an Wert. Jede Äußerung hat neben einer inhaltlich-propositionalen Komponente schließlich noch weitere botschaftskonstituierende Aspekte.

Sachinformation und Werturteil

Jede Äußerung hat neben ihrem Sachgehalt auch weitere Komponenten. So umfasst sie auch Aspekte der Selbstkundgabe von Seiten des Sprechers sowie einen Appell und eine Beziehungsäußerung gegenüber dem Empfänger. Die Reduktion einer Äußerung auf ihren Sachgehalt blendet wesentliche Aspekte der diskursiven Wirkung der Äußerung aus. Dies trifft umso mehr auf die Reduktion eines diskursiven Akteurs auf die Rolle als Experte im Sinne eines Lieferanten von Sachinformationen zu.

Zugleich tritt diese sehr fragliche Unterscheidung im Zusammenhang des Diskurses als eine höchst wirksame Machtstruktur bei der Verteilung diskursiver Rollen auf. Ein Akteur der für sich ›Sachlichkeit‹ im Gegensatz zur ›Unsachlichkeit‹ eines Widerparts in Anspruch nimmt, versucht damit – bewusst oder unbewusst – seine diskursive Position zu verbessern.

Diskursive Gegebenheiten, die auf den ersten Blick als ›Sachzwänge‹ erscheinen, erweisen sich bei genauem Hinsehen als verfestigte diskursive Machtzusammenhänge.

Noch augenfälliger wird dies an der Unterscheidung zwischen ›Laien‹ und ›Experten‹. Die Position des Experten ist mit der Vorstellung einer objektiven Wahrheit assoziiert; seine diskursive Äußerung erscheint nicht als bloße Meinung sondern gewissermaßen als nicht weiter hinterfragbarer Sachzwang. Die Fähigkeit, solche Mechanismen zu durchschauen, ist von unschätzbarem Wert für die Bewährung in diskursiven Prozessen. Sie erfordert ein hohes Maß an Abstraktion und stellt eine der anspruchsvollsten Aufgaben ethischer Bildung dar.

3. Standpunkte beziehen (können)

Wenn die beiden vorgehenden Facetten sich darauf bezogen, dass es zur Ausbildung und Förderung ethischer Kompetenz notwendigerweise ein Wahrnehmungssensorium für moralische Problemlagen sowie die Gabe zur konstruktiven Diskursstrukturierung braucht, dann stellt sich fast zwangsläufig die Frage, ob ethische Lehr-Lernprozesse neben diesen eher formalen Gesichtspunkten auch der materialen ›Füllung‹ bedürfen. Dieser Punkt klang bereits an verschiedenen früheren Stellen unserer Ausführung an, beispielsweise im Zusammenhang der Unterscheidung zwischen Ethikdidaktik und Moralerziehung bzw. bei der Beschreibung des Konzepttyps ›Wertübertragung‹. An dieser Stelle soll daran erinnert werden, dass ethische Bildung (wie Bildungsprozesse im Allgemeinen) auf die personale Dimension der Bildungsakteure und damit auf deren Wertpräferenzen gar nicht verzichten kann, da diese unlösbar von den Beteiligten präsent sind. Ähnlich wie das berühmte kommunikationslogische Diktum ›Man kann nicht *nicht* kommunizieren‹ darauf abhebt, dass beispielsweise selbst ein Schweigen äußerst beredet sein kann, kann eine Lehrkraft in ethischen Bildungsprozessen nicht *nicht* wertbezogen kommunizieren. Selbst wo sie explizite Stellungnahmen bewusst vermeidet, wird die Art und Weise, wie sie sich den aufgeworfenen Fragestellungen und dem Umgang der Schülerinnen und Schüler damit zuwendet, ihr Maß der Begeisterung oder ihr Moderations- und Diskussionsstil erkennen lassen, was ihr all das ›wert‹ ist. Zumindest werden sich die beteiligten Schülerinnen und Schüler aufgrund dieser impliziten Informationen ein eigenes Bild davon machen, welche Wertüberzeugungen es denn sein mögen, von denen sich ihre Lehrerin oder ihr Lehrer leiten lässt.

Es sind keine ethischen Bildungsprozesse vorstellbar, innerhalb derer sich die Beteiligten nicht voneinander ein Bild machten, nach welchem Wertprofil der eine und die andere ›tickt‹.

Genau an dieser Stelle lohnt unseres Erachtens das Nachdenken, ob es im Rahmen ethischer Lehr-Lernprozesse hinreichend sein kann, die skizzierten Wertzuschreibungsprozesse dem Zufall, der Mutmaßung und damit immer auch der Gefahr des Missverständnisses zu überlassen. Gerade weil es gegenwärtig alles andere als selbstverständlich ist, welchen Wertorientierungen ›man‹ oder ›der Andere‹ folgt, und weil – wie dargestellt – der Wertepluralismus nicht nur ein soziales, interindividuelles Phänomen ist, sondern sein personal-biographisches, intraindividuelles Pendant längst gefunden hat, gerade deshalb scheint uns eine explizite Wertkommunikation hilfreich, ja notwendig. Schließlich gelten – daran sei an dieser Stelle mit Nachdruck hingewiesen – all die Mechanismen und Effekte, die mit Blick auf die unterschiedlichen Konzeptionen von Ethikdidaktik in Abschnitt III beschrieben wurden, auch für die beteiligten Lehrkräfte: Auch diese stehen in Systemkontexten, innerhalb derer hierarchisch favorisierte Wertüberzeugungen ›top-down‹ vermittelt werden; auch ihnen steht es gut an, die eigene Wertsubjektivität immer weiter aufzuklären; auch sie reifen in moralischer und ethischer Hinsicht lebenslang; auch Lehrerinnen und Lehrer gewinnen in wertbezogenen Diskursen an Profil.

Nicht erst die berühmt gewordene, in den 1960er Jahren gestartete Experimentreihe des US-amerikanischen Psychologen Stanley Milgram ruft allerdings auch das Missbrauchspotential von wertbezogenen Stellungnahmen in Beziehungsgefügen mit hierarchischem Machtgefälle in Erinnerung. Wo Lehrerinnen und Lehrer ›Vorbild‹ und ›Modell‹ sind (und wo sind sie das nicht?), sind ihre Wertpräferenzen von hoher Prägerelevanz. Anstatt aus diesem zwingend zu beachtenden Faktum für Lehrkräfte aber nun einen defensiven, ›wertneutralen‹ Handlungsstil abzuleiten, plädieren wir für ein eigens zu kultivierendes Können in der Einnahme einer wertkommunikativen Position. Das pädagogische Dilemma wird dabei zur Lehr-Lernchance.

Was ›Verantwortung‹ heißt, erkennen Schülerinnen und Schüler in der Art und Weise, wie ›verantwortlich‹ die für ethische Bildungsprozesse Verantwortlichen ihre Rolle wahrnehmen.

Konkret: Es lässt sich mit Leichtigkeit eine ganze Unterrichtsreihe mit der aktuell in Neuropsychologie und Neurophilosophie viel diskutierten Frage füllen, ob der Mensch überhaupt ›frei‹ in seinem Handeln ist oder durch sein Gehirn ›fremdbestimmt‹ wird. In diesem Zusammenhang wäre unbedingt zu thematisieren, was ›Freiheit‹ und ›Verantwortung‹ überhaupt bezeichnen. Dabei wäre zu diskutieren, ob sich ›Verantwortung‹ überhaupt im Sinne eines Faktums, das ist oder nicht ist, feststellen lässt, oder ob es sich hier nicht vielmehr um einen Zuschreibungsbegriff handelt, d. h. wir erklären jemand für verantwortlich und erst diese Erklärung macht ihn verantwortlich. All diese (zweifelsohne gleichermaßen notwendigen wie hilfreichen) Begriffs- und Konzeptklärungen gewinnen aber wohl erst dann an Kontur und Nachhaltigkeit, wenn alle Diskussionsbeteiligten – Lehrende und Lernende – ihre je eigenen Zuschreibungen, Abtretungen und Verweigerungen von Verantwortung thematisieren. Hier haben Lehrerinnen und Lehrer die Chance, authentisch und transparent die eigenen Wertstandpunkte zu kommunizieren *und* auf die moderierende Rolle und die ihr innewohnende Neutralität zu verweisen. Die in dieser Doppelrolle mitschwingende Ambiguität und die sie kompetent auszubalancierende Ambiguitätstoleranz werden den Schülerinnen und Schülern ohne Zweifel zum Vorbild gereichen.

IV. Didaktische Konsequenzen für die Querschnittsaufgabe ›ethische Bildung‹

Ethische Bildung ist kein einfaches Unterfangen. Schon der Versuch, Ethik als ein bloßes Wissensgebiet zu behandeln, stößt im Unterrichtsalltag auf Schwierigkeiten. Ethisches Wissen ist, in noch größerem Maße als andere Arten des Wissens, auf Fachwissen anderer Disziplinen verwiesen.

Für sich betrachtet bieten regulative Ideen, wie etwa Gerechtigkeit, wenig konkrete Handlungsorientierung. Sie bedürfen der Ausbuchstabierung in die konkrete Situation, der Einbindung in den sozialen Kontext und der Abwägung gegen andere regulative Ideen. Selbst wenn man von einem objektiven Normverständnis ausgeht, in dem ›richtige‹ Werte absolut gelten, kommt man um die korrekte Zuordnung der geltenden Norm in den konkreten Lebenssachverhalt nicht umhin; und diese Subsumptionsleistung bedarf Wissen um die jeweiligen Sachverhalte und ihre Geltungszusammenhänge. Zumindest hier zeigt sich, bei allen begründeten Zweifeln an Tatsachen als Normbegründungen, wie konstitutiv Empirie für die ethische Reflexion ist. Diese Situation ändert sich auch dann nicht, wenn man aus den luftigen Höhen abstrakter ethischer Ideen zu deutlich konkreteren Normen herabsteigt. So kann etwa im Bereich der Ethik ein Gebot wie ›Du sollst nicht lügen‹ kaum absolut und damit unmittelbar handlungsleitend gelten. In einer konkreten Situation stellen sich vielmehr unzählige Fragen, die zu beantworten sind, bevor man von der Norm zu einer Handlung (bzw. einer Unterlassung) kommen kann. Ist die Auslassung bekannter Tatsachen bereits Lüge durch Unterlassen? Gilt das Gebot, nicht zu lügen, auch dann noch, wenn die Wahrheit einen Schaden für den Anderen oder Dritte verursachen könnte? Gibt es Situationen, in denen die Äußerung einer Wahrheit als Waffe eingesetzt und somit ethisch unakzeptabel werden kann?

Die Beantwortung dieser Fragen ist einerseits Teil der ethischen Reflexion, die eine Norm in den größeren Zusammenhang einer Normhierarchie bzw. eines Netzwerkes von Normen einbindet. Erfolgt diese Bewegung nicht, so bricht die Beschäftigung mit dem Wert bereits ab, bevor Ethik im eigentlichen Sinne überhaupt zum Zuge kommt. Ethikunterricht verkürzt sich zur Moralerziehung. Andererseits setzt die Beantwortung dieser Fragen auch Wissen um Fakten und Kausalzusammenhänge voraus. Jenseits simpler Fallkonstellationen erfordert die ethische Abwägung neben dem Wissen um ethische Hintergrundtheorien und Argumentationsweisen eben häufig auch Kenntnisse aus Medizin, Recht, Psychologie oder Politik.

> *Kontextsensitivität von Normen – Der Umgang mit dem Ergebnis genetischer Untersuchungen als ein Beispiel*
> Eine genetische Untersuchung kann Aufschluss über die Disposition zu einer genetischen Erkrankung geben. Ist der Untersuchte berechtigt, ein positives Testergebnis bei dem Vorstellungsgespräch gegenüber seinem Arbeitgeber zu verschweigen? Wie ist die Situation, wenn er sich für eine Arbeit bewirbt, bei dem die durch genetische Disposition angelegte Erkrankung ein berufsspezifisches Risiko darstellt?

Wie gezeigt, ist die Ethik unterbestimmt, wenn man sie als bloß kognitives Wissen um normative Sachverhalte begreift. Ethik steht in einem komplexen gegenseitigen Bestimmungsverhältnis zur Moral, die ethische Reflexion wird von der Fähigkeit, die moralische Relevanz von Sachverhalten zu erfassen (moralische Wahrnehmung), beeinflusst, und wirkt auf diese zurück. Nicht zuletzt hat die Fähigkeit, den eigenen moralischen Standpunkt in einen Gruppenprozess einzubringen und die Ergebnisse der individuellen ethischen Reflexion zu kommunizieren, einen entscheidenden Einfluss auf den ethischen Diskurs.

Ethische Bildung ist nicht bloß kognitiv zu fassen. Ethische Urteilsbildung setzt Wissen, Haltung und Vermögen voraus.

Besonders augenfällig wird die komplexe didaktische Herausforderung ethischer Lehr-Lernprozesse dort, wo es um die konkreten und meist komplexen Fragestellungen einer angewandten Ethik geht. Medienethik, Technikethik, Umweltethik und viele weitere ›Bereichsethiken‹ sind die Orte, in denen sich die theoretischen Begriffe und Prinzipien der Ethik zu bewähren haben. Gleichzeitig bieten sie den ›Stoff‹, der für ethische Bildung gleichermaßen dringlich und anschaulich ist. Von daher sollten Lehrende nicht davor zurückschrecken, sich beispielsweise der Medizin- und Bioethik zuzuwenden. Die Forschung an humanen embryonalen Stammzellen, um ein prominentes Beispiel der aktuellen bioethischen Diskussion zu nennen, berührt eine Vielzahl von unterschiedlichen Themenkomplexen, die den Rahmen einzelner wissenschaftlicher Disziplinen weit überschreiten. Die Bildung einer fundierten und ausgewogenen Meinung zu der Zulässigkeit bestimmter Verfahren setzt das Verständnis biologischer Zusammenhänge, das Wissen um ethische Hintergrundtheorien, Kenntnisse der geltenden rechtlichen Regularien, einen Einblick in die Mechanismen gesamtgesellschaftlicher Entscheidungsfin-

dung und nicht zuletzt die Fähigkeit zur Erarbeitung tragbarer pragma-
tischer Lösungen unter den Voraussetzungen des Dissenses über grundlegende Werte voraus. Eine fundierte Behandlung dieses Themas im Unterricht ist daher isoliert im Rahmen des Fachunterrichtes – sei es
Biologie, Philosophie, Religion oder Politik – nur unter großen Schwierigkeiten zu leisten. Sie erfordert zumindest eine Abstimmung des Lehrenden mit Lehrenden anderer Fächer, um abschätzen zu können, ob
Schülerinnen und Schüler über hinreichende Vorkenntnisse in den anderen Disziplinen verfügen und um einen ertragreichen und zielführen-
den Lehr-Lernprozess zu ermöglichen. Zugleich liegt in der skizzierten
Komplexität und Vernetztheit der Materie aber auch eine große didaktische Chance. Die Verdichtung bioethischer Themen zeigt ganz deutlich,
was letztlich für alle Fragen mit gesamtgesellschaftlicher Relevanz gilt:
Eine einzelne Fachdisziplin ist mit ihrer Lösung wie auch ihrer adäqua-
ten Vermittlung überfordert.

Die immer weitere Aufgliederung der Wissensgebiete bei gleichzeitig ständig wachsender Informationsmenge über die Einzeldisziplinen,
die ein Merkmal des modernen Wissenschaftsbetriebes bzw. der
(post-)modernen Gesellschaft als solcher ist, wird unter dem Gesichtspunkt der Konsens- bzw. Lösungsfindung zumindest in demokratisch-
pluralistischen Gesellschaften zunehmend problematisch. Sowohl für
die individuelle Urteilsfindung und noch viel mehr für die Generierung
gesellschaftlicher Normkonsense scheinen in Reaktion auf diese Entwicklung nur zwei Strategien einen Ausweg zu bieten: Entweder gibt
man sich damit zufrieden, ein Urteil auf der Grundlage unzureichender
Sach- und Wertzusammenhänge zu fällen, oder man delegiert die Entscheidung an Experten. Keine dieser Lösungen wird einer wertepluralen
Gesellschaft gerecht. Die erste Strategie – die Reduktion der dem Urteil
zugrunde gelegten Informationen – läuft Gefahr, nicht sachgerechte
Urteile bzw. Lösungen zu generieren, die schnell an den Realitäten des
Individuums oder der Gesellschaft zu scheitern drohen. Die zweite Strategie verringert Möglichkeiten gesellschaftlicher Teilhabe – ohne dabei
das Problem zu lösen. Denn kaum ein gesamtgesellschaftliches Problem
wird gänzlich durch die Expertise nur einer (Experten-)Gruppe abge-
deckt werden können. An die Stelle einer gesellschaftlichen Vermittlung
zwischen inadäquat informierten Entscheidungsträgern tritt hier die
nicht weniger problematische Notwendigkeit der Strukturierung eines
interdisziplinären Austausches.

Die einzige Möglichkeit diesem Dilemma zu entgehen, ist und bleibt
das Konzept des mündigen Bürgers. Die skizzierten Bedingungen der
modernen Wissensgesellschaft – insbesondere die fortschreitende Seg-

mentierung des Wissens einerseits und die zunehmende Vernetzung von Problemen über die Wissenssegmente hinweg andererseits – machen es aber notwendig das ›Projekt Mündigkeit‹ stärker methodisch-strukturell zu fassen. Da die Vermittlung hinreichender Informationen über alle problemrelevanten Aspekte zunehmend unpraktikabel ist, wird methodisches Wissen zu einer immer wichtiger werdenden Kernkompetenz. Das Individuum muss in die Lage versetzt werden, sich selbstständig über verschiedene Aspekte eines moralischen Problems zu informieren, sich kritisch mit den Informationsquellen auseinander zu setzen und sich kompetent in den Diskurs einzubringen.

Der Erwerb von diskursiven Querschnittkompetenzen ermöglicht eine partizipative Meinungsbildung, die nicht allein auf das Urteil von Experten setzt.

Ethische Bildung als Beitrag zur ›Ermündigung‹ der Lernenden ist von daher vor umfassende Aufgaben gestellt. Sie muss, wenn sie ihrer Aufgabe gerecht werden will,

• die Lernenden für die moralische Relevanz seiner Themen sensibilisieren,
• einen Überblick über die verschiedenen Problemdimensionen liefern,
• Kompetenzen zur Einholung und kritischen Reflexion der relevanten Informationen (Fachwissen und normative Annahmen) vermitteln
• die Fähigkeit zur Teilnahme an normativen Diskursen (diskursive Kompetenzen) stärken
• und nicht zuletzt Wege zum Umgang mit normativen Dissensen aufzeigen.

V. diskurs*lernen* – ein didaktischer Vorschlag

Das hier skizzierte ethikdidaktische Grundverständnis spiegelt sich in dem Bildungsformat ›diskurslernen: mitreden in der bioethik‹ wider, das vom Jahr 2005 an in Zusammenarbeit zwischen dem Deutschen Referenzzentrum für Ethik in den Biowissenschaften und dem Institut für Wissenschaft und Ethik der Universität Bonn entwickelt wurde (eine nähere Projektbeschreibung findet sich in Kolbe/Heyer 2009). Obgleich zunächst als didaktisches Format zur fächerübergreifenden Vermittlung bioethischer Fragestellungen konzipiert, lässt es sich auch auf andere kontroverse Fragestellungen mit gesamtgesellschaftlicher Relevanz übertragen. Neben den klassisch bioethischen Themen des therapeutischen

Klonens und der Forschung an humanen embryonalen Stammzellen auch schon zu einem sozialethischen Thema (›diskurs*lernen*: Streitfall Bedingungsloses Grundeinkommen‹ als Projekt der Hamburger Stiftung Wertevolle Zukunft) zum Einsatz.

Materialien zu den verschiedenen diskurs*lernen*-Varianten finden sich im Internet unter:
http://www.diskurslernen.de
http://www.diskurslernen-sozialethik.de/

Kernanliegen dieses fächerübergreifenden Unterrichtsformates ist es, diskursive Kompetenzen der Teilnehmer durch das direkte Erleben eines diskursiven Prozesses zu stärken. Die Vermittlung profunder Kenntnisse über das je behandelte Thema ist dabei ein wichtiger Aspekt, dient aber letztlich nur als Vehikel für die Stärkung fächerübergreifender Kompetenzen. Das Format orientiert sich an dem zur Politikberatung entwickelten Konzept der Bürger-Konsensus-Konferenz. Die Bürger-Konsensus-Konferenz wurde, zum Teil beeinflusst durch amerikanische Ansätze zur Technikfolgenabschätzung aus den 1970er Jahren, in den 1990ern vor allem in Dänemark, den Niederlanden und der Schweiz entwickelt (Burow/Pauli 2006). Eine zufällig ausgewählte und nach repräsentativen Gesichtspunkten zusammengesetzte Gruppe von Bürgern wird dabei über umstrittene Technologien und Forschungsfortschritte informiert und soll im Anschluss eine Empfehlung zu der betreffenden Streitfrage erarbeitet.

Das Format diskurs*lernen* lehnt sich bei der Bürger-Konsensus-Konferenz vor allem in Bezug auf die strukturellen Momente an. Das Projekt verläuft in folgenden Schritten:
• Sachstandsvermittlung
• Fragengeleitete Vertiefung
• Anhörung von Experten
• Ausbildung eines eigenen Standpunktes
• Hineinversetzen in den Standpunkt des Anderen
• Konsensbildung / Aufdecken von Dissensen
Anders als bei den Bürger-Konsensus-Konferenzen geht es bei diskurs*lernen* nicht in erster Linie darum, ein repräsentatives Bürgervotum zu generieren. Vielmehr sollen die Teilnehmenden über das Erlebnis eines moderierten Diskurses etwas über die Funktionsweisen partizipativer Verfahren lernen, ihre diskursive Kompetenz stärken und Interesse (hoffentlich Begeisterung) für die Teilnahme an kontroversen Meinungsbildungsprozessen entwickeln.

Diskurs*lernen* ist ein, auf dem Verfahren der Bürger-Konsensus-Konferenz beruhendes didaktisches Format, das den Teilnehmenden die Verfahrensweisen bei partizipativen Verfahren nahe bringen soll. Im Mittelpunkt steht dabei nicht die Vermittlung von Kenntnissen zum behandelten Sachthema, sondern die Stärkung diskursiver Kompetenzen.

Das Projekt findet idealerweise im Rahmen einer Projektwoche von vier bis fünf Tagen statt und wird von Lehrkräften aus verschiedenen Fächern begleitet und moderiert. Die besten Voraussetzungen für einen erfolgreichen Diskursverlauf sind gegeben, wenn sich die Gruppe der Schülerinnen und Schüler aus verschiedenen Kursen zusammensetzt, die freiwillig an dem Projekt teilnehmen. Von entscheidender Bedeutung ist, dass sich die veranstaltenden Lehrkräfte in die inhaltliche Entwicklung des Meinungsbildungsprozesses so wenig wie möglich einmischen. Der Lehrende wird zum Moderator, dessen Aufgabe im wesentlichen darin besteht, die Einhaltung der freiwillig vereinbarten Diskursregeln zu überwachen, den Diskurs durch gezielte Impulse mit von den Schülerinnen und Schülern übersehenen Problemaspekten anzureichern sowie darauf zu achten, dass abweichenden Meinungen innerhalb des Diskurses genug Raum gegeben wird. Eine gruppendynamische Tendenz, auf die die Veranstalter ein besonderes Augenmerk zu halten haben, ist die Neigung zu vorschneller Konsensbildung. Es sollte gerade vermieden werden, inhaltliche Dissense mit Rücksicht auf ein ›gutes‹ gemeinsames Ergebnis zu nivellieren. Das Diskursergebnis muss kein einstimmig getragener Konsens sein. Je nach Entwicklung der Diskussion kann das Abschlussdokument auch Minderheitenvoten enthalten, ein bloß quantitatives Meinungsbild sein oder einen nicht aufhebbaren Dissens in der Wertung konstatieren.

Zur Motivation der Teilnehmenden und der Erreichung des Lernzieles ist vor allem eine Haltung der Wertschätzung gegenüber allen Beiträgen und dem Gesamtergebnis unerlässlich. Nur wenn sie sich ernst genommen fühlen, werden die Teilnehmenden sich in den Prozess ›hineinziehen‹ lassen. Dann kann eine Haltung aufgebaut bzw. bestärkt werden, welche die Teilnahme an (häufig langwierigen und oft frustrierenden) partizipativen Prozessen als lohnenswert anerkennt. Ein Beitrag zu diesem Gefühl der Wertschätzung kann in der Herstellung einer Öffentlichkeit für Verlauf und Ergebnisse des Diskurses liegen. Die Konzeption von diskurs*lernen* sieht deshalb die Einrichtung einer zweiten Gruppe, der sogenannten ›Pressegruppe‹ vor, die in Form einer Wandzeitung oder einer Website über den Diskursverlauf und seine Ergebnisse berichtet. Die Teilnehmenden dieser Gruppe können nur in geringerem Maße in die inhaltliche Diskussion einsteigen, erhalten aber die Möglichkeit, etwas über Techniken der Öffentlichkeits- und Pressearbeit zu lernen. Zudem kann so das häufig brisante Zusammenspiel zwischen (politischen) Prozessen und Berichterstattung simuliert und der Lernerfolg um eine zusätzliche Dimension bereichert werden. Ein weiteres empfehlenswertes Element ist die anschließende Veröffentlichung der Diskursergebnisse. Den Teilnehmenden sollte die Möglichkeit eingeräumt werden, die Ergebnisse der Projektwoche nach deren Abschluss vor einer (Schul-)Öffentlichkeit zu präsentieren oder ihr Votum an einen lokalen Entscheidungsträger zu übergeben.

Die *Wertkommunikation* ist der eigentliche Dreh- und Angelpunkt diskursiver Verfahren. Das argumentative Vertreten werthaltiger Standpunkte, das Hinterfragen und gegebenenfalls die Modifikation diskursiver Rahmenbedingungen, das Auffinden und Aushalten von Dissensen sowie der Prozess des Auslotens von Gemeinsamkeiten und die Kompromissfindung stellen einen erheblichen Anteil der Arbeit in einem moderierten Diskursverfahren dar. Von daher könnte man zu der Auffassung kommen, dass sich das Format diskurs*lernen* ausschließlich auf den Wertkommunikations-Typ innerhalb der in Abschnitt III vorgestellten Systematik stützt. Tatsächlich gehen wir jedoch davon aus, dass die vorgestellten Modelle weder in sich geschlossen sind noch einander ausschließen. Diese Momente stehen in einem Verhältnis der gegenseitigen Bedingtheit, das nicht hierarchisch zu verstehen ist.

Diskursive Lehr-Lern-Prozesse beruhen nicht allein auf dem Modell der Wertkommunikation; sie umfassen stets auch Momente von Wertentwicklung, Werterhellung und Wertübertragung.

So spielt das Modell der *Wertentwicklung* eine entscheidende Rolle für die didaktische Ausgestaltung eines diskursiven Prozesses. Hierbei soll nicht allein auf die entwicklungspsychologische Fragestellung fokussiert werden, ob Diskursteilnehmende in Bezug auf eine anstehende Frage ›moralfähig‹, d.h. aufgrund ihres Entwicklungsstandes in der Lage sind, die ethische Relevanz einer verhandelten Problematik wahrzunehmen. Auch die didaktisch-praktische Frage, ob Teilnehmende bereits über hinreichende Sachkenntnisse verfügen (etwa hinreichende Kenntnisse über Entwicklungsbiologie im Zusammenhang der Stammzellforschung), um zu einem ausgewogenen Urteil zu kommen, greift zu kurz. Vielmehr offenbart ein an Wertentwicklung ausgerichtetes Denken, dass biographische Vorerfahrungen und die konkrete Lebenssituation wichtige Grundlagen unserer moralischen Wahrnehmung sind. So wird etwa eine junge Frau, die schon einmal mit der Frage eines Schwangerschafts-

abbruches konfrontiert war, mit gewisser Wahrscheinlichkeit eine andere Haltung zur Frage des Umgangs mit frühen Stadien des menschlichen
Lebens entwickelt haben als ein gleichaltriger Mann, der sich mit dieser
Frage, wenn überhaupt, nur abstrakt beschäftigt. Diese Entwicklung
bricht auch nicht mit dem Erreichen eines bestimmten Lebensalters ab.
Die Beurteilung der Sinnhaftigkeit eines bedingungslosen Grundein-
kommens wird sich wahrscheinlich stark unterscheiden, je nachdem ob
man es mit einem stets erfolgreichen, 50-jährigen Unternehmer oder
einem unter prekären Bedingungen lebenden Jungakademiker zu tun
hat. Der Aspekt der Wertentwicklung betont einerseits die Wichtigkeit,
alle Teilnehmenden mit ihren spezifischen Herkünften und Situierun-
gen in einen Diskurs einzubinden, und macht andererseits augenfällig,
dass die Einbeziehung unterschiedlicher Perspektiven und Lebenssitua-
tionen für das Diskursgeschehen von hoher Relevanz sind. Je heteroge-
ner die Erfahrungshintergründe der Teilnehmenden sind, umso wichtiger wird der Brückenschlag zwischen diesen Lebenswelten, umso
anspruchsvoller wird der kommunikative Prozess, umso größer aber
auch die Möglichkeit einer tiefen Problemdurchdringung durch die
Gruppe.

Auch das Moment der *Werterhellung* spielt für das Gelingen des Diskurses eine zentrale Rolle. Insbesondere in der Phase der Sachstandsvermittlung kommt es darauf an, internalisierte Werthaltungen der Teilnehmenden als solche zu demaskieren, sie in ein Gefüge pluraler
Werthaltungen zu integrieren und allererst für die ethische Brisanz der
Thematik zu sensibilisieren. So leuchtet z. B. im Zusammenhang der Debatte um die Forschung an humanen embryonalen Stammzellen nicht
allen Teilnehmenden ein, warum es überhaupt ein ethisches Problem
darstellen soll, einen einzelligen Organismus (die befruchtete Eizelle)
oder frühe Stadien menschlichen Lebens, die noch keine erkennbaren
Merkmale des ›Menschseins‹ aufweisen, zu zerstören, wenn dadurch die
Möglichkeit zur Entwicklung von Therapien für schwere, bislang unheil-
bare Krankheiten eröffnet ist. Unter Werterhellung soll dabei keineswegs verstanden werden, diese Einstellung zu verändern. Vielmehr soll
an diesem Punkt lediglich klargemacht werden, warum der beschriebe-
ne Vorgang als ethisch problematisch betrachtet werden *kann* und welche normativen Grundhaltungen zugrunde liegen, wenn man sich dieser
Auffassung nicht anschließt.

Die Unterwerfung unter Verfahren, Verhaltensregeln und Zugangs-
bedingungen schließlich kennzeichnet jegliche Form des Diskurses.
Auch im breiten gesellschaftlichen Diskurs ist ein Jeder den inhaltlichen,
formalen und personalen Diskursvoraussetzungen (besonders spürbar

in Form von Diskursausschlussmechanismen, vgl. Foucault 1992) unterworfen. Diese sind, solange sie an Diskursergebnisse rückgekoppelt und durch diese modifizierbar sind, nicht unbedingt von Übel, sondern im Gegenteil konstitutive Voraussetzungen für das Stattfinden des Diskurses. Auch innerhalb des Formates diskurs*lernen* müssen sich die Teilnehmenden an derartigen Regeln ausrichten. Sie haben sich an vorgegebene Abläufe zu halten, sich zu verpflichten, an dem Ergebnis (Konsensorientierung) mitzuwirken, die Verfahren zu achten und ›bei der Sache zu bleiben‹. Es findet insofern mittels der Methodik auch eine Form der *Wertübertragung* statt. Durch die Offenheit des diskursiven Geschehens und seiner Ergebnisse wird dieser Prozess zugleich relativiert. Die Teilnehmenden könnten z. B. als Ergebnis des Diskurses zu der Feststellung kommen, dass die ursprünglich gestellte Frage zu eng oder gar irrelevant ist oder dass es anderer Verfahren und Teilnehmender bedarf, um sie beantworten zu können. Hier schließt sich der Kreis zur Wertekommunikation.

Damit ist zugleich ein Vektor des komplizierten Interdependenzverhältnisses der vier Modelle angedeutet. Ohne an dieser Stelle Anspruch auf Vollständigkeit erheben zu wollen, seien weitere solche Vektoren genannt: Die durch *Werterhellung* intendierte Schärfung moralischer Wahrnehmung kann etwa zur Entwicklung der Werte bei den Teilnehmenden beitragen, biographisch gefestigte Haltungen relativieren und zugleich die *Wertkommunikation* erleichtern. Die *Wertentwicklung* der Diskursbeteiligten wird beeinflussen, ob und in welchem Maße sie sich zukünftig vorgefundenen diskursiven Rahmenbedingungen unterwerfen.

VI. Resümee

Ethik ist nicht einfach ein Unterrichtsfach. Ethische Bildung ist ein wichtiger Beitrag zur Ermündigung (nicht nur) junger Menschen. Sie erlaubt es, eigene Haltungen zu verstehen und einzuordnen sowie sie gegebenenfalls zu modifizieren. Zugleich erleichtert sie den Standpunkt Anderer besser zu verstehen. Über die Analyse zugrundeliegender Werthaltungen trägt sie dazu bei, die Kommunikation über Meinungsverschiedenheiten zu strukturieren. Das kann wiederum erleichtern, Kompromisse zu finden, zumindest aber die Kernpunkte von Dissensen herauszuarbeiten und den weiteren Diskurs zu rationalisieren. Ethische Bildung vermittelt von daher wertvolle Fähigkeiten, die überall dort wichtig werden, wo sich Menschen in Diskurse einbringen: im Schulalltag, im politischen Prozess, im Arbeitsumfeld, im Privatleben.

Ethische Bildung vermittelt wertvolle Querschnittkompetenzen für verschiedenste Lebensbereiche.

Das komplexe gegenseitige Bedingungsverhältnis von Ethik, Moral, Fachwissen und Wertung macht die Vermittlung ethischer Bildung allerdings zu einer anspruchsvollen Aufgabe. Während der klassische Ethikunterricht einen wichtigen Beitrag leisten kann, indem er Wissen über ethische Hintergrundtheorien vermittelt, bedarf es darüber hinaus – gerade im Zusammenhang komplexer Materien wie beispielsweise der Bioethik – einer guten Abstimmung mit dem Unterricht in anderen Fachrichtungen. Von entscheidender Bedeutung für einen Lerneffekt ist zudem, dass die Lernenden auch auf emotionaler Ebene einen Zugang zu der Thematik finden. Indem sie in ethische Fragestellungen involviert werden, wird ihre moralische Wahrnehmung gestärkt. Die Beschäftigung mit Ethik ist immer ein Diskursgeschehen (und sei es in Form eines inneren, selbstgeführten Dialogs). Neben dem Erwerb von Wissen über die Funktionsweise von Diskursen erfordert dies die Stärkung diskursiver Kompetenz. Hier sehen wir die Relevanz lebendiger Diskurserlebnisse.

Fachübergreifende und erlebnisorientierte Formate, die neben der kognitiven, auch die motivationale und volitionale Seite der Lernenden ansprechen, stellen eine wichtige Ergänzung zum Regelunterricht dar und helfen Effektivität und Nachhaltigkeit ethischer Bildung zu verbessern.

Literatur

Ammicht Quinn, Regina, Bildung als Thema der Ethik – Ethik als Thema der Bildung. Zur Frage der »Schlüsselkompetenzen« in der aktuellen Bildungsdiskussion, in: Heimbach-Steins, Marianne / Kruip, Gerhard (Hg.), Bildung und Beteiligungsgerechtigkeit. Sozialethische Sondierungen, Bielefeld, 2003, 55–64.

Burow, Olaf Axel / Pauli, Bettina, Von der Expertenzentrierung zur ›Weisheit der Vielen‹. Die Bürgerkonferenz als Instrument partizipativer Politikberatung, in: Molthagen, Dietmar (Hg.), Die Ursachen von Rechtsextremismus und mögliche Gegenstrategien der Politik, Berlin, 2006, 33–58.

Foucault, Michel, Archäologie des Wissens, Frankfurt a. M., 1992.

Heidbrink, Horst, Einführung in die Moralpsychologie, Weinheim, 3. Auflage, 2008.

Kolbe, Christine / Heyer, Martin, Bioethische Diskurse erlernen und erleben. Diskursinitiativen als Teilaufgabe bioethischen Arbeitens, in: Jahrbuch für Wissenschaft und Ethik 14 (2009) 169–194.

Mandry, Christof, Ausbildung ethischer Kompetenz oder Moralerziehung? Unterschiedliche Erwartungen an das Ethisch-Philosophische Grundlagenstudium in der baden-württembergischen Lehrer(innen)bildung, in: Lob-Hüdepohl, Andreas (Hg.), Ethik im Konflikt der Überzeugungen, Freiburg (Schweiz), 2004, 165–180.

Mokrosch, Reinhold, Zum Verständnis von Werte-Erziehung: Aktuelle Modelle für die Schule, in: Mokrosch, Reinhold / Regenbogen, Armin (Hg.), Werte-Erziehung und Schule. Ein Handbuch für Unterrichtende, Göttingen, 2009, 32–40.

Schmuck, Peter / Kruse, Andreas, Entwicklung von Werthaltungen und Lebenszielen, in: Asendorpf, Jens B. (Hg.), Soziale, emotionale und Persönlichkeitsentwicklung, Göttingen, 2005, 191–258.

Weinert, Franz E., Vergleichende Leistungsmessung in Schulen – eine umstrittene Selbstverständlichkeit in: Weinert, Franz E. (Hg.), Leistungsmessung in Schulen, Weinheim, 2001, 34.

Wendel, Saskia, Art. Verantwortung, in: Franz, Albert / Baum, Wolfgang / Kreutzer, Karsten (Hg.), Lexikon philosophischer Grundbegriffe der Theologie, Freiburg i. Br., 2. Auflage, 2007, 424–425.

Wieland, Wolfgang, Aporien der praktischen Vernunft. Wissenschaft und Gegenwart, Frankfurt a. M., 1989.

Wils, Jean Pierre, Ethik – Über Werte nachdenken, in: Arn, Christof / Weidmann-Hügle, Tatjana (Hg.), Ethikwissen für Fachpersonen. Handbuch Ethik im Gesundheitswesen, Bd. 2, Basel, 2009, 21–32.

Ziebertz, Hans-Georg, Ethisches Lernen, in: Hilger, Georg / Leimgruber, Stephan / Ziebertz, Hans-Georg (Hg.), Religionsdidaktik. Ein Leitfaden für Studium, Ausbildung und Beruf, München, 2001, 402–419.

Zu den Autoren

Heike Baranzke, Dr. theol., Wissenschaftliche Mitarbeiterin am moral-theologischen Seminar der Katholisch-Theologischen Fakultät der Rheinischen Friedrich-Wilhelms-Universität Bonn, Lehrbeauftragte für Moraltheologie am Katholisch-theologischen Seminar der Bergischen Universität Wuppertal

Christof Breitsameter, geb. 1967, Dr. theol., Professor für Moraltheologie der Katholisch-Theologischen Fakultät der Ruhr-Universität Bochum

Ulrich Feeser-Lichterfeld, geb. 1968, Dr. theol., Wissenschaftlicher Mitarbeiter am Institut für Wissenschaft und Ethik (IWE) der Universität Bonn, Lehraufträge an der Katholisch-Theologischen Fakultät der Rheinischen Friedrich-Wilhelms-Universität Bonn und an der Katholischen Hochschule Nordrhein-Westfalen, Abt. Aachen.

Martin Heyer, Wissenschaftlicher Mitarbeiter am Institut für Wissenschaft und Ethik (IWE) der Universität Bonn

Beate Kowalski, geb. 1965, Dr. theol., Universitätsprofessorin für Neues Testament am Katholisch-theologischen Seminar der Technischen Universität Dortmund